@editoraquadrante
@editoraquadrante
@quadranteeditora
Quadrante

Rafael Llano Cifuentes

MAR ADENTRO

Memórias

3ª edição

São Paulo
2024

Copyright © 2018 Quadrante Editora

Capa
Gabriela Haeitmann

Dados Internacionais de Catalogação na Publicação (CIP)

Llano Cifuentes, Rafael, 1933-2017
    Mar adentro : memórias / Rafael Llano Cifuentes – 3ª ed. – São Paulo : Quadrante, 2024.

    ISBN: 978-85-7465-635-9

    1. Bispos – Brasil – Biografia 2. Llano Cifuentes, Rafael, 1933-2017 3. Memórias autobiográficas 4. Vida cristã 5. Vida espiritual I. Título

CDD-282.092

Índice para catálogo sistemático:
1. Bispos : Igreja Católica : Biografia e obra 282.092

Todos os direitos reservados a
QUADRANTE EDITORA
Rua Bernardo da Veiga, 47 - Tel.: 3873-2270
CEP 01252-020 - São Paulo - SP
www.quadrante.com.br / atendimento@quadrante.com.br

ÍNDICE

O Autor, 7

Prefácio, 9

Introdução, 13

I. Os primeiros anos:
Espanha-México-Cuba-Espanha, 17

II. Um momento decisivo: a vocação, 39

III. A Faculdade de Direito de Granada,
uma viagem frustrada aos Estados Unidos
e o meu primeiro encontro com São Josemaria, 57

IV. Uma temporada na Inglaterra e na Irlanda, 65

V. A universidade em Salamanca
e o serviço militar, 69

VI. Em Roma, ao lado de São Josemaria, 83

VII. Outras vivências com São Josemaria:
a consagração de alguns oratórios
e a eleição do Papa João XXIII, 121

VIII. O falecimento da Tia Carmen, 133

IX. Um período de descanso em Madri
e o retorno a Roma, 141

X. Início do trabalho pastoral e viagem ao Brasil, 155

XI. São Josemaria no Brasil, 175

XII. A chegada ao Rio de Janeiro
e o falecimento de São Josemaria, 189

XIII. A ordenação episcopal, 207

XIV. A Diocese de Nova Friburgo, 237

XV. O relacionamento com o povo cristão
e outras responsabilidades como Bispo, 251

XVI. Jubileu de Ouro Sacerdotal e 80º aniversário natalício, 263

XVII. A minha família, 271

XVIII. Uma palavra final, 305

Fotos, 317

O Autor

D. Rafael Llano Cifuentes nasceu a 18 de fevereiro de 1933 na Cidade do México. Passou a infância no México e na Espanha, onde se formou em Direito pela Universidade de Salamanca em 1955, obtendo o doutorado nessa mesma instituição um ano depois. Em dezembro de 1959, doutorou-se em Direito Canônico pela Pontifícia Universidade São Tomás de Aquino (*Angelicum*) de Roma e ordenou-se sacerdote. Em 1961, chegou à cidade de São Paulo, onde permaneceu até 1975, quando foi um dos primeiros a começar o trabalho do Opus Dei no Rio de Janeiro.

Nomeado Bispo Auxiliar do Rio de Janeiro a 4 de abril de 1990, recebe a ordenação episcopal em 29 de junho do mesmo ano. Adotou como lema: *Omnia traham ad meipsum* («Atrairei a mim todas as coisas»). Foi responsável pela Pastoral da Juventude, pela Pastoral Universitária e pela Pastoral Familiar da Arquidiocese. Foi também professor de Direito Matrimonial no Instituto Superior de Direito Canônico da Arquidiocese do Rio de Janeiro.

Em junho de 2004, assumiu a Diocese de Nova Friburgo, da qual foi Bispo até 2010, quando teve a sua renúncia por limite de idade aceita pelo Papa Bento XVI. Foi ainda presidente da Comissão Episcopal Pastoral para a Vida e a Família da CNBB entre 2003 e 2007, e presidente do Conselho Regional Leste I da CNBB de 2007 a 2011.

Faleceu a 28 de novembro de 2017 no Rio de Janeiro. Em mensagem divulgada no dia seguinte, D. Edney Gouvêa Mattoso, Bispo de Nova Friburgo, diz:

Elevemos nossas fervorosas preces para que Deus acolha na sua felicidade eterna este servo bom e fiel, que nos seus cinquenta e oito anos de sacerdócio e vinte e sete de episcopado foi um generoso pastor que serviu a Igreja e seu povo com alegria.

A CNBB, em nota de condolências, faz eco às suas palavras e acrescenta:

Lembramos, com gratidão, o serviço prestado por D. Rafael junto à comissão episcopal pastoral para vida e família de nossa Conferência, além de vários outros trabalhos realizados no âmbito do regional Leste 1. Dedicado e competente, ele sempre respondeu aos apelos dos irmãos no episcopado com disponibilidade e alegria. [...] Sua atuação no campo do Direito e em defesa da vida são marcas indeléveis desse legado.

O Cardeal Arcebispo do Rio de Janeiro, D. Orani Tempesta, presidente do Conselho Regional Leste I da CNBB, escreveu também em nota de pesar:

D. Rafael deixa-nos um belo legado e ensinamentos que serão transmitidos às próximas gerações de nossa Igreja. Firmes na esperança, rogamos a Deus para que acolha em seu Reino esse seu servo bom e fiel.

Ao longo do dia 29 de novembro, foram celebradas várias Missas de Exéquias na Catedral do Rio de Janeiro. Uma delas foi presidida por D. Edney junto a numeroso clero de Nova Friburgo; e a última pelo próprio Cardeal Tempesta.

Seu corpo está sepultado no Cemitério São Francisco Xavier, no bairro do Caju, zona norte do Rio de Janeiro.

Prefácio

Quando este livro de memórias de D. Rafael Llano Cifuentes estava sendo encaminhado para o prelo, na tarde do dia 28 de novembro de 2017, recebemos a notícia de que acabava de falecer. Na manhã seguinte, tomei o primeiro voo para o Rio e pude velá-lo com muita emoção; e também participar da Missa exequial na Catedral, concelebrando com o Cardeal D. Orani Tempesta, Arcebispo do Rio de Janeiro, D. Edney Gouvêa Mattoso, Bispo de Nova Friburgo, outros quinze bispos e muitos padres. Foi numerosa a participação dos fiéis.

O Cardeal fez uma homilia tocante evocando as grandes etapas da vida de D. Rafael que o leitor percorrerá e saboreará ao longo deste livro. Seu nascimento e infância no México, sua entrega a Deus no Opus Dei em plena juventude, a graça enorme de trabalhar durante um bom período como um dos secretários de São Josemaria Escrivá (documentalmente é a parte mais importante do livro), sua ordenação sacerdotal e a vinda ao Brasil; e aqui no nosso país o seu fecundo e vibrante trabalho pastoral tanto no meio universitário em São Paulo e no Rio, como ao longo dos seus 25 anos como Bispo Auxiliar na cidade carioca e Bispo diocesano em Nova Friburgo. Teve especial repercussão a sua contribuição para a pastoral familiar na CNBB e a sua abundante produção literária, que lhe valeu uma cadeira na Academia Brasileira de Filosofia. O Cardeal também observou agudamente que D. Rafael, renomado canonista e professor de Direito Canônico, faleceu justo na data em que se celebra a ereção do Opus Dei como Prelazia Pessoal: não parece uma coincidência – comentava –, mas um mimo de Deus que quis levá-lo numa data jubilosa para todos no Opus Dei, especialmente para os canonistas como ele, que sabem avaliar melhor o alcance deste ato de São João Paulo II em 1982.

Quando ao final da Missa D. Orani pediu-me que dissesse umas palavras aos presentes, comentei que todos os que nos encontrávamos ali éramos unânimes em reconhecer que a fé, a alegria, a garra apostólica e o entusiasmo de D. Rafael tinham nos aproximado mais de Cristo e de alguma forma transformado as nossas vidas, contagiando-nos a sua generosidade. Penso sinceramente que os leitores deste livro receberão também essa graça. Disse também naquela ocasião que aquele carisma especial de D. Rafael, além de ter uma base temperamental de vitalidade, de otimismo e de explosão poética e romântica, apoiava-se sobretudo na sua vida interior. Ao longo dos anos, pude constatar a sua diligência na vida espiritual. A sua alegria provinha sobretudo de saborear todos os dias a paternidade amorosa de Deus Pai, procurando se identificar com Cristo ao fazer uma hora por dia de oração diante do Santíssimo; na celebração diária da Santa Missa e numa intensa devoção a Maria. Renovava essa alegria ao receber o sacramento da Penitência, ao qual recorria com pontualidade, sem falhar, todas as semanas. Fazia exame de consciência diariamente e sempre foi dócil aos seus diretores espirituais. Além de recitar a Liturgia das Horas de forma completa, D. Rafael rezava muito. As memórias não mencionam este aspecto e penso que é bom que o leitor saiba disso: D. Rafael era apaixonado por Jesus Cristo e também por São Josemaria.

Conheci D. Rafael em 1965, poucos dias antes de eu completar 16 anos. Ele tinha na altura 32 anos, justamente o dobro da minha idade, e já no primeiro encontro fui envolvido por uma atmosfera de alegria, de otimismo, de entusiasmo diante dos grandes ideais cristãos, profissionais e humanos que, como pude constatar em Roma poucos anos depois ao conviver com São Josemaria, refletiam a sua profunda assimilação do espírito do Fundador da Obra.

Grande pregador, falava com toda a alma a ponto de ficar exausto após os retiros. Prendia a nossa atenção com descrições das páginas do Evangelho e com histórias divertidas narradas com graça e dramatismo (o leitor encontrará várias delas neste livro) que arrancavam grandes risadas (mesmo quando já as conhecíamos), despertando bons propósitos e, às vezes, algumas lágrimas. Seus anos ao lado de São Josemaria desenvolveram nele um forte sentido de filiação e também de cálida paternidade. Lembro-me de que, na sua tomada de posse em Nova Friburgo, dirigiu-se aos seus diocesanos como «meus filhos», porque era exatamente assim que os via e assim que exerceu o seu episcopado.

Recomendo-me e recomendo os leitores à intercessão de D. Rafael, meu primeiro diretor espiritual, agradecido por tudo o que dele recebi. Agradecemos a Deus, que lhe deu força e ânimo para escrever tantos livros com a riqueza da sua pregação (alguns deles tiveram mais de dez edições). Entre todos, este livro de memórias com o testemunho da sua vida generosa, abnegada e sempre alegre é especial.

Vicente Ancona Lopez
Vigário Regional do Opus Dei no Brasil

Introdução

Este livro registra a passagem de Deus pela vida de um homem e da sua família.

Com a perspectiva do tempo – ultrapassados os oitenta anos –, os acontecimentos realmente decisivos cobram a sua verdadeira importância, e aqueles que pareciam extremamente relevantes, quando vislumbrados através do prisma da eternidade, passam a ocupar um papel secundário, como suporte para a trama que dá significado à vida.

Num determinado momento da minha juventude, saiu ao meu encontro, inesperadamente, um modo de viver, um ideal que transformou a minha existência radicalmente: foi o espírito do Opus Dei. O Fundador do Opus Dei, quando tinha 16 anos – a idade que eu tinha quando se deu esse encontro –, viu gravadas na neve as pegadas de uns pés descalços que, depois soube, eram os de um frade carmelita exemplar. Essas pegadas foram como que a chama que acendeu o fogo de um chamado de Deus, de uma vocação que transformaria a vida de milhões de pessoas, entre as quais me encontro eu.

Os vislumbres da minha vocação delinearam-se mais nitidamente quando testemunhei, naqueles meus anos jovens, o exemplo de alegria e de otimismo de homens que queriam viver plenamente o cristianismo sem paliativos, no meio do mundo: eram os filhos espirituais de São Josemaria Escrivá. Aqueles exemplos de coerência cristã foram como as pegadas que despertaram em mim os desejos latentes de um grande ideal de amor e santidade.

A decisão de entregar-me a Deus – e a decisão anterior do meu irmão Carlos – mudou não apenas a minha vida, mas a vida de toda a minha família. Ao longo das páginas que se seguem, irei descrevendo essas pegadas de Deus – o passo de Deus – no decorrer dos dias e dos anos.

Bem desejaria eu que estas *Memórias* conservassem sempre em mim as recordações de tantas lições que Deus me deu ao longo do caminho já percorrido; e tomara que elas também venham a ser um incentivo para que muitos compreendam que viver à procura da plenitude da vida cristã vale realmente a pena.

A memória desempenha um papel de capital importância na fixação da nossa identidade quando está viva no nosso coração e enraizada nos nossos hábitos e ações diárias. Contudo, no momento em que fica plasmada por escrito, transcende a própria existência subjetiva e permanece objetivamente perpetuada nesse insubstituível acervo de experiências que é a história. São João Paulo II diz que os anciãos são a *memória viva da Igreja*[1].

«Recordar é voltar a viver», diz um adágio popular que não deixa de possuir a sua sabedoria por ser um lugar comum. Necessitamos voltar pelo caminho do tempo – das épocas e dos anos – às raízes do nosso ser: à infância, à mocidade, à maturidade, à ancianidade, e encontrar em cada uma delas o seu sedimento, os ensinamentos que Deus vai depositando ao longo da existência.

E aparece aqui outra motivação que me levou a escrever estas recordações: a gratidão. Tenho muitas coisas que

---

1 Cf. João Paulo II, *Memória e Identidade*, Objetiva, São Paulo, 2005, pág. 36.

agradecer a Deus: pelos meus pais, pela minha família; pela vocação para o Opus Dei que, ao lado do dom da vida e da graça batismal, é a maior dádiva que Deus me dispensou, e tantas coisas mais: o privilégio único de ter vivido com um homem canonizado, São Josemaria Escrivá; o sacerdócio a que fui conduzido pela sua mão paternal; a passagem transformadora da Obra de Deus na minha família do México e da Espanha; a grande aventura que representou contribuir para começar, lá pelo ano de 1961, o trabalho do Opus Dei no Brasil; a posterior tarefa de rasgar novos horizontes na esplêndida terra do Rio de Janeiro; a impressão de sentir na minha cabeça e no meu coração a unção episcopal; a inigualável satisfação de constatar a expansão do Opus Dei por tantas regiões deste querido Brasil, que é um continente e que se tornou a minha pátria. E especialmente, a intensíssima alegria da presença de Deus na minha vida e a paternidade espiritual que me faz sentir como sacerdote e como Bispo.

Lá pelos anos de 1950, ouvi de São Josemaria estas ou outras palavras parecidas: «Se sois fiéis, vivereis uma aventura maravilhosa... Sonhai e os vossos sonhos ficarão aquém das coisas que vivereis». Posso dizer que isso tem se realizado em mim, superando qualquer possível expectativa.

As mudanças de rumo na minha vida foram sempre consequência da iniciativa divina: eu pensava em me dedicar aos negócios da família, casar-me e ter filhos, mas não: percebi a chamada de Deus para fazer-me membro numerário do Opus Dei e tudo mudou. Projetava ir para os Estados Unidos fazer o curso universitário e colaborar nos inícios da Obra nesse grande país, mas não: fiquei doente, preso à cama. Terminei o curso de Direito em Salamanca, tencionava ir ao México e trabalhar nas empresas do meu pai, mas não: fui parar em Roma. Almejava trabalhar ao lado de São Josemaria durante toda a minha vida, mas não:

ordenei-me sacerdote e vim para o Brasil. Pensava prolongar o meu labor sacerdotal até o fim dos meus dias, e também não: fui ordenado Bispo.

Como já disse, pareceu-me que tudo o que vivi, apesar das minhas limitações e fraquezas, não deveria ficar apenas na minha memória ou restrito às confidências familiares. Deveria ser escrito, entre outras coisas porque *verba volant, scripta autem manent*, como diz um antigo brocardo: «As palavras voam, os escritos permanecem». Há recordações e vivências que não podem perder-se na névoa do tempo e que não devo guardar apenas para mim; quero que outros aproveitem as lições dessa soberana didática de Deus. Há relatos plasmados nestas memórias que nunca foram transmitidos e que talvez possam ser úteis a quem os ler. Passei grande parte da minha vida e gastei jubilosamente as minhas forças pregando, orientando homens e mulheres no recesso sigiloso de milhares de confissões e conversas de orientação espiritual, escrevendo livros que eram para mim como homilias escritas... Mas há algo que ficou sem externar: as lembranças mais íntimas e pessoais.

Tomara que, na leitura destas páginas, alguns possam entrever os desígnios de Deus para a sua alma, como eu próprio os vislumbrei no decorrer de uma vida que já ultrapassou os oitenta anos.

Capítulo I

Os primeiros anos: Espanha-México-Cuba-Espanha

A primeira recordação que aparece na minha vida de forma surpreendente é a de uma coluna de fumaça que surge da pequena igreja de *El Carmen*, vizinha à pequena cidade de Ribadesella, na região de Astúrias, na Espanha[1]. Era o verão de 1936 e eu tinha três anos. A capela estava sendo incendiada pelos anarquistas e comunistas, logo após o começo da Guerra Civil espanhola.

Como consequência da furiosa perseguição religiosa, social e política provocada pela guerra, meu pai decidiu fugir. A minha mãe, de nacionalidade cubana, não corria perigo, mas de acordo com o meu pai concordou em sair da Espanha com os filhos – éramos então cinco irmãos – em direção à França e, quando fosse possível, até o México, onde tínhamos parentes e onde o meu pai tinha a maior parte dos seus negócios.

Quando esperávamos o embarque para a França num hotel de Santander, sofremos um bombardeio terrível. O

---

[1] Começo esta narrativa pedindo um pouco de paciência. Os primeiros acontecimentos aqui anotados são intranscendentes, mas para mim têm um significado especial porque representam as primeiras faíscas conscientes da minha memória. Mais adiante, poderão ajudar a situar o conjunto num contexto mais exato.

meu irmão mais velho, José Antonio saiu do hotel correndo e gritando:
— Vamos todos morrer! Vamos para o refúgio!
A minha mãe, apavorada, saiu atrás dele e conseguiu agarrá-lo no meio da rua, entre a fumaça e os estragos provocados pelas bombas.

Lembro também do convés do navio britânico que nos levava a Saint-Jean-de-Luz, e da grosseria dirigida por mim a um guarda da alfândega que queria dar-me um beijo:
— Porco! Porco!
— O que isso quer dizer? — ele perguntou à minha mãe, que falava francês.
Minha mãe traduziu por *cochon*, e o guarda exclamou:
— *Oh là là! Oh là là!*
Parece que eu já começava a demonstrar o meu temperamento inconformista e um tanto belicoso.

Meus irmãos e eu fomos matriculados numa escola e nela apareceu de novo a minha veia belicosa, porque a professora tentou fazer comigo a mesma coisa que o guarda da alfândega e recebeu idêntica resposta, em gênero feminino.

Pouco tempo passamos em Saint-Jean-de-Luz. Um navio alemão, chamado *Orinoco*, levou-nos ao México, onde meu pai esperava por nós. Daquela viagem guardo lembranças pouco simpáticas, como as refeições intragáveis e a reclusão numa enfermaria triste e escura onde todas as crianças ficamos internadas por causa de uma doença contagiosa, talvez escarlatina.

Um breve tempo no México e em Cuba

Do porto de Veracruz fomos diretamente ao Hospital da *Beneficencia Española* para uma bateria de exames médicos. Lembro-me de um maravilhoso reencontro com meu pai e de uma corrida pavorosa quando um dos gansos do jardim do hospital quis bicar as minhas pernas. Por fim, chegamos à Cidade do México. Nunca deixo de me surpreender perante essas recordações dos meus três primeiros anos de vida. E quando vejo um menino dessa idade, espanta-me a capacidade que a criança tem de gravar tantos detalhes, aparentemente intranscendentes, que vão, contudo, configurando a sua personalidade.

A minha ligação com o México exige uma breve explicação, principalmente porque nasci na Cidade do México no dia 18 de fevereiro de 1933. O meu pai e a minha mãe procediam da mesma região asturiana. Meu pai, Antonio, muito jovem, foi para o México morar com o seu tio Miguel, que tinha negócios lá, e fez ali os seus estudos secundários num bom centro docente inglês, o Colégio William. Ali praticou muitos esportes ao estilo britânico, conseguiu uma excelente formação literária, um conhecimento razoável da língua inglesa e um perfil ético voluntarista, com incrustações culturais americanas do tipo *self-made man*.

De fato, meu pai era um homem lutador, de marcante força de vontade e espírito esportista. Sempre dizia: «Não há pior luta do que aquela que não se trava». Este espírito permeou, de certa forma, a educação que transmitiu aos filhos: não dar facilidades, nem comodidades, nem muito dinheiro; saber levantar-se depois das derrotas; empenhar-se a fundo naquilo que se faz, etc. Por isso e por tantas coisas mais estou-lhe profundamente agradecido. Ele trabalhou muito e progrediu nos negócios. Já na posse de um bom patrimônio e experiência humana, com 40 anos, veio a conhecer a minha mãe, Estela, nas suas viagens frequentes a El Carmen, um distrito do município de Ribadesella. Ali morava a família de Ramón Cifuentes, proprietário da fábrica de tabacos Partagás-Cifuentes, em Havana. Eis o motivo da minha mãe ter nascido em Cuba.

Minha mãe recebeu uma educação esmerada. Ela e as suas irmãs tinham praticamente um colégio em casa. Como era costume nas famílias de posses daquela época, tinham professoras de piano, de francês e de boas maneiras, que desempenhavam as suas funções dentro do âmbito familiar. A isso se deve, em parte, a extrema cortesia da minha mãe, a sua elegância e bom gosto e a delicadeza no trato social. Agradeço aos meus avôs maternos pelo esmero que puseram na formação dos seus filhos.

Essa mistura de antecedentes que forma a minha personalidade – nascido no México, de pai espanhol e mãe cubana, e de nacionalidade brasileira – contribuiu, assim penso, para que eu entendesse facilmente a mentalidade católica e universal, longe de qualquer nacionalismo bairrista e provinciano, e facilitou espontaneamente o trato aberto com todo tipo de pessoas.

Mas voltemos ao México. Lembro-me da bonita casa no bairro de *San Juan de la Barrera* e do *Parque España*, onde brincávamos sob os cuidados da babá Ana, que nos tratava com muito carinho.

Fomos matriculados colégio dos Irmãos Maristas da Rua Córdoba. Os Irmãos Maristas, por causa do laicismo agressivo dos governos da época, de cunho maçônico e anticatólico[2], não usavam hábito, e o colégio estava sempre sujeito a visitas das autoridades. Por isso, as aulas de reli-

---

2 A constituição do México, promulgada em 1917 sob forte influência anticlerical, não reconhecia a existência da Igreja Católica e proibia-lhe, entre outras coisas, possuir bens ou administrar estabelecimentos de ensino. Até 1992 – quando os artigos anticatólicos foram retirados ou reformados –, houve períodos de maior e menor tolerância na aplicação desses princípios, tendo o auge da agressividade estatal ocorrido em 1926 (Lei Calles) e provocado a Guerra Cristera (1926-1929). (N. do E.)

gião tinham um caráter sigiloso que nos parecia emocionante e divertido. Antes de a inspetora do governo chegar, o professor levantava o estrado em cima do qual estava a sua mesa e, rindo às gargalhadas, jogávamos lá dentro os nossos livros de catecismo. E, depois, muito sérios, com cara de inocentes, recebíamos a representante do governo. Mais curioso ainda era que todos sabíamos que o filho daquela senhora estudava no colégio. Ela também nos inspecionava com cara de inocente. Era uma manifestação a mais da incoerência do laicismo mexicano, que vivia incrustado num país profundamente católico.

Os meus pais nos contavam que, antes de que nós nascêssemos, assistiam à Missa aos domingos em casas particulares. Recebi a Crisma na casa de um Bispo – parece-me que se chamava D. Altamirano –, na sua residência particular. Isso custou-me, muitos anos depois, um bocado de trabalho com documentos, porque, à hora da minha ordenação presbiteral, precisava do certificado do sacramento da Confirmação, e ele não constava em parte alguma.

Outra evocação daquele tempo de escola: falaram-nos da necessidade de contribuir para as missões. Compreendi que era algo importante e, para contribuir, peguei uma moeda de um peso de uma cestinha de vime da minha mãe. O dinheiro do México naquela época era exclusivamente metálico. Não se confiava no papel devido à corrupção reinante e à facilidade de falsificação. O peso, moeda grande de prata, vistosa, tinha bastante valor. O professor achou estranho e perguntou-me como tinha conseguido esse dinheiro. Quando contei o que tinha feito, perguntou-me se tinha falado para a minha mãe. Eu disse que não, e o professor aconselhou:

– Pois você deve contar isso para ela.

Quando contei tudo, ela, muito séria, disse-me:

– Não se pode fazer nada às escondidas, pegando coisas que não são nossas. Nunca mais faça uma coisa dessas.

E assim outro traço ficou marcado na minha consciência: o valor insubstituível da sinceridade.

Paralelamente à rotina colegial, frequentávamos o *Club Vanguardia*, dirigido pelo Pe. del Valle, um sacerdote jesuíta. Tinha piscina, campo de futebol, cinema. Ali aprendi a nadar. À beira da piscina, o professor, sem prévio aviso, me empurrou para a água. No desespero, tentei imitar os movimentos dos nadadores e pude chegar até a borda, depois de engolir bastante água. Essa foi a minha primeira lição. O meu pai me ajudou depois, como mais adiante contarei, a não ter medo de nadar no mar.

Também participávamos da Congregação Mariana[3], que funcionava na cripta da Igreja da Sagrada Família, dirigida por padres jesuítas, e assistimos a algumas palestras.

Minha irmã Maria Elena e eu fizemos a primeira comunhão na Igreja da Sagrada Família, no dia 23 de dezembro de 1939. Ela tinha cinco anos e eu seis. Todos diziam que a minha irmã estava mais compenetrada com a cerimônia do que eu. Comemoramos alegremente com chocolate, morango e chantilly.

Em 1940, meses após o fim da Guerra Civil espanhola, começamos a ouvir falar do nosso regresso à Espanha. Fomos primeiro a Cuba, e lembro-me de que na alfândega aconteceu algo divertido. O meu pai, muito diligente, queria apressar os trâmites com os funcionários. Um deles, devagar, muito devagar, disse-lhe:

– *Patroncito, calma, estamos en Cubita, esto es un relajito...*

---

3 As Congregações Marianas existem desde 1563. São associações de fiéis que procuram fomentar nos seus membros uma ardente devoção à Virgem e, por meio dela, um compromisso sério com os deveres cristãos. Era comum que os colégios católicos tivessem essas congregações. (N. do E.)

Achamos engraçado, e essa frase foi repetida com frequência quando alguém em casa ficava nervoso ou, pelo contrário, quando ficava mole demais.

Os irmãos da minha mãe – Tio Ramón, Tio Rafael e Tio Manuel – receberam-nos com muito carinho. Fomos morar na casa do Tio Rafa, porém íamos tomar banho na casa do Tio Ramón, situada na praia de Miramar. Tinha uma piscina recortada do mar, protegida por uma grossa muralha dotada de buracos pequenos para impedir a entrada dos tubarões.

Íamos algumas vezes visitar a fábrica de charutos Partagás-Cifuentes dirigida pelos meus tios. É a fábrica de charutos havanos mais antiga de Cuba. Tinha salas enormes onde os trabalhadores, com uma habilidade incrível, passavam o dia inteiro enrolando folhas de tabaco para confeccionar verdadeiras obras de arte. No centro das salas, num palco, sentava-se um monitor, que lia e comentava os jornais e as revistas da semana. Foi a primeira fábrica do mundo que teve essa iniciativa. Chamou-me a atenção o cuidado que se punha para que aqueles operários se distraíssem e ficassem informados enquanto faziam o seu trabalho manual.

Também fomos conhecer a fazenda da família, *Vuelta Abajo*, onde se cultivava o tabaco. Havia ondas de intenso calor, um calor denso, úmido, pesado. Nunca senti tanto calor e tanta sede como em Cuba. A água comum não era potável; só se podia beber água mineral, e esta, às vezes, era difícil de encontrar.

Foi na Fazenda *Vuelta Abajo* que o meu avô, Ramón Cifuentes, iniciou a sua função de coronel, comandando um pequeno exército durante a independência de Cuba, em 1898. E foi numa das escaramuças que uma bala o atingiu no peito, exatamente na medalha-escapulário de Nossa Senhora do Carmo, da qual era muito devoto. Atualmente, essa bala se conserva pendurada numa imagem de Nossa Senhora do Carmo instalada na capela da casa de El Carmen, da família Cifuentes, que depois passou a ser da nossa família. Graças à proteção de Nossa Senhora do Carmo, eu pude nascer para a vida.

A nossa estadia em Cuba foi breve. Embarcamos num navio norte-americano que, no «Triângulo das Bermudas», foi envolvido por uma tempestade que ameaçou seriamente afundar-nos. Mas chegamos sãos e salvos a Nova York: «A cidade dos arranha-céus!», exclamávamos. A minha mãe se divertia quando nós, ao querer mostrar serviço, palrávamos em péssimo inglês. E também se divertia quando a olhavam com atenção por andar, jovem e bonita como era, acompanhada de seis crianças: o último filho era Ignácio, que nasceu no México. Era pouco frequente nos Estados Unidos ver uma família numerosa.

Uma vez alguém lhe perguntou se era professora de algum colégio, e outra, se todos, inclusive ela, éramos irmãos. E quando ela respondia rindo: «Não, todos são meus filhos!», os interlocutores ficavam pasmados.

Iniciamos uma nova viagem em direção à Espanha, no navio *Marqués de Comillas*. Foi muito longa. Estávamos em plena Segunda Guerra Mundial, e era necessário passar por lugares perigosos, alguns deles cheios de minas.

De volta à Espanha

Chegamos ao porto de Corunha e, de carro e por péssimas estradas, finalmente ao tão sonhado e saudoso El Carmen. Fomos recebidos pela família com imenso carinho, mas logo veio uma notícia que caiu em nós como uma bomba: no próximo ano letivo, os três irmãos mais velhos ficariam internados no colégio dos Irmãos Escolápios de Santander. Os meus pais ainda não tinham conseguido uma moradia em Madri, como desejavam, e decidiram-se por essa solução enquanto não conseguissem essa mudança.

A despedida na porta do colégio foi desoladora para mim e meus irmãos. Aquilo nos parecia uma fortaleza: um edifício grande e sólido, rodeado de jardins e campos esportivos e circundado por uma enorme muralha de pedra que mais parecia uma fortificação militar.

Nós três ocupávamos o mesmo quarto. De manhã, reparamos que não havia água quente nos banheiros coletivos, e no inverno ela saía extremamente gelada. Eu tomava banho como os gatos.

«Começamos mal», pensava eu. E as coisas continuaram a piorar. Um dia, os três irmãos confabulamos escapar. Pensávamos em superar as muralhas amarrando os lençóis em forma de corda e depois, já na cidade, pediríamos ajuda ao senhor Junco, amigo do nosso pai, que nos tinha dito:

– Podem me procurar para qualquer coisa que necessitarem! Soluciono todos os seus problemas!

E enfatizava:

– Vejam bem, qualquer problema!

Repetíamos constantemente essa afirmação, mas, apesar dos nossos poucos anos, concluímos que essa solução era tão ingênua quanto impossível. Azar. Paciência. A realidade era essa: éramos internos, e pronto. Era a hora de enfrentar a sensação de orfandade, o frio e a monotonia de umas aulas pesadas às quais não estávamos acostumados. O alívio vinha aos sábados, com o filme; e aos domingos, com o passeio pela praia de *El Sardinero*, todos em fila. O diretor dava uma peseta a cada um *para que comprássemos algo*. Uma peseta! Não dava nem para comprar um sorvete...

Um dia o nosso pai veio visitar-nos e levou-nos ao cinema. Viu-me tão afundado – com sete anos, eu era o aluno interno mais jovem do colégio – que me comprou uma bola de futebol. Só isso me aliviou um pouco.

Mas entre um dia e outro, aconteceu algo terrível e insólito: o incêndio da cidade de Santander[4]. Um incêndio pavoroso, que passou para a história e destruiu metade da cidade. À noite, o vendaval começou a escancarar abruptamente as janelas, provocando o pânico dos internos: víamos o horizonte vermelho dominado pelas chamas. Os padres seguraram as janelas espetando-as na parede com pregos enormes, sem compaixão do reboco que caía no chão aos pedaços. Vimos caravanas de gente que vinha com carros transportando os pertences, fugindo do fogo, para refugiar-se dentro das muralhas do colégio. As chamas ultrapassavam prédios de sete andares. Ao olhar-nos uns aos outros nos víamos de cor escarlate, como brasas. Era um espetáculo dantesco. Acudiram bombeiros de muitas outras cidades, mas levaram bastante tempo para conseguir debelar aquela imensa fogueira.

No dia seguinte, fomos rezar na capela. As pequenas chamas das velas suscitaram em mim pensamentos loucamente destrutivos: e se a chama queimasse a cortina, e se a cortina fizesse arder o teto, e o colégio inteiro? Que maravilha, estaríamos livres da prisão! Nunca imaginaria que o egoísmo infantil pudesse chegar a tanto...

Nessa mesma manhã, alguns pais apareceram para tirar os filhos do colégio. Tive então outro mau pensamento, não tão perverso e incendiário: «Não há mais condições de prosseguir. O colégio vai fechar. Que alegria!». Infelizmente, meus irmãos e eu ficamos lá até o fim do ano letivo.

Nas férias seguintes, voltamos a El Carmen. Foi fantás-

---

[4] Esse incêndio ocorreu na madrugada entre os dias 15 e 16 de fevereiro de 1941. (N. do E.)

tico poder voltar a correr por aqueles campos verdes, sentir de perto o carinho da família e o ambiente aconchegante de um lar.

Naqueles anos de infância, recordo a paz que sentia depois que a minha mãe nos dava a sua bênção, à noite, antes de dormir. Desfilávamos diante dela todos os irmãos, perfilados em ordem decrescente como uma escadinha, para recebermos dela a tradicional bênção. E enquanto fazia as respectivas cruzes na testa, nos lábios e no peito de cada um de nós, ia dizendo mansamente estas palavras:

O Senhor te abençoe e te guarde,
que Ele volte o seu rosto sereno para ti.
Tenha misericórdia para contigo,
e te dê a paz (Nm 6, 24-26).

A paternidade de Deus parecia tornar-se sensível naquele momento através do carinho da minha mãe. Saíamos todos da sua presença pulando de alegria, e nos deitávamos seguros e tranquilos.

Quando brigávamos entre nós, ou desobedecíamos, a minha mãe não nos dava a bênção até que pedíssemos perdão. E eu, às vezes, casmurro, ficava sentado no corredor, emburrado, sem querer dar o braço a torcer. Chorando de pena ou de raiva, mas inseguro, triste..., até que, vencido por um sentimento mais profundo, batia no quarto dos meus pais para dizer:

– Perdão, peço perdão.

E aí, a minha mãe me dava aquela bênção enquanto me afagava carinhosamente. Depois saía limpando as lágrimas, cheio de alegria, e ia deitar-me com uma grande paz.

O meu pai deu-me também belas lições. Era um homem extremamente responsável, honesto e trabalhador. Na prática religiosa, contudo, estava muito abaixo da minha mãe. De vez em quando, no entanto, dava-nos conselhos que talvez tivessem um peso moral mais forte, precisamente porque ele estava muito longe da figura do homem «piegas».

Um dia, estávamos sozinhos. Desencadeou-se uma tempestade medonha e os raios caíam bem perto. Comecei a tremer e agarrei a mão do meu pai. Ele me disse:

– Não tenha medo; só tem medo aquele que não tem a consciência tranquila.

Como eu estava apavorado, pensei: «Tenho que me confessar logo». E assim o fiz no domingo seguinte.

Queria evocar aqui outro exemplo do meu pai, que ocorreu bem mais tarde e se plasmou na minha personalidade. Eu queixava-me da grave injustiça que a minha família sofreu por ocasião da Revolução Cubana que levou Fidel Castro ao poder – arrebataram-nos a fábrica de charutos que o meu avô Cifuentes tinha desenvolvido em Cuba com tanto esforço – e, ao passarmos ao lado de um rapaz paraplégico, ele me disse:

– Observe esse rapaz. Nós estamos bem de saúde, e ele nem pode caminhar. Temos que dar graças a Deus pelo que temos, antes de nos lamentar pelo que perdemos.

Essas palavras foram o estopim de uma atitude que foi amadurecendo em mim no decorrer do tempo: não há coisa mais inútil e prejudicial do que o inconformismo; não há coisa menos inteligente do que bater a cabeça contra um muro: o muro ficará incólume, e a cabeça, quebrada. Não mudaremos o inevitável; antes, mudaremos nós mesmos: acabaremos seres amargos. E perderemos o tempo, no insensato paroxismo de «serrar serragem». Tempos depois, encontrei essa ideia na sabedoria clássica de Epiteto: «Há um único caminho para a felicidade, e esse caminho é deixarmos de preocupar-nos pelo que está fora do poder da nossa vontade». Eu diria algo mais cristão: «O único caminho para a nossa felicidade está em aceitar e amar tudo o que a vontade de Deus permite».

Os primeiros anos em Madri

Após as férias, fomos residir em Madri. Os meus pais alugaram um apartamento no bairro de Salamanca, na rua Castelló, 46, e fomos matriculados no prestigioso *Colégio El Pilar*, dirigido pelos religiosos marianistas. Estava muito perto da nossa casa e chamava a atenção pelo seu tamanho, pelos seus grandes pátios e pelos campos esportivos.

As salas de aula tinham perto de quarenta alunos cada uma e, como logo pude comprovar, éramos muito bem tratados. Mas o ensino era muito exigente. Tínhamos aula de segunda a sábado, de manhã e de tarde. Livre, apenas a tarde das quintas-feiras. Havia provas e boletins semanais. O Diretor, Pe. Vitorino Alegre, lia e comentava os resultados, e por isso cada semana era um sobressalto.

Uma primeira vivência desses tempos iniciais do colégio foi-me proporcionada por um colega de carteira[5], de caráter pessimista, e que sempre repetia:

– Pense no pior.

Certo dia, o professor me disse que estavam telefonando com urgência da minha casa. Em voz baixa, confidenciei ao meu colega:

– É estranho, nunca me telefonaram de casa para o colégio. O que terá acontecido?

Com voz cavernosa, ele respondeu o que eu já imaginava:

– Pense no pior.

---

5 Na época, era comum que dois alunos dividissem a mesma carteira escolar. (N. do E.)

Saí da sala impressionado. O pior, o pior. O que seria o pior? Algum desastre familiar... Atendi ao telefone cheio de apreensão, perguntando como estava a saúde de cada membro da família. A minha mãe perguntou-se por que falava assim, e eu disse:

– Acontece que nunca me telefonaram no colégio. O que houve, mãe?

– O que houve é que não encontramos as chaves do carro e estamos procurando. Onde você as deixou?

Indiquei o lugar onde as chaves estariam e voltei aliviado à sala de aula, mas pensei em pregar uma peça ao colega pessimista. Aproximei-me dele com cara deprimida e olhar triste e ele me perguntou:

– O que aconteceu?

Dei-lhe então uma forte cotovelada no peito e ele, enquanto se contorcia, insistia perguntando:

– O que aconteceu?

– Pense no pior. Acho que quebrei uma costela sua.

Depois de contar-lhe o verdadeiro desfecho e de rirmos um pouco juntos, ficou-me gravada a lição: os estragos que a ótica pessimista provoca no caráter, porque entristece o presente, gera insegurança, desanima e prejudica a saúde da alma e do corpo. Além disso, as apreensões do presente impedem a realização feliz do futuro. Jakob Wassermann escreveu uma frase incisiva: «O temor cria aquilo que se teme»[6]. Poderíamos dizer, até, que a expectativa do fracasso já é um fracasso, porque o temor de ser malsucedido provoca uma inibição na capacidade de agir.

O ambiente do colégio era ótimo. Havia uma séria preocupação pela formação religiosa, e religião era uma matéria

---

6 Jakob Wassermann, *El caso Maurizius*, Plaza & Janés, Barcelona, 1974, pág. 324.

que ocupava todos os anos de ensino. A vida esportiva era também intensa: campeonatos de futebol disputadíssimos, atletismo, pelota basca, etc.

Fiz, graças a Deus, muitos e grandes amigos. Dentre eles, Eduardo Reneses, Guillermo Martínez Sánchez, Manuel Tuero, José Luis Gómez López-Egea...

A vida espiritual também ia crescendo. Adquiri o hábito de confessar-me com frequência e também comungava no meio da semana, além dos domingos. Entrei na Congregação Mariana e tornei-me o secretário da Congregação. Tínhamos reuniões semanais, com palestras, comentários do Evangelho, objetivos da vida cristã a serem conseguidos, etc. Os retiros anuais de vários dias – então chamados de «exercícios espirituais» – eram sérios e com boa doutrina. Lembro-me de que, já nessa altura, sentia certa repulsa pela superficialidade de alguns colegas quando, depois de uma meditação profunda, saíam conversando e rindo como se nada tivesse sido dito. O ambiente de amizade que ia conseguindo foi uma boa ocasião para fazer sugestões e advertências respeitosas, e procurar que modificassem o seu comportamento.

Uma meditação marcante

Entre aquelas meditações que eu escutava com atenção, houve uma sobre a morte que me afetou profundamente. Parece-me oportuno estender-me um pouco sobre a influência que teve na minha vida.

Ficaram impressas em mim frases inteiras que, pela sua força, colocavam-me no leito de morte. Todas as coisas se despediam de mim para sempre: os meus pais, os meus irmãos, o meu quarto, as fotografias queridas... Tudo aquilo me parecia tão triste e pavoroso que fiz o propósito de não voltar a pensar mais na morte.

Mas não era cabível. Fortemente impressionado como eu estava, tudo vinha ao meu encontro para me falar dela: as folhas amareladas das árvores no outono, as roupas amarrotadas no dia seguinte a uma grande festa da qual esperara tantas alegrias e passara tão depressa... e sobretudo, a morte de um amigo da família, que senti na própria carne. Tudo na vida lhe sorria: proprietário de uma importante empresa, casado com uma mulher muito bonita, dois filhos encantadores, e, inesperadamente, a esposa faleceu num desastre de carro. Ele ficou como um lutador que acabara de receber o soco fatal, jogado na lona. Não conseguiu levantar-se e reagir. Nunca tinha pensado em profundidade. Sentiu-se mal, foi ao médico. Não tinha nada sério e foi-lhe recomendado descanso. Viajou durante uma temporada, mas voltou pior. E por esses mistérios ocultos da natureza humana, parece que a angústia e a ansiedade passaram para o corpo. Descobriram-lhe um câncer fatal. Não se resignava e foi piorando. Não acreditava que poderia morrer, e morreu apavorado, gritando:

– Não quero morrer, não quero morrer!

Não pude esquecer aquilo. Parecia que eu também clamava: «Não quero morrer, não quero morrer». Já naquela altura – eu deveria ter uns 14 ou 15 anos – parecia sentir no meu íntimo o que depois descobri ser o instinto de eternidade, muito mais forte que o instinto de conservação, e que, tempos depois, encontrei plasmado num pensamento de Miguel de Unamuno, no seu comovente livro *O sentimento trágico da vida*:

> O universo visível é para mim estreito como uma jaula contra cujas grades bate no seu voo a minha alma; falta-me nela o ar para respirar. Mais, mais e cada vez mais: quero ser eu... Adentrar-me na totalidade das coisas visíveis e invisíveis, estender-me ao ilimitado do es-

paço e prolongar-me ao inacabado do tempo. Se não existisse eu mesmo, completo e para sempre, seria o mesmo que se não existisse. Eternidade! Eternidade! Este é o meu anseio, este é o meu desejo... Se de todo morremos todos, para que tudo, para quê? A sede de eternidade sempre nos afogará nesse pobre gozo da vida que passa e não fica. Não quero morrer; não, não quero querê-lo! Quero viver sempre, sempre, e viver eu, este pobre eu que sou e sinto ser agora e aqui, e por isso me tortura o problema da duração da minha alma, da minha própria alma[7].

Sempre achei essas exclamações comovedoras, porque correspondem, na sua transparente sinceridade, a um sentimento universal, que eu viera a experimentar intensamente naquele primeiro retiro. O homem intui que a sua vida não tem sentido se não a vive para a eternidade, que é o mesmo que não a viver para Deus: «Fizeste-nos para ti e o nosso coração está inquieto enquanto não descansar em ti»[8].

Compreendo que esse desvio da narrativa foi um tanto longo, mas quereria sublinhar que aquela vivência teve uma significação extremamente importante para mim no decorrer dos anos.

Muitos anos depois, vi plasmada na vida de um homem a alegria de viver e a alegria de morrer: São Josemaria Escrivá gostava de dizer que um filho de Deus «não tem medo nem da vida nem da morte». Deveria ser lá pelo ano de 1957, em Roma. Estávamos cantando uma música ita-

---

[7] Miguel de Unamuno, *El sentimiento trágico de la vida*, Ediciones Cultura, Madri, 1954, pág. 37 e segs.
[8] Santo Agostinho, *As Confissões*, 4ª ed., Quadrante, São Paulo, 2015, pág. 219.

liana que então estava na moda. Quando terminamos, São Josemaria disse sorrindo:

– Gostaria de morrer cantando esta música.

Uma estrofe dela dizia:

> *Aprite le finestre al nuovo sole.*
> *È primavera, è primavera,*
> *Lasciate intrare un poco d´aria pura...* [9]

A morte representaria assim como o gesto de abrir as janelas ao sol da primavera – a eterna primavera – para que a alma fique repleta com o ar puro da felicidade de Deus. Com essa bela lição, e a serenidade e a paz impressionantes que contemplei no momento da morte de alguns membros do Opus Dei, desapareceu de mim o ranço da morte que tão fortemente impregnara os meus sentimentos desde aquela meditação ouvida no retiro.

Entre o colégio e Astúrias

No ambiente que se respirava no Colégio El Pilar, delimitavam-se duas possibilidades bem claras para mim, que já ia entrando na adolescência: uma vida séria e coerente levando os princípios cristãos até as últimas consequências, ou uma vida frívola e consumista que se espalhava no clima reinante do mundo do pós-guerra, e que penetrava por osmose em todos os meios sociais, nas instituições, nas famílias e especialmente na gente jovem.

Não me esqueço do tipo de conversa que dominava alguns dos grupos da minha classe: histórias eróticas, piadas

---

9 «Abri as janelas ao novo sol. / É primavera, é primavera. / Deixai entrar um pouco de ar puro...».

e fotografias pornográficas, aventuras amorosas mais ou menos forjadas. Todos os da minha classe sabiam o quanto isso me desagradava e procuravam respeitar a minha posição, mas entre mim e meus amigos cresciam a união e uma vida espiritual mais coerente e profunda.

Nesse clima, apareceram os primeiros questionamentos sobre a vocação. Manolo Tuero e eu falávamos com frequência desse tema, e inclusive nos abrimos com algum professor marianista que, a meu ver, poderia ter sido um pouco mais firme e incentivador. Mas o tempo foi passando e a questão ficou nas sombras.

Naqueles anos, passávamos as férias de verão em El Carmen, do fim de junho até o término de setembro.

Meus irmãos mais velhos e eu, com algum primo, como Armando Cifuentes, formamos um clube que denominávamos *Los Jabatos*, «Os Filhotes de Javali». *Jabato* era naquela época, na gíria juvenil, sinônimo de «valente», «corajoso». Mal chegávamos a Astúrias e já raspávamos a cabeça como sinal de radicalidade. Minha mãe ficava espantada e o meu pai contente:

– Assim não pegam piolhos – dizia, rindo.

E, dessa forma, sempre em grupo, chamávamos a atenção na vida social e praiana. Para pertencer ao clube era requisito essencial fazer algumas *jabatadas*. Uma delas era pular do segundo andar da casa dos meus pais, que era bem alto. Outra era superar o medo de entrar numa das numerosas grutas daquela região.

A espeleologia foi um esporte que praticamos a fundo. Na ignorância dos meus pais, que poderiam ficar horrorizados se o soubessem, esquadrinhávamos muitas grutas daquela região calcária. Envoltos numa escuridão absoluta, descíamos gargantas, chaminés e poços de altura considerável. Utilizávamos lampiões de carbureto e cordas compridíssimas.

Fizemos verdadeiras barbaridades. Assim descobrimos as pinturas rupestres da gruta de Sebreño, que depois viria a ser chamada de *Caverna de Tito Bustillo*, em homenagem a um dos seus descobridores. Suas pinturas pré-históricas são hoje mundialmente conhecidas; são as mais importantes da Espanha depois das de Altamira. Têm vinte mil anos de antiguidade e pertencem ao período magdaleniense. Publiquei a nossa descoberta num artigo para um jornal de Astúrias, provavelmente em 1950, que ainda não foi encontrado. Por essa razão, nunca chegou a reconhecer-se publicamente que tinham sido *Los Jabatos* os que abriram a pista dessa importante descoberta.

Pense-se que tínhamos então 14 ou 15 anos. A *jabatada* das grutas dava-nos um certo complexo de superioridade, mas nós mesmos tínhamos que superar o medo. Recordo que fizemos um teste: traçávamos duas linhas retas paralelas na areia da praia, formando um corredor de menos de um metro de largura. O teste consistia em correr a toda velocidade pelo meio do corredor, para certificar-nos de que era muito difícil aproximar-nos das bordas. Se isso era possível com absoluta segurança à luz do sol, por que não na escuridão das grutas? A conclusão era esta: o medo de despencar no abismo provocava a insegurança. Era uma questão psicológica: quando suprimíamos o abismo da cabeça, vinha a segurança, porque o medo de cair no abismo poderia provocar a queda. Utilizei esse exemplo muitas vezes quando, já sacerdote, dava palestras sobre o tema da segurança: enfrentar possíveis abismos, perigos, fracassos, doenças e obstáculos futuros que nos impedem de superar o desafio da vida com coragem.

Um velho camponês deu-me nessa época um conselho de que não me esqueci. Nos tempos livres, eu fazia alguns trabalhos de carpintaria: construía pequenas casinhas para coelhos e galinhas, mas queria fazer tudo de uma vez; queria que o serrote cortasse tábuas grossas de quatro serradas, e ele emperrava. Aquele camponês, observando a minha atitude, disse-me sorrindo:

– Você, como toda a gente da cidade, não tem paciência para ir ao ritmo do serrote. Quando eu serro, vou devagar, mas até o fim. Pouco a pouco. Cada vez que o serrote passa, faz o seu trabalho. O serviço fica melhor. Não adianta correr, não fique tenso.

Foi um conselho que me ajudou bastante para outras muitas tarefas. Não nos «engasguemos» com o trabalho. Façamo-lo aos pedacinhos, pondo esmero em cada um deles, tentando alegrar ao nosso Pai que está ao nosso lado «de olhos abertos», para ver com quanto amor o fazemos.

Nas férias, nós nos divertíamos muito nas romarias e festas populares celebradas ao ar livre, no meio do campo. Dançávamos ao ritmo de instrumentos como a céltica gaita de fole, o instrumento musical símbolo do Principado de Astúrias. Eu gostava de dançar, especialmente quando o fazia com uma menina bonita, e encantei-me com uma delas. Poderia dizer que fiquei apaixonado. Foi então que, pela via das forças contrárias, apareceu novamente o problema da vocação; ingenuamente sem especificar mais nada, eu pensava: «Tenho vocação, não posso namorar». Que problema! Adolescente como era, ficava dominado por sonhos românticos.

Quando, depois das nossas aventuras espeleológicas, voltávamos para casa, costumávamos fazer uma breve visita à *Virgen del Carmen*, cuja imagem dominava a encantadora capela que lá pelos três anos de idade eu tinha visto incendiada durante a Guerra Civil, mas que então já estava restaurada. Nessas visitas, apareciam essas dúvidas «atrozes»: «Tenho ou não tenho vocação? E se tiver, como será?».

Foi então que fiz um trato com Nossa Senhora: «Se não me casar com essa menina, eu me entrego por completo a Deus». E esse «se», esse condicional, era o que dava sossego ao meu romantismo desvairado. Ela era tão bonita, simpática, atraente... «Se não for casar com ela, então decidirei pelo amor exclusivo a Deus». Esse «acordo», depois esquecido, ficou, porém, nos porões da minha alma e veio a ressuscitar muito depois.

Voltemos ao colégio. Estávamos já quase no fim dos anos de ensino médio. Quero evocar – porque tenho os meus motivos – que nos fins de semana durante o inverno, e às vezes nos feriados mais longos, como a Semana Santa, meus irmãos e eu íamos esquiar na Serra de Guadarrama. Levantávamo-nos muito cedo e participávamos na Missa de domingo na Igreja de Nossa Senhora da Conceição, na rua Goya. Íamos apetrechados com a mochila e os esquis ao ombro. Tomávamos o trem até Cercedilla e depois o funicular até o alto da serra. Era muito bom. Voltávamos cansados, mas com mais disposição para enfrentar as segundas-feiras.

Em certa ocasião, meus irmãos não puderam ir e convidei meu primo Alfredo para me acompanhar. Quando pegamos o funicular, experimentei uma sensação estranha: não conseguia respirar. Tão mal me encontrava que Alfredo e eu, assim que chegamos ao alto da serra, decidimos voltar no mesmo veículo.

Tive que me deitar. Estava com febre. Minha mãe e eu ficamos apreensivos. O médico não gostou do exame. A radiografia mostrava o pulmão esquerdo completamente enevoado: ocorrera um violento derrame pleural. Foi este o incidente mais importante da minha mocidade, cujas consequências contarei a seguir.

Capítulo II
Um momento decisivo: a vocação

O que parecia o fim foi o começo. Mas parecia realmente o fim: diagnosticaram-me um princípio de tuberculose e fiquei abaladíssimo. O vigor da juventude, a prática dos esportes e os meus sonhos de futuro ficaram embrulhados em lençóis brancos: repouso absoluto, aulas interrompidas, atividades e encontros cancelados. Os lençóis lembravam-me da mortalha. Apareceram novamente os fantasmas da morte, aquela sensação de fim precoce que sentira naquela meditação do retiro.

Os medicamentos contra o bacilo de Koch naquela época estavam dando os primeiros passos, e eu não gostava do médico. Aliás, o Dr. Marcos, que se mostrava antipático e autossuficiente, era o pavor da família. O meu irmão Carlos já tivera uma «iniciação» com ele por causa de uma leve infiltração nos pulmões que o tirou dos estudos por uma temporada, e disse-me sorrindo:

– Você caiu nas garras do Dr. Marcos.

Mas as verdadeiras garras eram os temores. A falada «velocidade de sedimentação» dessa doença não diminuía e, diante do desânimo de todos, meus pais determinaram que naquele verão não iríamos a El Carmen, pois a umidade de Astúrias era péssima para o meu estado. O jeito era ir para a serra de Madri, de clima fresco e seco. Parecia-me um fiasco passar um verão inteiro na serra, mas me resignei. Minha família alugou uma casa na pequena cidade serrana de *Los Molinos*; era bonita, grande, com jardim e piscina, mas para mim foi uma «casa de internação». E para piorar a situação, o meu pai tinha viajado ao México por causa dos negócios familiares, e eu sentia saudades da sua presença sempre firme e segura. Passava o dia inteiro na maca, repousando. Mas os acontecimentos não repousavam.

O meu irmão Carlos, já com dezessete anos, tinha sido convidado para participar de atividades de formação cristã em um centro do Opus Dei, e alguns amigos o visitavam com frequência. Eram gente simpática, esportista, alegre e «bonita», no dizer das minhas irmãs Maria Elena e Estela. Aqueles amigos vinham apanhar Carlos para fazerem excursões pela montanha. E eu ficava «deitado eternamente em berço esplêndido».

Um belo dia, um dos amigos de Carlos deixou-me, «por acaso», um pequeno livro, *Caminho*, escrito por Monsenhor Escrivá, e disse-me, com uma displicência estudada:

– Acredito que fará bem a você ler e meditar esse livro.

«Meditar?», eu pensava. «Como se faz isso?».

De início, achei um conselho totalmente fora de lugar. Mas aquele livro, na verdade, revolucionou a minha vida: foi o primeiro lampejo do clarão que terminou me derrubando do cavalo. Lendo-o, encontrei um ponto que me chamou atenção e fiquei com ele na cabeça. No dia seguinte, não conseguia encontrá-lo. Virava e revirava o livro e não conseguia achar.

Carlos, que já tinha avançado na sua caminhada em contato com os seus amigos do Opus Dei, perguntou o que estava acontecendo comigo. Falei-lhe do meu problema. Ele então me disse de uma forma tão surpreendente que me revelou um «outro» Carlos:

– Temos que ter fé. Vamos pedir ao Senhor esse favor,

depois vamos abrir o livro e você encontrará o ponto que mais convier.

Ficamos em silêncio um momento. Depois, abri de qualquer forma o livro, e imediatamente encontrei o ponto que estava procurando. Dei um grito de exclamação. Carlos inquiriu:

– O que foi?

– Encontrei o ponto.

– Reparou como é necessário ter fé? – concluiu ele.

Aquele acontecimento, na sua simples casualidade, tocou-me profundamente. Senti dentro uma íntima inquietação, como se alguém me cutucasse na alma: «Deus está atrás de você, e fugir seria uma covardia. Aqui está o dedo de Deus!». E imediatamente voltaram de uma maneira mais incisiva aqueles perturbadores questionamentos sobre a minha vocação.

Carlos e eu ocupávamos o mesmo quarto e antes de dormir sempre batíamos um papo. No dia seguinte a essa descoberta e a essa agulhada, cuja importância só eu percebia, Carlos me perguntou:

– Você nunca pensou que poderia ter vocação?

Não era possível! Outra vez! Parecia que eu não ia escapar!

Simulando estranheza, respondi:

– Eu nunca pensei numa coisa dessas.

– Pois é bom que você pense.

– Olha, o que eu quero é ter uma vida normal: casar com uma moça bonita, constituir família, prosseguir nos negócios de papai... e pronto!

– Mas você não acha que ter o privilégio de uma família como a nossa, e da formação católica que recebemos, podem ser indícios que nos levem a pensar nesse tema?

– Não! Não acho! E você quer saber de uma coisa? Deixe-me em paz. O que eu quero agora é dormir!

Virei para o outro lado na cama e a conversa acabou.

Poucos dias depois, a minha mãe veio me dizer que estava preocupada com o Carlos, porque via o seu entusiasmado com o Opus Dei e tinha receio de que decidisse entrar para a Obra. Eu reagi com certa rispidez e disse:

– Mamãe, fique tranquila. O Carlos é suficientemente inteligente para não se deixar iludir por esse pessoal.

Fui tão contundente que ela ficou tranquila. Mas eu não. A minha agressividade era sinal de insegurança. Nem me passava pela cabeça, então, que não só o Carlos, mas meus outros irmãos, eu mesmo e minha própria mãe entraríamos para a Obra no decorrer do tempo.

A minha insegurança se traduzia, às vezes, em ironias dirigidas contra o Carlos, fazendo jogos de palavras e brincadeiras com a palavra Gurtubay, o nome da rua onde estava o centro do Opus Dei de que tanto ouvira falar[1].

Entre os amigos de Carlos começou a frequentar a nossa casa um rapaz alto, loiro, que se chamava Fernando Acaso e que, pelo seu aspecto de americano, apelidaram-no de *el chico de Michigan*. Tinha grande sucesso entre as moças, e penso que não deixaria de ter atrativos também para as minhas irmãs, já mocinhas.

Fernando vinha frequentemente conversar comigo, todos os dias fazíamos quinze minutos de meditação com *Caminho* e às vezes almoçava em casa. Ele ia começar a

---

[1] O centro continua no número 3 dessa rua. Começou em 1948 sob o impulso de São Josemaria e, posteriormente, ampliou-se a sua capacidade adquirindo apartamentos próximos no mesmo edifício. (N. do E.)

cursar a faculdade de Física e desejava ser pesquisador em física atômica. Fizemos muita amizade.

Uma terça-feira de agosto de 1949, talvez o dia 16, eu tinha que ir ao médico. Fernando quis acompanhar-me e, depois, convidou-me a conhecer Gurtubay. Concordei com prazer.

Fomos de carro dirigido pela minha mãe. Antes, fomos assistir à Santa Missa na Igreja de Nossa Senhora da Conceição. Fernando levava o seu missal, como era usual na época, e, à hora da leitura do Evangelho, lemos juntos o texto do dia. O texto dizia assim: *E todo aquele que tiver deixado casas, irmãos, irmãs, pai, mãe, filhos, campos, por causa do meu nome, receberá muitas vezes mais, e terá como herança a vida eterna* (Mt 19, 20). Senti outra «pancada» imprevista. Parecia que realmente Deus estava me chamando e fiquei impressionado.

Gurtubay me cativou. Era um apartamento simples, familiar, decorado com gosto. Parecia a casa da gente. A única diferença era a capela, que chamavam de oratório, com o Santíssimo Sacramento e um grande e belo quadro da Imaculada Conceição como retábulo. Cheguei na hora da tertúlia, um bate-papo descontraído e informal, que se costumava fazer depois do almoço.

Foi agradabilíssimo. Ali conheci José Maria «Pepe» Casciaro, estudante de Filologia, que era o diretor do centro, Fernando Valenciano, então jovem engenheiro, que era o subdiretor, e Félix Álvarez de la Vega, estudante de Farmácia, ao lado de outros. Era um dia tórrido, próprio do agosto de Madri, mas a conversa foi tão amena que não se percebia.

Quando terminou a tertúlia, Fernando me pediu que ficasse na sala porque queria conversar comigo. Começou mostrando-me um jornal onde aparecia um artigo sobre o trabalho do Opus Dei na Itália, escrito por Julián Cortés Cabanillas, um intelectual e jornalista muito conhecido. O artigo descrevia o labor da Obra naquele país, fazia notar como estava se difundindo e como estava chegando um bom número de vocações. Eu fiz um comentário mais ou menos assim:

– O Opus Dei deve ter algo de especial ou sobrenatural, porque não há explicação humana para entender que uma instituição desconhecida na Itália tenha essa acolhida e difusão.

E acrescentei textualmente – e aí apareceu novamente a minha agressividade artificial:

– Porque se alguém me viesse falar agora para ser do Opus Dei, eu o mandaria passear...

Percebi que Fernando ficou perturbado e, quase gaguejando, disse-me:

– Pois eu queria propor a você exatamente isto: parece-me que você tem vocação para o Opus Dei.

Sofri um forte abalo. Fiquei de pedra, mas disse:

– Não, por favor, não pense uma coisa dessas.

– Não sei se você sabe que Carlos acaba de pedir a admissão na Obra.

Aí me afundei de vez. Fernando continuou:

– Veja, esses rapazes que você vê aí na sala de estudo, malhando nos livros num dia de calor como este, estão oferecendo esse sacrifício por você.

– Por favor, diga a eles para não se incomodarem, para esquecerem de mim, me deixarem em paz.

Fernando então tomou uma atitude mais séria e mais sobrenatural:

– Pense, Rafa, não é assim que essas coisas devem ser tratadas. São muito sérias. Comprometem a vida toda. Você não pode se defender dessa maneira ríspida e agressiva. É preciso pensar as coisas diante de Deus. Eu lhe peço que entre no oratório e pense seriamente diante do sacrário a respeito do que lhe estou dizendo.

Eu não tinha nada que acrescentar. Ele estava cheio de razão. Levantei-me e entrei no oratório. O que aconteceu lá só Deus sabe, porque nem sequer eu mesmo sou capaz de descrever. Pareceu-me como se o Senhor, passando ao meu lado, olhasse para mim e me chamasse como a Pedro, como a João... Que teria sido deles – pensava – se não tivessem correspondido? Talvez se tivessem perdido na vida, como aquele jovem rico que, depois de negar-se ao chamado de Jesus, foi-se embora triste. Eu pensava, diante do Santíssimo: «Será que conseguirei viver carregando durante a vida inteira o tremendo peso de não ter aceitado um convite de Deus?».

Isso foi o essencial da minha vivência. O mais profundo, no entanto, foi um intenso sentimento que tomou conta de mim: «Não posso negar nada a Deus. Ele deu tudo por mim...». Não sei de onde surgiu esse fortíssimo movimento do coração, mas um profundo soluço partiu do mais íntimo. E comecei chorar, chorar e chorar... Não sei quanto tempo durou esse pranto, mas foi muito longo. Chorava sem poder nem querer conter-me, como se todas as reservas, as desculpas, as evasivas e as muralhas da resistência tivessem caído por terra de uma vez.

Chegou um momento, contudo, em que cogitei: «O que o Fernando estará pensando? Tenho que sair». E não conseguia. Quando, por fim, abri a porta, o Fernando estava aguardando por mim. Ficou impressionado.

– O que aconteceu?

– Não sei.

– Mas por que você está nesse estado?

– Não sei.

– Mas o que você decidiu?

– Estou disposto a tudo.

– Você quer falar com o diretor?

– Quero.

E fui falar com ele. Disse-lhe:

– Quero pedir admissão na Obra.

Ele argumentou:

– Você não está em condições de comprometer-se agora. É preciso acalmar-se.

– Olha, Pepe, tem que ser agora. Este é o momento. Agora ou nunca.

Fui contundente. Ele fez-me uma série de perguntas para saber se estava consciente da extensão do meu compromisso e eu respondi todas afirmativamente, com monossílabos.

– Quando alguém quer entrar para a Obra, escreve uma carta ao Padre, o fundador do Opus Dei, pedindo para ser admitido.

Como pude, escrevi a carta. Não me lembro do que ali ficou registrado. A única coisa que sei é que a carta ficou toda molhada com os pingos das lágrimas que caíram em cima dela. Perguntei:

– Pode ficar assim, ou é necessário fazer outra?

– Não, vai assim mesmo – respondeu Pepe.

Assim acabou o capítulo mais importante da minha vida, para mim mais importante que a própria ordenação presbiteral e episcopal. Ao dizer isso, não considero o seu valor teológico; considero unicamente o seu caráter definitivo, irrevogável, como precedente e requisito indispensável para as minhas futuras ordenações.

Reconheço que foi algo humanamente inexplicável e violento. Por isso – guardando as enormes distâncias entre um fato e outro –, comparo-o com a queda do cavalo de São Paulo às portas de Damasco, ainda que, como disse anteriormente, a possibilidade de um chamado de Deus estivesse presente em mim desde a adolescência, de maneira imprecisa.

Uma coisa desejo sublinhar vigorosamente agora, passados os 80 anos de idade: a partir daquele dia de agosto de 1949, não tive, com a graça de Deus, nenhuma dúvida sobre a minha vocação. Sempre levanto o meu coração a Deus em ação de graças, porque em nenhum momento da minha existência tive a menor sombra de vacilação sobre a autenticidade do meu chamado divino. Posso afirmar que isto não tem nenhuma explicação natural. Só se entende pela intervenção de uma graça de Deus.

Foi algo divino, eminentemente divino. Às vezes penso que, para ter recebido esse imenso favor, contribuiu aquele indeterminado ímpeto de generosidade que, já de tempos anteriores, me rasgava o coração. E estou convencido de que nada se deve aos meus méritos. Quando trago à minha memória estas considerações, vêm-me imediatamente à cabeça aquelas palavras de São João: *Não fostes vós que me escolhestes, mas fui eu que vos escolhi* (Jo 15, 16), e aquelas de Isaías: *Os meus caminhos não são os vossos caminhos* (Is 55, 8), e também as de São Paulo: *Escolheu-vos antes da constituição do mundo* (Ef 1, 4), que formam a base do consolador pensamento de São Tomás de Aquino: «Aqueles a quem Deus escolhe para uma missão, prepara-os de modo que sejam idôneos para desempenhar essa missão para a qual foram escolhidos»[2].

---

2 *Summa Theologiæ*, III, q. 27. a. 4, c.

Peço a Deus, humildemente, que este estado de coisas permaneça assim até o fim dos meus dias. E não me refiro a uma mera fidelidade monótona, mas a uma fidelidade jubilosa, imensamente feliz!

Os primeiros passos na Obra

Comecei a dar os primeiros passos na minha vocação. Fernando vinha visitar-me todos os dias e, nas nossas longas conversas, enquanto me explicava em pormenor os diferentes aspectos do espírito do Opus Dei, a minha decisão se fortalecia cada vez mais. O meu irmão Carlos ficou contentíssimo quando soube que eu também pertencia à Obra.

Naquele tempo, eu nem poderia imaginar que o meu grande amigo Fernando, *el chico de Michigan*, seria ordenado sacerdote, iria para os Estados Unidos e depois, junto com o Pe. José Ramón Madurga, engenheiro aragonês, seria um dos primeiros membros da Obra a começar o trabalho apostólico no Japão.

Poucas semanas depois, fui fazer o meu primeiro curso de formação em *Molinoviejo*[3], a primeira casa que começou a utilizar-se habitualmente para retiros, convivências e outras atividades de formação, próxima à cidade de Segóvia. É uma chácara embelezada por um bosque de pinheiros, que pertencera à família de um dos primeiros membros da Obra e que precisou de algumas reformas e am-

---

[3] Sobre essa casa, cheia de entranháveis lembranças familiares e de episódios relacionados com a história da Obra e a biografia do Fundador, cf. o verbete «Molinoviejo» em: José Luis Illanes (org.), *Diccionario de San Josemaría Escrivá de Balaguer*, Instituto Histórico San Josemaría Escrivá de Balaguer / Monte Carmelo, Burgos, 2013.

pliações levadas a termo com pouquíssimos meios econômicos. A decoração, simples e entranhadamente familiar, foi feita em grande parte por São Josemaria e refletia eficazmente o aconchegante calor de família da Obra, traço que nunca deixarei de agradecer a Deus.

No mês de outubro de 1949, mais ou menos refeito da minha doença, retornei ao colégio, mas para mim era tudo diferente: sentia o dever de buscar a santidade através do meu estudo e do apostolado de amizade com os meus colegas. Por isso, convidei vários deles para as atividades de formação em Gurtubay, e não poucos começaram a fazê-lo. Um dos mais entusiasmados foi o meu grande amigo José Luis Gómez López-Egea, que também decidiu entrar para a Obra. Anos depois foi trabalhar na Argentina e foi o primeiro Reitor da Universidade Austral, de Buenos Aires.

Tenho muito presente na memória o ambiente de contagiosa alegria e de apostolado vibrante que imperava no centro. As meditações pregadas pelo Pe. Jesús Urteaga ou pelo Pe. Francisco Botella, frequentadas às vezes por mais de cem rapazes (não sei como cabíamos tantos naquele espaço); a sala de estudo repleta e em completo silêncio; as tertúlias cheias de animação e bom humor...

Alguns professores do colégio não compreenderam bem o fato de tantos amigos frequentarem o centro da rua Gurtubay. Eu continuava convidando-os, entre outros motivos porque tinham absoluta liberdade para fazer o que bem quisessem depois de sair do colégio, e assim eu o afirmava com total segurança. Porém, começou uma espécie de «perseguição»: gozações na sala de aula, indiretas que eram muito «diretas», comentários de algum professor, punições por ir conversar no recreio com alunos de outras classes, etc., até que um dia, o diretor, Vitorino Alegre, disse-me que queria conversar com meus pais e que eu tinha que sair do colégio. Só a minha mãe compareceu, porque o meu pai estava no México a trabalho. Na conversa, a minha mãe disse claramente que não entendia a determinação da diretoria do colégio: se o Opus Dei era uma instituição aprovada pela Igreja, parecia-lhe incoerente que eu fosse expulso por participar das atividades de formação em um dos seus centros. Falou tão firmemente que o diretor recuou:

– Vocês não entenderam bem. Não é que queiramos expulsá-lo...

Era o fim do ano acadêmico de 1949-1950.

Em junho de 1950 prestei os exames finais e fui aprovado. Estava pronto para entrar na universidade.

Quase dez anos depois, em 1959, quando fui ordenado sacerdote, os diretores do Colégio foram visitar os meus pais para pedir-lhes desculpas. Disseram que quando em 1950 se comportaram assim, não conheciam o Opus Dei. Foi emocionante quando, em grupo, vieram beijar-me as mãos recém-ungidas, como era costume naquela época, depois de celebrada a minha primeira Missa, na Basílica de São Miguel, em Madri. Quando vi os meus diretores, levantei-me e dei-lhes um grande abraço, agradecendo a formação católica recebida pelos religiosos marianistas. Eles ficaram sinceramente emocionados. Percebeu-se claramente o seu bom espírito: a atitude que pretenderam tomar era consequência de uma patente falta de informação.

Quando, muitos anos depois, passei um breve tempo em Madri, tive oportunidade de almoçar com antigos colegas da minha classe. Comentamos aqueles incidentes que, passado o tempo, já nos pareciam divertidos, especialmente porque vários deles são atualmente membros do Opus Dei e alguns têm filhos que também pertencem à Obra. Por todas essas «carícias» – gestos de amor paterno do Senhor –, eu tenho que dar muitas graças a Deus: o que foi amargo tornou-se doce. Tudo contribuiu para o bem, ainda aquilo que tenha parecido um mal.

Outra manifestação maravilhosa da Providência divina para com a minha família corresponde também àquele ano de 1949, quando a minha irmã Maria Elena, ao voltar de um retiro, me disse, com um abraço e lágrimas nos olhos, que também ela pedira a admissão na Obra. Depois dela vieram a minha mãe, a Estela, o Alejandro, o Ignácio, a Maria Cristina e a Tata. Mas a Tata exige uma história à parte.

A história da Tata

A Tata era a babá dos meus irmãos menores. Ela veio de Lastres, um vilarejo de pescadores de Astúrias. Seu nome era Azucena Olivar Sánchez, mas para nós ela será sempre a Tata. Foi de grande ajuda para a nossa mãe, que tinha que cuidar de nove crianças correndo pela nossa casa em Madri e ainda tomava conta dos negócios do nosso pai enquanto ele estava no México.

Era uma pessoa extraordinariamente divertida, muito delicada e de profunda religiosidade. Minhas primeiras memórias dela são de uma mulher de seus 40 anos, com cabelos muito pretos, rosto agradável, sorridente, sempre preocupada com as crianças menores da casa e com uma forma muito espirituosa de falar. Conhecia inúmeras histórias, provérbios e contos de fadas que contava para nós aos poucos, e que eu considero um dos núcleos da tradição em que cresci. Mas, apesar das suas inúmeras qualidades, era literalmente analfabeta.

Eu achava uma pena que a Tata não recebesse formação na Obra, pois me parecia que ela tinha todas as condições para entender perfeitamente, e assim expliquei ao Pe. Justo Martí, um sacerdote da Obra que, naquele ano de 1949, atendia a direção espiritual de mulheres num centro de Madri. Como, pelas circunstâncias, ficava difícil para o Pe. Justo deslocar-se para atendê-la, ele não duvidou:

– Você mesmo pode falar da Obra para ela.

Assim, um dia, mantive com a Tata a seguinte conversa:

– Tata, como você sabe, aqui em casa muitos somos do Opus Dei...

– Sim, meu filho. Isso me alegra muito.

– Pois bem, por que você não pede também admissão na Obra?

– Ah, *Falín* – assim me chamava –, isso eu não posso!

– Não pode, por quê?

– Porque eu não posso ser igual aos senhores.

– Mas, Tata, isso é ridículo. Na Obra não há classes... Nada de senhor, empregada... Todos somos iguais.

– Não, não, não posso.

– Ah! já sei: você está armando essa desculpa porque está com medo do compromisso!

– Isso não, de jeito nenhum; medo eu não tenho! Quanto mais entregue a Deus, melhor.

– Então, não vamos perder tempo. Vou indicar a você o lugar e o horário em que o Pe. Justo atende a direção espiritual e você vai lá conversar com ele...

Foi e voltou encantada:

– O Pe. Justo *ye* [pronúncia asturiana] um *santu*!

Todas as semanas ia conversar com ele e em pouco tempo, com grande alegria, comunicou-me a sua decisão de entrar para a Obra.

A história da Tata fica mais completa em algumas páginas das memórias publicadas pelo meu irmão Alejandro[4]:

> Quando meu irmão Nacho me convidou para participar de alguns passeios organizados por um centro da Obra, resisti porque não queria passar frio e fome subindo até a Serra de Guadarrama. Mas a razão subjacente era que eu tinha medo de que alguém começasse a me falar sobre uma possível vocação para o Opus Dei, algo que eu não tinha a intenção de discutir. A Tata, que sempre tomou a minha defesa, disse ao Nacho que me deixasse em paz. E eu estava profundamente grato a ela por lançar sobre mim o manto da sua proteção.
>
> Logo tive a oportunidade de mostrar-lhe a minha gratidão, porque naquela época decidiu aprender a ler e me escolheu como seu professor. Não aprendera a ler nem escrever, e na verdade nunca precisara. Conseguia viver perfeitamente nessas condições, e eu nunca ouvi falar que alguém houvesse conseguido enganá-la. Mas, de repente, decidiu que tinha que ser capaz de ler. Eu brincava com ela dizendo-lhe que, apesar ser tão inteligente, iria permanecer na ignorância por toda sua vida.
>
> Ela mesma me disse, rindo, que quando era criança quase nunca pôde ir à escola, porque a sua família era muito pobre e teve que trabalhar em todo tipo de coisas para trazer um pouco de dinheiro para casa. Nas poucas vezes que foi à escola, o professor, que poderia ver como ela era brilhante, mandava-a levar e trazer recados, o que ela preferia muito mais do que ficar fechada numa sala de aula.

---

[4] Alejandro Llano, *Olor a Yerba Seca, Memorias*, vol. I, Encuentro, Madri, 2008, págs. 115-146.

Mas dessa vez não demonstrou a sua indiferença anterior para aprender, muito pelo contrário. E na primeira oportunidade pegou o livro que queria que eu usasse para ensiná-la a ler. Era *Caminho*, de São Josemaria Escrivá. Não fiquei surpreso, porque a Tata era uma pessoa naturalmente devota e *Caminho* sempre esteve disponível em nossa casa, embora pessoalmente eu não soubesse muito sobre ele.

A Tata lembrava alguma coisa sobre o alfabeto e as sílabas. Fomos progredindo rapidamente com o básico e começamos a ler o primeiro ponto: *Que a tua vida não seja uma vida estéril...* Ela nunca tinha lido nada antes. Mas, uma vez que nós trabalhamos à nossa maneira com o primeiro texto, ela virou-se para mim e me explicou o que significava. Falou com muita naturalidade sobre como temos de ser úteis aos outros a fim de levar uma vida fecunda, e me explicou o que era o apostolado mais claramente do que eu nunca tinha ouvido antes. Fiquei absolutamente espantado, mas isso foi apenas o começo. Não demorou muito para que ela pudesse ler fluentemente, e fez-me um comentário sobre cada um dos restantes pontos de *Caminho*, sem perder um só.

Quase todos os dias tínhamos que reservar algum tempo para a sua aula de leitura. Mas, sem qualquer pedido de desculpas da parte dela e para crescente surpresa minha, os minutos se transformaram em uma lição sobre a vida cristã dada pela Tata, como se ela fosse uma doutora da Igreja. Falou sobre a beleza da vida em Deus, não como alguém que ensina uma lição que aprendeu, mas como quem sabe por experiência pessoal. Ocasionalmente, eu brincava com ela sobre a sua sabedoria, ou argumentava sobre algo que tinha dito e que eu sabia que era a verdade pura e simples. O fato é que ela deixou uma impressão muito profunda em mim. Aquelas aulas particulares mudaram completamente o meu interior. Graças à Tata, eu comecei a ter uma verdadeira vida espiritual e fazer oração a sério, embora achasse isso um trabalho exigente. Dessa forma, Jesus se tornou uma pessoa viva para mim, alguém a quem eu poderia falar e ouvir ao longo das minhas atividades diárias.

E não me recusei mais a frequentar o centro da Obra que o meu irmão Carlos também frequentava. Quando, passado um certo tempo, me falaram sobre a possibilidade de ter vocação para a Obra, aceitei de imediato: tinha certeza de ter chegado a um porto que era de algum modo a minha casa final. E não tive dúvida sobre quem seria a primeira pessoa a contar a minha decisão. Naquele 12 de janeiro de 1950, a Tata estava na cozinha. Quando eu lhe contei a minha novidade, ao invés de se surpreender, como eu esperava, ela sorriu e, como os pescadores asturianos, disse-me:

– Você caiu como um *mascatu*.

O *mascatu* é uma ave parecida com a gaivota, que vigia o mar do alto e quando vê um peixe, desce com tudo para pegá-lo.

E aquele foi o momento em que colocamos as cartas na mesa. Disse-me que a razão dela querer aprender a ler foi que tinha sido aconselhada a fazer alguma leitura espiritual cada dia. Ela conhecera alguma coisa do Opus Dei por sugestão do meu irmão Rafael primeiro, e depois mediante as minhas irmãs, e pedira para ser admitida na Obra um pouco antes de mim.

O final desta história é que a Tata morreu anos mais tarde, de uma maneira muito santa, depois de ajudar a todos na nossa família com a sua vida espiritual e profundo senso de humor. Trouxe muitas pessoas para perto de Deus e sempre produziu grande admiração pela profundidade da sua sabedoria cristã, que já me mostrara na primeira vez que lemos *Caminho* juntos.

Sutilmente, com enorme delicadeza e respeito pela liberdade, a Tata aproximou da Obra o Alejandro, que no decorrer dos anos foi catedrático de Metafísica da Universidade de Madri, Reitor da Universidade de Navarra e um intelectual destacado na Espanha. Entre a Tata e Alejandro, porém, há um denominador comum: a sua vocação para o Opus Dei. O espírito da Obra ensina – seguindo a mais clássica tradição cristã – que uma pessoa de origem modesta, como uma empregada doméstica, pode ser mais santa que um catedrático universitário: depende do amor de Deus que cada um tenha atingido.

Pessoalmente, mais uma vez tenho sentido o dever de dar muitas graças a Deus porque no seio da minha família se operou esse fenômeno espiritual: a feliz realidade de que uma mãe de nove filhos, um reitor de universidade ou um Bispo da Igreja Católica tivessem o mesmo caminho espiritual que uma babá e empregada doméstica, como foi a extraordinária figura que todos nós chamamos e sempre chamaremos de Tata.

Capítulo III
A Faculdade de Direito de Granada, uma viagem frustrada aos Estados Unidos e o meu primeiro encontro com São Josemaria

Na Universidade de Granada

Não posso perder a oportunidade de dizer que já naqueles primeiros passos da entrega a Deus muita gente da minha família começou a «contagiar-se». A vocação para a Obra – comentava jocosamente São Josemaria – pode ser como a gripe: se um na família «pega», todos podem «pegar». Assim aconteceu na nossa: no decorrer dos anos, pediram a admissão primos, primas, sobrinhos, sobrinhas, na Espanha e no México, até chegar a perto de duas dúzias de vocações. Às vezes penso que da entrega de uma, duas ou três pessoas – Carlos, eu e Maria Elena fomos os primeiros – dependeu o sentido divino da vida de outros muitos. E pondero: o que teria acontecido se naquela tarde, no oratório de Gurtubay, eu tivesse dito «não» ao Senhor?

Como já mencionei, fui aprovado no chamado *Examen de Estado*. Era uma prova difícil, escrita e oral, e a matéria era a totalidade dos programas dos estudos secundários. Quem não o superava não podia entrar na universidade. Depois dessa prova, passei uma parte do verão em El Carmen. O meu irmão mais velho, José Antonio, foi para a Universidade Seton Hall, nos Estados Unidos, para estudar *Business Administration*, e o Carlos foi morar em Roma, no Colégio Romano da Santa Cruz, ao lado de São Josemaria[5]. O clube dos *Jabatos* já não existia.

Eu tinha pendores para a pintura e havia recebido aulas particulares durante os anos do colégio. Para aproveitar aquelas férias, decidi praticar a pintura a óleo numa ermida situada num pequeno morro, no terreno da chácara El Fenoyal, e dediquei as manhãs a pintar uma imagem de Nossa Senhora de estilo bizantino.

Em princípio eu pensava estudar Arquitetura, para a qual sempre tive uma forte inclinação, mas naquela época só o ingresso no curso demorava de três a quatro anos. Decidi, por isso, estudar Direito, e para preparar-me para tal pareceu-me melhor ir a Madri. Uma vez naquela cidade, pensei de novo e, depois de falar com os meus pais, tomei a resolução de começar os estudos de Direito na cidade de Granada, ao mesmo tempo que aprimorava a minha formação como membro da Obra. A casa onde fui residir em Granada chamava-se *Carmen de las Maravillas*, e estava situada no meio do famoso bairro árabe de Albayzín.

---

5 O Colégio Romano da Santa Cruz foi erigido por São Josemaria em 29 de junho de 1948, como um centro de formação espiritual, filosófica e teológica para membros do Opus Dei de todos os países. Para informações mais completas sobre esse centro, cf. Andrés Vázquez de Prada, *O Fundador do Opus Dei*, Quadrante, São Paulo, 2004, vol. II, págs. 89 e segs.; o verbete «Colegio Romano de la Santa Cruz» no *Diccionario de San Josemaría Escrivá de Balaguer*; e Alfredo Méndiz, *Orígenes y primera historia de Villa Tevere. Los edificios de la sede central del Opus Dei en Roma (1947-1960). Studia et Documenta*, vol. 11, 2017, págs. 153-226

Naquela casa convivi com muitos membros da Obra. Alguns deles, como Ángel Jolín, o Pe. Teodoro Ruiz e Enrique Aristoy, começaram o trabalho da Obra na Colômbia e no Quênia. Outros, como Antonio Fontán, foram depois personagens destacados na vida intelectual e política espanhola.

O ambiente no Albayzín era extraordinário. Estudávamos intensamente, às vezes até bem tarde da noite, e tínhamos uma vida de família entranhável, cheia de alegria e de bom humor. Nosso Senhor abençoou as iniciativas de formação cristã e o trabalho de apostolado com muitos estudantes frequentando as atividades e, entre eles, um bom número de vocações para a Obra. Vários deles foram, tempo depois, começar ou reforçar o trabalho da Obra em países como Irlanda, França, México e Chile, entre eles Bernardo Robledo, Blas García de Quesada, Rafael Fiol e Enrique Díez. Eram anos em que o Opus Dei, seguindo o impulso cheio de fé de São Josemaria, estendia rapidamente a sua mensagem fora das fronteiras da Península Ibérica.

Lembro-me de dois episódios que ilustram bem o ambiente em que vivíamos. No primeiro ano, fizemos uma greve na Faculdade de Direito. Um dos colegas não aderiu e outro, na minha frente, fez um comentário grosseiro acerca da pertença dele ao Opus Dei. Fiquei de cabeça quente, agarrei-o pela lapela e o encostei na parede:

– Cale a boca! Esse sujeito não é do Opus Dei! Quem é do Opus Dei sou eu!

Ficou apavorado e pensou que eu iria bater nele. Pediu desculpas e eu, vendo a sua boa vontade, falei-lhe da Obra e convidei-o para uma palestra no Albayzín. Foi lá, gostou, e a minha surpresa foi grande quando comprovei que na semana seguinte estava lá também e continuou frequentando por um bom tempo.

O outro episódio aconteceu numa longa fila para fazer a

matrícula. Comecei a conversar com um dos que estavam ao meu lado, chamado Luis Carrión. Vinha da cidade de Melilla e queria estudar Medicina. Como demoramos mais de uma hora aguardando a nossa vez, a conversa se prolongou. Depois de fazer a inscrição, acompanhei-o à pensão onde morava e simpatizamos mutuamente. Poucos dias depois convidei-o a conhecer o Albayzín, interessou-se muito e passou a ser um frequentador assíduo. Era tão generoso que poucos meses depois pediu a admissão na Obra. Anos depois – os caminhos de Deus são assim, tantas vezes – coincidimos em Roma para estudar Filosofia e Teologia. Luis ordenou-se sacerdote e trabalhou muitos anos no Canadá. Faleceu santamente há pouco tempo.

Muitas vezes lembrei com Luis, dando risada, daquela nossa primeira conversa na fila da matrícula, na soleira das arcadas da universidade. E também muitas vezes depois pensei o que teria acontecido com Luis se eu não tivesse vencido o natural constrangimento de abordá-lo naquele momento. Esse pensamento ajudou-me depois a superar qualquer inibição ou respeito humano nas diversas oportunidades que apareceram depois. Assim cheguei a conhecer e fazer amizade com muita gente nos corredores da universidade, no trem, no ônibus, no saguão de um aeroporto ou dentro de um avião.

A viagem frustrada aos Estados Unidos e o primeiro encontro com São Josemaria

Superado o primeiro ano de Direito em Granada, esperava-me uma boa surpresa: os diretores do Opus Dei propuseram-me pensar, e decidir com plena liberdade, na possibilidade de ir aos Estados Unidos para estudar *Business Administration* na Universidade de Chicago. Fazia pouco tempo que ali tinham chegado o Pe. José Luiz Múzquiz, o químico José Maria González Barredo e Salvador Martínez Ferigle, graduado em Física e Química, para iniciar o trabalho da Obra nesse grande país.

Com imensa satisfação, respondi afirmativamente e viajei a Madri para preparar as coisas. Ali tive a alegria de reencontrar José Luis Gómez López-Egea, antigo colega do Colégio El Pilar, e a alegria maior ainda de saber que se dispunha a partir para Buenos Aires. Comentamos juntos que jamais poderíamos ter imaginado que ambos, colegas de colégio e amigos, iríamos empreender uma aventura tão prodigiosa: contribuir para o começo do trabalho apostólico da Obra nos Estados Unidos e na Argentina! Eram as surpresas da Providência de Deus.

Corria o ano de 1951. Entre outras providências necessárias, fiz a matrícula na Universidade de Chicago. Sentia muito partir para os Estados Unidos sem conhecer São Josemaria e pedia a Deus não viajar sem conhecê-lo. Pois bem, lá pelo mês de outubro, o Padre chegou a Madri procedente de Roma e alojou-se no centro da rua Diego de León. Não era uma viagem oficial, e poucos souberam do fato. Providencialmente, tive de ir a Diego de León para ajudar em alguns encargos. Num determinado momento, precisei de água para completar uma tarefa e fui ao banheiro. Para a minha surpresa, o Padre passou na minha frente, mas não me viu. Ao voltar à sala onde trabalhava, dei de frente com o Padre, que descia pela escada principal. Sorrindo para mim, disse:

– Tu por aqui?

O Padre não me conhecia, e pensei, com vergonha, que o Padre estava me confundindo com outra pessoa. Por isso, respondi:

– Mas, Padre, o senhor não me conhece...

– Como não conheço? Conheço, sim...

O Padre estava acompanhado pelo Pe. Álvaro del Portillo, e disse a ele:

– Quem te lembra?

– Não sei, Padre – respondeu o Pe. Álvaro.

– É muito parecido com alguém que está conosco, no Colégio Romano...

O Pe. Álvaro foi dizendo nomes, a que São Josemaria repetia: «Não, não é esse». Até que exclamou, com rosto alegre:

– É igual ao Carlos!

Fiquei surpreso, porque o Carlos e eu não nos parecemos muito. Com frequência, lembrando esse pequeno incidente, cheguei à conclusão de que realmente São Josemaria tinha olhar de pai e de mãe e sabia reconhecer de uma forma impressionante as características de cada um dos seus filhos.

O Padre quis saber o que eu estava fazendo ali e, depois de responder-lhe, acrescentei que estava me preparando para ir aos Estados Unidos. Foi essa a minha primeira conversa com São Josemaria, tão breve e tão simples, mas muito significativa para mim.

Mas, o que estava previsto não aconteceu: não fui a Chicago. Uma radiografia que eu fizera por exigência do consulado americano revelou sequelas do problema pulmonar que tinha sofrido no último ano do ensino médio, e, ao invés de ir para os Estados Unidos, fui para a cama.

Recomendaram-me repouso absoluto, e o lugar mais apropriado para descansar foi a casa dos meus pais, na rua Castelló, em Madri. Com grande generosidade e carinho, um sacerdote vinha trazer-me a Comunhão cada dia. Frequentemente era o Pe. Francisco Botella, e outras vezes era o Pe. Jesús Urteaga. Lembro-me de que o Pe. Francisco Botella recomendou-me ler *A canção de Bernadette*, de Fraz Werfel, escritor judeu austríaco, que se refugiou em Lourdes fugindo dos nazistas e prometera escrever a vida de Santa Bernadette se saísse com vida. Também me sugeriu que tentasse desenhar alguma imagem de Nossa Senhora, para manter a presença de Deus naquelas semanas de inatividade física. Foi um bom conselho.

Já perto do fim daquele ano, recebi uma carta diferente, de Roma. A letra do remetente era do meu irmão Carlos, mas dentro havia uma outra letra. Dei um salto de alegria na cama: era a inconfundível letra de São Josemaria! Li o texto em voz alta e depois muitas outras vezes mais, porque não me cansava de repetir as suas palavras. Dizia assim:

Queridíssimo Rafa: que Jesus te guarde.

Cuida-te – deixa-te cuidar –, cumpre as Normas, está sempre contente e procura dar alegria aos teus pais. Assim o Senhor e eu estaremos também contentes.

Um abraço muito forte.

A bênção do Padre.

Roma, 26 de dezembro de 1951.

É difícil explicar o que essa carta representou para mim. Eu tinha então 18 anos, custava-me estar acamado, aceitar o fato de estar enfermo e de não poder estudar, trabalhar e fazer apostolado livremente, como também me doía não ter podido ajudar no incipiente trabalho em Chicago. A carta foi um banho de paz e de alegria e fiz muitas vezes oração com ela, porque me parecia que as suas palavras seguras me davam um pouco daquela atmosfera de solidez e de serenidade sobrenatural que dimanavam do Padre.

Em fevereiro recebi outra carta do Carlos, que, entre outras coisas, dizia:

Há tempos tinha intenção de escrever-te. O Padre me disse que te enviaria algumas palavras no final da carta. Por isso não quis esperar mais. Já pressenti a alegria e a surpresa que te levou a carta anterior...

E, de fato, o Padre acrescentou no final:

Que Jesus te guarde. Deixas que te cuidem? Estás contente? Uma bênção muito carinhosa do Padre.

A carta estava datada de 8 de fevereiro de 1952, um mês e alguns dias após a primeira. A minha alegria foi grande, mas também a minha surpresa, principalmente porque – parece-me necessário reparar nesta coincidência – o Padre me perguntava se estava vivendo aquilo que me recomendara na carta anterior, e precisamente nos pontos que eram mais difíceis para mim. As práticas de piedade eu cumpria com a graça de Deus, mas isso de «deixar-me cuidar» e de «estar contente» custava-me mais. Perguntei-me muitas vezes: será que o Padre recordaria o que me escrevera um mês e meio atrás? Seria isso possível com a quantidade de assuntos que tinha entre as mãos? Ou seria consequência daquela intuição paterna e materna que depois, tantas vezes, tive ocasião de comprovar? Nunca soube responder a essas perguntas, mas acima de qualquer resposta possível impõe-se um fato claríssimo: o carinho humano e sobrenatural do Padre acertava-me no meio da alma como uma flecha certeira.

Tão fortes foram os efeitos daquelas breves cartas que ainda hoje, passados mais de sessenta anos, lembro-me delas com emoção. O próprio Padre dizia-nos com frequência que amava cada um de nós como se fôssemos o seu filho único. Parecia que Deus dilatara o seu coração e lhe concedera o dom maravilhoso de uma paternidade singular.

Aproveitei as disposições legais da universidade para o meu caso, e estudei por conta própria as matérias do segundo ano de Direito. Graças a Deus, passei bem de ano, e decidi continuar na Espanha para concluir o curso.

Capítulo IV

Uma temporada na Inglaterra e na Irlanda

Já com saúde recuperada, fui à Inglaterra fazer um curso de formação durante o verão e, por causa dos preços da época, viajei de trem. Em Paris encontrei-me com Javier Carvajal, jovem arquiteto que frequentava o centro de Gurtubay. Ele morava numa residência universitária no *campus*. Ali houve uma feliz coincidência: ao chegar ao *campus*, tentei orientar-me e perguntei à primeira pessoa que encontrei. No meu mal falado francês, o interlocutor reconheceu o sotaque espanhol e começamos a conversar. Era um empresário da Cidade do México, amigo do meu pai, e me encaminhou até a residência com toda a boa vontade.

Javier recebeu-me com muito afeto. Como eu queria poupar dinheiro evitando um hotel, propus dormir no chão do seu quarto. No dia seguinte, fomos juntos à Missa e conheci alguns dos mais notáveis pontos turísticos de Paris. A seguir, tomei um trem até Calais e daí embarquei rumo à Inglaterra. No meio do Canal da Mancha, fiquei completamente enjoado e vomitei. Acudiu em minha ajuda um casal muito simpático, e deu-se outra feliz coincidência, como depois explicarei.

Por fim, cheguei à residência de *Netherhall House*, em Londres. Era uma casa grande, bonita, com um espaçoso jardim e uma aconchegante sala de estar que se prolongava num jardim de inverno envidraçado, aberto ao parque arborizado que rodeava a casa.

De repente, na sala de estar, deparei-me com o casal que me tinha ajudado com tanta solicitude no navio. Estavam conversando com Andrés Vázquez de Prada, um membro da Obra que à época trabalhava como adido cultural da Embaixada da Espanha em Londres. Perante a minha surpresa, disseram-me que, ao ver-me tão abatido, acompanharam-me até a residência para constatar como me encontrava. Fiquei admirado: não era possível! Então começaram a rir; a verdade é que o marido era irmão do Andrés e o casal tinha ido visitá-lo.

A vida em Netherhall era estupenda. Participávamos de um curso internacional de férias, com muitas atividades e horário apertado. O diretor era Michael Richards, o primeiro numerário inglês, que anos depois se ordenou sacerdote e já está no Céu.

Eu gostava de visitar o Hyde Park e participar dos *meetings* religiosos e políticos que ali aconteciam. Durante um passeio a Oxford aconteceu algo divertido. Nessa famosa cidade universitária tudo era perfeitamente organizado, sério e programado. Lembro-me da forma ríspida com que o guia me falou quando lhe perguntei algo no meio da sua explicação. Destemperadamente, disse-me que não era o momento de fazer uma pergunta como aquela. Depois, fomos almoçar num extenso campo relvado, à beira do Tâmisa. Tudo perfeito. Em vários lugares as pessoas jogavam críquete e todos os jogadores vestiam um branco imaculado. Parecia uma estampa.

Estávamos com fome, mas o almoço trazido de casa era exíguo e, para o meu gosto, esquisito: um sanduíche de pão de forma com pequenos pedaços de tomate, um litro de leite e um imponente pacote de tâmaras doces. Devorei o sanduíche, que me pareceu minúsculo, e depois de comer três ou quatro tâmaras, extremamente enjoativas, não consegui comer mais. O leite caía no estomago como uma pedra.

Não aguentei. Levantei-me para espantar a irritação dando um passeio e encontrei um cachorro vira-lata bebericando no rio. Tudo estava tão bem organizado – até os pedacinhos de tomate no pão – que fui tomado por uma rebeldia súbita e, vendo o cão, não resisti à tentação e dei--lhe um pontapé tão forte que o bicho caiu na água. De repente, apareceu o dono do cachorro, que pelo visto não era tão vira-lata assim, e começou a gritar comigo, furioso. Não tive a menor dúvida: saí correndo, e o dono correu ao meu encalço. Os que estavam almoçando comigo perceberam o que estava acontecendo e saíram correndo atrás do dono do cão, que ameaçava denunciar-me à polícia. Os meus colegas me defenderam dizendo que eu era um estrangeiro que não conhecia os costumes britânicos, etc. Foi difícil convencê-lo, mas ele desistiu, quando eu já tinha conseguido esconder-me num ônibus. Foi uma pequena aventura da qual não me orgulho.

Numa viagem rápida, D. Álvaro del Portillo passou por Londres a caminho de Dublin. Como consequência dessa viagem, decidiu-se instalar uma residência de estudantes na capital irlandesa. Quando me perguntaram se gostaria de ir a Dublin para ajudar na procura de um local adequado, aceitei bem contente.

O único centro de Dublin, à época, estava instalado numa simpática casa em Northbrook Road. Lá conheci o Pe. José Ramón Madurga e alguns dos primeiros numerários irlandeses: Cormac Burke, Dick Stork e Dan Cummings, entre outros. O caráter irlandês, mais comunicativo que o inglês, facilitou um relacionamento mais próximo e descontraído. Havia muita alegria naquele centro.

Dick e eu começamos a movimentar-nos para encontrar uma nova casa. Pude comprovar que Dublin era uma cidade encantadora: tinha por volta de um milhão de habitantes, com ruas arborizadas e casas com grandes jardins, às vezes autênticas chácaras, onde até pastavam algumas vacas.

Percorremos Dublin inteira, de bicicleta, até finalmente encontrarmos uma casa que nos pareceu perfeita: era grande e tinha um jardim enorme. Tanto nos cativou, que nos escondemos numa moita do jardim e lá rezamos um terço pedindo a Nossa Senhora que realmente a conseguíssemos. A casa não estava à venda, mas a família, católica, foi cedendo aos poucos até que concordou em vender. Hoje é a *Nullamore Residence*.

No fim do verão passei por Londres, onde tomei um avião para Madri. Era a minha primeira viagem de avião, e passamos um grande medo por causa de uma turbulência muito intensa que apavorou até os membros mais experientes da tripulação. Foi uma ocasião para crescer em devoção e em gratidão aos anjos da guarda.

Capítulo V

A universidade em Salamanca e o serviço militar

Preferências profissionais e necessidades do apostolado da Obra fizeram com que continuasse os estudos de Direito na velha e prestigiosa Universidade de Salamanca. Já plenamente bem de saúde, fui morar no primeiro centro dessa cidade, situado na Rua Jesús, n. 1. Como naqueles primeiros tempos a escassez econômica era realmente grande, o centro era, na verdade, um apartamento alugado, desajeitado e sem aquecimento. No inverno passávamos um frio incomum, às vezes com dez ou doze graus negativos fora de casa e um ou dois graus dentro dela. Mas esses contratempos não afetavam em nada a nossa alegria, entre outros muitos motivos porque sabíamos fazer parte de uma *tradição* cheia de frutos apostólicos desde os começos da Obra: a pobreza e os demais inconvenientes dos primeiros tempos dos centros em muitas cidades e países, quando estava tudo por fazer.

Comecei a frequentar a universidade, afetada pela pátina do tempo, com belas fachadas medievais e renascentistas, sentando-me nos velhos bancos frequentados por ilustres alunos, como o grande escritor Francisco de Quevedo – cujo nome está gravado com canivete na madeira de um banco –, absorvendo as lições de juristas ilustres e aproveitando todas as oportunidades para aproximar de Deus os meus colegas. Formamos um clube de excursionistas que chamamos o *Club Kaneko*, e nos feriados mais longos fazíamos caminhadas de montanha que punham à prova a nossa resistência física. Vezes sem conta acampamos no *Valle de las Batuecas*, um dos lugares mais inacessíveis e selvagens das montanhas salmantinas, à beira de rios congelados no inverno. Eram ocasiões para divertir-nos, passar por belas aventuras e crescer em amizade com os colegas da universidade. Poderia anotar muitas histórias de mudanças de vida, de conversas confidenciais que nos enriqueciam a todos, de ver com os próprios olhos a ação da graça de Deus em tantos amigos. Alguns tempos de oração feitos à noite, ao calor da fogueira, foram ocasião decisiva para despertar muitas conversões e decisões de serviço a Deus.

A seguir, conto algumas dessas histórias de amizade com os colegas da universidade.

O reformador das estruturas

Com alguma frequência, eu visitava com amigos e colegas alguma família pobre na área de favelas, seguindo um costume aconselhado por São Josemaria desde os primeiros anos do Opus Dei. Levávamos alguns mantimentos de primeira necessidade e também algo a que só têm acesso os menos carentes, como alguns bombons e outras guloseimas. Não pretendíamos com isso, evidentemente, resolver qualquer problema social, mas apenas alegrar um pouco a sua miséria e ter experiência direta dessas situações-limite, para crescer em generosidade e em capacidade de doação aos outros.

Um dia, numa dessas visitas, o colega que me acompanhava ficou impressionado com o espetáculo de miséria que encontramos. Ao sair, perguntei-lhe o que pensava.

– Fiquei com nojo – disse-me.

Um mês depois convidei-o novamente, mas negou-se:

– Não vou. É inútil. Com a nossa visita não vamos resolver nenhum problema. O que precisamos é lutar por uma reforma de estruturas.

– Está certo – respondi. – Com essas visitas não solucionamos nenhum problema, mas levamos um pouco de alegria e de calor humano a essa gente boa e sofrida. É, como se diz, uma «obra de misericórdia».

Não replicou, mas não mudou de ideia.

No meio do ano, falei-lhe de um acampamento no Valle de las Batuecas, com a intenção de caçar javalis. Ficou entusiasmado e aceitou.

À noite, com temperatura excepcionalmente fria, saímos à procura dos javalis, mas o meu colega ficou na barraca; alegou que sentia muito frio. Por volta das duas da madrugada retornamos ao abrigo, mortos de frio, e encontramos esse colega enrolado numa pilha de cobertores. Tinha açambarcado todos, e quando delicadamente lhe pedimos que nos cedesse alguns, negou-se rotundamente. Não houve maneira de convencê-lo.

Naquele momento, entendi a razão de que ele não quisesse visitar novamente a favela: as razões «estruturais» não passavam de uma desculpa esfarrapada para encobrir o seu egoísmo.

O dono do sobretudo

Para ressaltar a diferença, uma outra visita à favela teve consequências bem diversas. Entrei com outro colega num barraco miserável. O casal e seis filhos ocupavam o mesmo cômodo, e só havia um colchão e uma cadeira. O frio daquele inverno era espantoso. Repartimos algumas guloseimas entre as crianças e demos ao casal um envelope com dinheiro. Conversamos longamente, e era emocionante a carência material daquela família, a sua fé em Deus e a sua devoção a Nossa Senhora, materializada numa gravurinha que pendia pobremente na parede. Estavam contentes e rimos à vontade. Ao despedir-nos, o meu amigo teve um gesto discreto, mas inesquecível: sem que o casal o percebesse, antes de fechar a porta introduziu o sobretudo no barraco e deixou-o em cima da cadeira.

– Vamos embora depressa, antes que percebam... – disse-me. E saímos em disparada.

– O frio é de matar – acrescentou –, mas nunca tive o coração tão quente.

Ele não se arrependeu, e eu nunca me esqueci do seu gesto.

Uma «via sacra» diferente

Eu tinha um colega muito simpático e inteligente, mas que só queria saber de sair com garotas. Convidei-o muitas vezes para as atividades de formação que tínhamos no centro, mas ele brincava comigo dizendo que um dia iria, que um dia «se converteria». De forma surpreendente, foi ele quem certa vez me convidou para uma atividade que chamou de «religiosa».

– Queria que você fizesse uma «via sacra» comigo – disse-me.

– E como seria essa «via sacra»? – perguntei.

– É o seguinte: percorremos as catorze «estações», só

que cada «estação» é num bar diferente. Na primeira tomamos um aperitivo, então passamos à segunda, e assim por diante...

Então tive uma ideia, e disse-lhe:

– Aceito, mas com uma condição: se eu chegar até a última «estação», você começa a participar das palestras de formação no centro.

Ele aceitou, pensando que eu não seria capaz de chegar até o final. Começou o percurso: primeira estação, cerveja; segunda, vinho; terceira, conhaque; quarta, vermute... Ele misturava as bebidas para me derrubar, mas num momento de distração recuei um pouco e joguei fora o que tinha no copo. Quinta estação, rum, e eu fui fazendo a mesma operação nas restantes. Já quase no fim, o meu colega, com a voz pastosa e sem conseguir manter-se em pé, gaguejou:

– Você é forte, está resistindo muito bem...

– Você é que é fraco. Convida para uma «via sacra» e não consegue terminar.

Quando ele estava quase caindo, carreguei-o para dentro de um táxi e fomos até a sua casa, onde enfiei a sua cabeça embaixo do chuveiro. Ele acordou.

– Ganhei a aposta, e agora você vai assistir à palestra no próximo sábado.

– Qual palestra? Ah, sim, sim... Mas agora quero ir para a cama.

De fato, começou a frequentar as atividades de formação. Tinha um grande coração e assimilou muito bem as verdades que ouvia, tanto que passou a ter verdadeira vida espiritual e a ser um cristão coerente. Atualmente é um advogado de prestígio e pai de vários filhos. Nunca contei à sua esposa, também colega da Faculdade, a história da «via sacra».

O «Canário»

Nunca soube o motivo do apelido. O *Canário* era um colega que só queria saber de estudar e fazia cálculos e mais cálculos de horas de estudo, previsões de tempo para estudar cada matéria, em que altura conseguiria passar no disputado concurso para a magistratura, etc. Namorava uma moça, também colega, que se chamava Maria do Carmo. Lembro das contas que fez uma vez numa conversa comigo:

– Faltam-me três anos para concluir o curso e mais dois para me preparar para o concurso. Cinco anos no total. Ora, eu saio três vezes por semana com a minha namorada e gasto com ela nove horas semanais. Multiplicadas pelas quatro semanas do mês, são trinta e seis horas mensais. Se as multiplico pelos doze meses do ano e pelos cinco anos que faltam para o concurso, a cifra é fabulosa!

– E daí, Canário?

– Daí que vou falar com a Maria do Carmo e desmanchar o namoro...

Quando a Maria do Carmo soube da decisão do Canário, subiu pelas paredes e gritou:

– Isso é uma cachorrada! Namoramos há três anos e você faz uma conta no lápis e me põe de escanteio? É uma cachorrada!

Passados cinco anos exatos, um colega veio me dizer, eufórico, que tinha passado no concurso para a magistratura.

– E o Canário? – perguntei.

– Foi reprovado.

– Mas como? Ele sabia tudo, tinha até largado a Maria do Carmo para dedicar-se mais ao estudo!

– Exatamente! Foi reprovado porque sabia demais...

– Como assim? O que aconteceu?

O meu colega então passou a explicar-me como tudo acontecera. O Canário respondia tudo com brilhantismo, como sempre, magistralmente, pontificando... A banca não gostou, achou-o petulante e acabaram discutindo seriamente. Terminou mal.

Foi uma bela lição, de que nunca me esqueci, sobre os males da *profissionalite*.

Os apertos econômicos e o ambiente de família no centro

Os anos de Salamanca foram intensos. Dentre as mil experiências ali vividas, guardo com especial agrado as que se referem ao ambiente de fraternidade sincera e aos apertos econômicos. Podem parecer triviais, mas para mim foram extremamente significativas.

Como já disse, passávamos apuros econômicos no centro em que morávamos. O orçamento era muito apertado e com frequência faltava dinheiro para os gastos mais corriqueiros. Como secretário do centro, eu era responsável pela administração dos poucos recursos de que dispúnhamos. Evidentemente, não podíamos pagar uma empregada, e a minha mãe, ao saber disso, compadeceu-se de nós e enviou-nos a Tata por uns tempos, o que foi um presentão.

A Tata era muito solícita e uma extraordinária cozinheira. Quando tomou conta da cozinha, ficou assustada com a falta de recursos. No primeiro jantar, serviu-nos uma salada que nos pareceu fantástica e, quando estávamos já na sobremesa, veio correndo com o tempero, que tinha esquecido, dizendo:

– Coitadinhos, coitadinhos...

Anos depois, quando eu já morava em Roma, contei esse episódio a São Josemaria. Ficou muito contente e disse:

– Meus filhos, mais apertados vivemos nós no início. Fizestes muito bem, esse é o nosso espírito: comemos o que temos sem protestar. Já passamos fome na Obra. Fome! Fazíamos apenas uma refeição ao dia, dávamos ao Santiago[1] um copo de leite antes de deitar, e nós íamos para a cama sem jantar nada. E tão contentes! Nunca nos faltou a alegria! Havia ocasiões em que a mesma cadeira servia na sala de jantar, na sala de estar e no oratório.

E rindo, acrescentou:

– Andávamos de um lugar para outro carregando cadeiras e passávamos frio porque não tínhamos cobertores... Mas ríamos muito!

Diante da situação tão apertada, tomei a decisão de «fazer negócios». No fim daquele ano de 1953, fui a Astúrias, na época da colheita de nozes e de maçãs. Pedi dinheiro emprestado ao meu pai e fui pelos mercados comprando nozes. Também «comprei» maçãs na fazenda do meu pai. Para poupar gorjetas, eu mesmo carregava os sacos de nozes do mercado até a estação do trem. Vendi a mercadoria e consegui ganhar um dinheiro razoável. Além disso, tive a cara de pau de rogar ao meu pai que cancelasse a minha dívida com ele. Não só concordou, mas ficou satisfeito:

– Esse dinheiro que se ganha com esforço é o melhor aprendizado. Fico contente em financiar essa lição que você aprendeu.

As finanças do centro melhoraram, mas só por uma temporada. Quando as dívidas eram grandes e não tínhamos dinheiro para fazer compras no mercado, fazíamos as

---

[1] Santiago Escrivá de Balaguer (1917-1995) era o irmão caçula de São Josemaria.

refeições na pensão de Dona Felipa, extraordinária senhora que nos deu de comer fiado durante um mês.

Os poucos membros da Obra que morávamos naquele centro sempre estivemos, graças a Deus, muito unidos naquelas aventuras apostólicas e profissionais. Vivia-se um afã de serviço mútuo que ainda me comove, sobretudo tendo em conta as circunstâncias: éramos todos jovens e poderíamos ter trilhado caminhos bem diferentes com a mais absoluta liberdade, mas a convicção de sermos instrumentos para estender a mensagem da Obra, consequência da nossa vocação, dava-nos uma segurança em Deus e uma alegria que não se explica apenas por motivos humanos. Recordo o rosto sempre sorridente de Jerónimo Padilla, advogado, que faleceu santamente em Madri muitos anos depois, a serenidade de Miguel Ángel Peláez, que passou a residir e trabalhar como sacerdote na Itália, Juan Manuel Martín Regalado, que foi para o Canadá, e José Miralles, que foi para a França.

Terminado o último ano de Direito em 1955, fiz o curso de Mestrado e iniciei a tese de Doutorado sobre «O Caudilhismo na América Latina», porque pensava que o meu destino seria o México e esse trabalho poderia ser útil. Frequentei a biblioteca de Miguel de Unamuno, que estava na sua antiga residência de reitor, e conheci a sua filha, que me falava muito das inquietações religiosas do seu pai. Mas a Providência divina e outras decisões pessoais mudaram de novo o rumo da minha vida.

O serviço militar

Entre o quarto e o quinto ano de Direito, fiz o serviço militar obrigatório, organizado num plano específico para os estudantes universitários: três verões de práticas e exercícios castrenses no acampamento de Montelarreina, ao norte de Castela. Se conseguíssemos boas notas, concluiríamos o serviço militar com o grau de segundo-tenente.

O acampamento era muito precário e no verão fazia um calor infernal. Dormíamos em barracas de quinze lugares cada uma, em magérrimos colchonetes de palha. Na primeira noite, já deitados dentro da barraca, a conversa começou a engrossar e foi deslizando para a baixaria mais banal. Pensei que era preciso fazer alguma coisa, levantei a voz e disse:

– Bem. Vamos acabar o papo e começar a dormir.

Minhas palavras não surtiram qualquer efeito, então falei de novo, em voz mais alta:

– Chega de conversa porca. Parece que vão passar a noite inteira falando da mulherada...

– Bom, aqui cada um é livre para falar o que quiser.

Ocorreu-me então uma ideia que não sei de onde me veio:

– Muito bem! Então vou propor a vocês rezar o terço.

E comecei:

– Ave Maria, cheia de graça...

– Pare com isso!

– Não! Eu também sou livre para falar o que quiser... Santa Maria, Mãe de Deus...

Aí a turma compreendeu que não adiantava, e alguém propôs:

– Realmente, já são horas de dormir.

E acabou a conversa. A partir daquele dia, ninguém teve conversas de baixo nível.

Naquele acampamento também fazia o serviço militar um bom grupo de membros da Obra vindos de várias cidades universitárias: Oviedo, Valladolid, Bilbao, León, Salamanca, etc. Foi espontâneo reunir-nos com a maior frequência possível para manter o ambiente de família próprio da Obra e promover atividades de formação católica na primeira oportunidade, aproveitando o ambiente militar. Encontrávamo-nos todos os dias na Santa Missa, nas tertúlias depois do almoço e do jantar, quando convidávamos muitos outros amigos e colegas, e na grande confraternização aos domingos, quando tínhamos o dia livre.

Era uma ocasião realmente boa para fazer amizades profundas, uma vez que, sendo várias centenas de jovens em estreita convivência, «sofríamos» juntos os mesmos treinamentos e provas. Por isso, não era difícil conversar sobre objetivos mais profundos: o bom uso da liberdade, a vida da fé, o relacionamento com Deus, questões familiares e profissionais, etc. Aos domingos vinha um sacerdote da Obra para atender espiritualmente quem desejasse, e dava uma palestra muito concorrida. Recordo a presença de Alfonso Nieto, que chegou a ser Reitor da Universidade de Navarra, Ezequiel Cavaleiro, José Aguir, José Luis Meilán, mais tarde catedrático de Direito Administrativo e reitor da Universidade da Corunha, entre outros.

Para cumprir o melhor possível as práticas de piedade, cada um se virava como podia. De manhã as atividades eram tão corridas que fazíamos a oração mental durante a ginástica, e à tarde entre um exercício militar e outro. Outras vezes, depois do almoço, quando acabávamos cochilando com uma facilidade enorme... Um duríssimo capitão, que fizera parte da Legião Estrangeira na África, e a que por isso chamávamos de «o Legionário», deu-me algumas broncas por dormir durante as aulas. Esses cochilos me tiraram pontos para conseguir ser segundo-tenente. Consegui me recuperar, porém, com um bom resultado num exercício particularmente exigente: correr uns bons quilômetros carregando todo o equipamento militar e, durante a corrida, acertar seis tiros num alvo a cem metros de distância.

Já com as estrelas de segundo-tenente, fui destinado ao quartel de San Quintín, na cidade de Valladolid. Para a minha surpresa, lá estava «o Legionário», e pude perceber que era um homem muito correto, bom pai de família e católico praticante: até me convidou para um retiro espiritual organizado pelo capelão do quartel.

Quando não estava de serviço no quartel, eu morava no único centro da Obra que havia na cidade, que chamávamos de *El Rincón* [«O Cantinho»] pelo seu tamanho ínfimo. Era tão pequeno que o problema não era encontrar cama para dormir, mas chão. Dormíamos como era possível: na sala, nos corredores... Mas, como sempre, o ambiente era de muita alegria e bom humor. Entre outros membros da Obra, lá moravam Rafael Echevarría, o Pe. Emílio Navarro Rubio, o jornalista Carlos Soria, Carlos Morlán, que faleceu santamente de uma penosa doença degenerativa, o jovem advogado José Maria Córdova, que veio ao Brasil e morou comigo em São Paulo e no Rio de Janeiro, etc.

No quartel, eu procurava cumprir com o meu dever, mas estava ali a contragosto. Lá conheci um rapaz recém-formado em Economia que impressionava pela boa disposição e pelo seu ar marcial. Conhecia de cor o regulamento, comandava bem a tropa, usava botas altas (aumentara a altura do salto por ser baixinho...). Apresentava-se sempre fardado, mesmo quando não era necessário, e dizia:

– Eu nunca tiro a farda. Saio pela rua com minhas estrelas de oficial, os meus botões dourados, as botas lustradas e especialmente a minha «pistolona» bem à vista, e todas as garotas olham para mim...

Esse rapaz logo ganhou o apelido de «Pistolín»...

Ao fim dos seis meses de treinamento, tivemos a prova definitiva: um exercício de tática militar com fogo real. No dia fatal, rastejávamos morro acima para tomar a posição «inimiga» quando, de repente, a aviação, a artilharia pesada e os morteiros dos «amigos» começaram a despejar sobre nós a sua carga mortífera, um autêntico «fogo amigo». Era uma loucura. Eu pensava que estavam exagerando e que poderíamos todos morrer na empreitada. Subitamente, ouvimos a voz irritada do general que, de binóculos, inspecionava a operação:

– Onde se meteu a companhia que tem que atacar pelo flanco esquerdo?

Era a companhia do Pistolín. Fui deslizando até o lugar onde ele e seus soldados deveriam estar, e nada. A voz do general chegou a um nível apoplético. Procura daqui, procura dali, e nada do Pistolín e dos cento e vinte soldados que ele comandava. Por fim, encontrei todos numa depressão do terreno atrás de um mato fechado.

– Mas o que vocês estão fazendo aqui!? – perguntei.

– O quê? – disse o Pistolín tremendo de medo. – Você não vê que estamos nos protegendo? Isso é demais! Estamos brincando de guerra, mas você leva um tiro como se estivesse numa batalha de verdade! Eu não quero morrer! Eu não quero morrer!

O pânico manifestava-se na sua voz e nos tremores por todo o corpo. O Pistolín estava literalmente morto de medo e então percebi toda a fraqueza desse meu colega. Era um covarde. Tive de utilizar a culatra do fuzil para tirá-lo do esconderijo, e com ele saiu a companhia inteira.

Aquela atitude dele passou a ser para mim o símbolo da fraqueza. O galhardo soldado, o militar de caserna que se entusiasmava comandando a sua companhia, que chorava de emoção nos desfiles ao compasso das marchas militares, era um covarde! Eu nunca iria para o *front* com indivíduos como o Pistolín.

Depois de concluir com sucesso o serviço militar, meus planos eram terminar a tese de Doutorado em Salamanca e começar a vida profissional como advogado. Novamente, porém, entrei num outro ritmo e se abriram para mim novos objetivos.

Um dia, Rafael Echevarría, diretor do centro de Valladolid, espetou-me uma pergunta que me deixou surpreso:

– Para onde você mais gostaria de ir?

Não tive a menor dúvida em responder:

– Para Roma, para viver ao lado do Padre.

– Pois se você quiser, assim será.

E assim começou um dos períodos mais marcantes da minha vida.

Capítulo VI
Em Roma, ao lado de São Josemaria

A chegada a Roma

No dia 13 de outubro de 1956, cheguei a Roma com um grupo de membros da Obra para um período de estudo e de formação mais intensa no Colégio Romano da Santa Cruz. As nossas economias e o peso da bagagem não permitiam uma viagem de avião, e tivemos de enfrentar as longas horas de trem com o melhor humor possível. Na mesma viagem vinha Luis Carrión, aquele a quem tinha abordado na Universidade de Granada, na fila da matrícula.

Como chegamos tarde a Roma, jantamos depressa e logo fomos dormir. Só pude formar uma primeira impressão da casa, e foi a esperada: extrema pobreza e extremo carinho. No quarto, correspondeu-me o «terceiro andar» de um beliche. Parece-me oportuno sublinhar esse aspecto, porque não faltaram ao longo dos anos comentários críticos sobre o «luxo» dos centros da Obra. Verifiquei a mesma pobreza e o mesmo carinho nos centros de Madri, Granada, Salamanca e Valladolid. E igualmente em Roma. Morávamos mais de cem alunos na Viale Bruno Buozzi[1], na época e durante muitos anos ainda, a sede do Colégio Romano da Santa Cruz, num espaço clamorosamente insuficiente.

Eu tinha um forte desejo de ver São Josemaria novamente, e recordara muitas vezes aquele primeiro e brevíssimo encontro com ele. No dia seguinte à chegada, efetivamente, pude cumprimentá-lo. Ao ver-me, disse imediatamente:

– Rafa, estou muito contente de ver-te por aqui! Faz cinco anos que não nos vemos, não é verdade?

Novamente fiquei desconcertado: eu não me lembrava desse número de anos, mas o Padre lembrava!

Em seguida, ele entrelaçou os dedos das mãos para formar um arco e, apoiando-se com força em um dos meus ombros, perguntou-me:

– Resistirás firme?

– Sim, Padre, resistirei – respondi.

Compreendi que me perguntava se estava disposto a levar nos ombros o peso da Obra. E muitas vezes, no decorrer dos anos, veio-me à memória aquele seu gesto, especialmente quando as coisas se tornavam mais difíceis.

O ambiente, com o Padre e tanta gente da Obra de tantos países diferentes, era realmente um modelo dessa incomparável vida de família que, como gostava de repetir São Josemaria, representava como um «recanto do lar de Nazaré»: muito estudo e muito trabalho, ambiente de constante presença de Deus, serenidade, muita alegria e bom humor no meio da precariedade material.

Pouco tempo depois de chegar ao Colégio Romano, recebi a tarefa de cuidar do *carro que o Padre usava*. Utilizo essa expressão propositalmente, porque um dia, falando

---

1 A rua onde está a sede central do Opus Dei, em Roma. (N. do E.)

com São Josemaria, me referi «ao carro do Padre», e ele me interrompeu imediatamente:
– Meu filho, o Padre não tem carro. O Padre não tem nada. É melhor dizeres: *o carro que o Padre usa*.

A tarefa me dava muitas oportunidades de encontrar-me com ele nas primeiras horas da manhã, e ele sempre me dizia umas palavras carinhosas. Num daqueles dias perguntou-me:
– Gostarias de me acompanhar?
– Claro, Padre!
– Então vamos telefonar ao reitor para ver o que ele acha.

Chamou-me a atenção essa delicadeza do Padre: consultar o Pe. José Luis Massot sobre a conveniência de eu o acompanhar. O próprio Padre falou pelo telefone que havia ao lado da garagem.

Como não havia problema, entrei no carro muito contente. Também estavam presentes D. Álvaro e Armando Serrano, que dirigia. Fomos até o Vaticano. Recordo-me bem do que aconteceu naquele breve passeio e de alguma das músicas que o Padre cantou com voz melodiosa: uma delas era *Solamente una vez*, uma canção sobre o amor humano limpo, que o Padre referia ao amor a Deus.

Quem conheceu o Padre sabe muito bem que as suas atitudes nada tinham de «transcendentais». Cantava essa canção com muita naturalidade, como outra, muito divertida, inventada por ele mesmo, que dirigia a D. Álvaro, na qual falava das suas diferentes «láureas» de doutor.

Foi uma viagem cheia de bom humor e de detalhes carinhosos. Lembro-me de que me perguntou se eu já havia percorrido os Estados Pontifícios. Como respondi que não, pediu a Armando que circulasse para ver quanto tempo levaríamos, mas que fosse bem devagar para que parecesse maior. Demoramos dez minutos. E o Padre disse rindo:

– Viste, Rafa, a que se reduziram os Estados Pontifícios?

Pouco tempo depois tive outra grata surpresa que guarda também relação com o carro, mas num sentido inverso. Subia eu uma ladeira do parque de Villa Borghese, e o carro que o Padre usava parou ao meu lado. Ele, que ia só com o Armando, abriu a porta. Pensei que ia me convidar para entrar, mas, para meu assombro, foi ele que desceu do carro e me perguntou:

– Meu filho, gostarias que eu te acompanhasse?

– É claro, Padre, gostaria muito.

Segurou-me pelo braço e começamos a caminhar juntos. Parecia-me irreal estar ali, caminhando ao lado do Padre, mas ele tratava de me trazer de volta ao campo das realidades perguntando-me sobre os meus estudos, a minha família, etc. Tudo com uma familiaridade e uma naturalidade maravilhosas. E acrescentou, pensando em voz alta:

– Quando estou com meus filhos sinto-me como que amuralhado.

Secretário do Padre

No meio dessa vida de família intensa e de trabalho apertado, tudo corria normalmente até que, novamente e de forma inesperada, o «passo de Deus» mudou de ritmo. Um belo dia, o Padre chamou-me para uma sala de reuniões vizinha à sala onde trabalhava, sentou-se na minha frente e disse-me, sem qualquer preâmbulo:

– Daqui em diante serás o meu segundo secretário.

O primeiro secretário era Javier Echevarría, a quem chamávamos familiarmente «Javi» já desde o tempo de Gurtubay, onde vivemos juntos os primeiros meses da nossa vocação. Javier era um ano mais velho do que eu e também era formado em Direito. Mais adiante, doutorou-se em Direito Civil e em Direito Canônico.

O Padre acrescentou:

– A partir de hoje tu morarás aqui na Villa Vecchia[2] e também assistirás aos círculos de formação aqui.

Em seguida, levantou-se e disse:

– E agora vou mostrar-te o quarto onde vais ficar.

Parecia-me estar sonhando quando o próprio Padre me conduziu a um pequeno dormitório, muito simpático, perto do escritório de D. Álvaro, onde o Padre também trabalhava habitualmente com ele.

– Gostaste? – perguntou-me.

E acrescentou:

– Olha, precisas ter cuidado com a porta do armário e a porta do banheiro porque, como o espaço é pequeno, se abrires uma enquanto a outra estiver aberta, elas podem se chocar e danificar a madeira.

O Padre tinha um conhecimento detalhado tanto dos móveis quanto das almas. E concluiu:

– Amanhã às nove horas deves estar no corredor do terceiro andar, onde vão dizer-te o que fazer.

Assim era São Josemaria: preciso e amável ao mesmo tempo.

Quando fiquei sozinho caí em mim e fiquei abismado. Compreendi que, a partir daquele momento, minha vida mudaria completamente. Fui ao oratório para dar graças ao Senhor e pedir forças para cumprir devidamente aquele novo e inesperado trabalho.

---

2 Chamamos assim à casa onde moram e trabalham os membros do Conselho Geral do Opus Dei.

Recordo que no dia seguinte acordei com um torcicolo muito forte e quase não podia girar o pescoço. Como todos os dias, fui fazer a meditação, assistir à Missa e tomar o café da manhã com os outros alunos do Colégio Romano. Ninguém notou nada de especial. Mas assim que entrei na parte dos escritórios, às nove horas da manhã, o Padre me viu do outro lado do corredor e me disse em voz alta:

– Rafa, estás com torcicolo, não é verdade?

Nessa altura dos acontecimentos, isso não me deveria surpreender. Eu já tinha experiência das suas intuições paternas e maternas; foi na verdade mais uma confirmação do já proverbial «olho clínico» do Padre para o bem ou o mal dos seus filhos.

– Sim, Padre – respondi-lhe.

– Pois vai ao Dr. Pastor e pede-lhe *Irgapirina*.

Em seguida ele me disse a dose que deveria tomar e acrescentou:

– De tarde estarás melhor. Claro, dormiste com a janela aberta, não foi?

– Sim, Padre.

– É melhor fechá-la, porque esse quarto dá para o jardim onde há uma fonte, e é muito úmido.

Muitas vezes, naqueles anos em que trabalhei ao seu lado, voltei a comprovar esse cuidado extremo que dedicava a cada um dos seus filhos. Seria para mim impossível descrever em pormenores, porque fazia parte da sua personalidade espiritual a tal ponto que emanava dele com a mesma naturalidade com que sorria. E o normal era que estivesse sorridente.

Ao considerar esses acontecimentos, sempre fico admirado com a sua capacidade de percepção. Por que foi o único que me reconheceu como irmão do Carlos lá em

Diego de León? Por que a segunda carta que me enviou em Madri quando eu estava doente fazia referência à primeira como se fossem escritas de modo consecutivo, quando houve uma diferença de tempo considerável? Por que se lembrou, na minha chegada a Roma, de que fazia cinco anos que não me via? Por que naquele primeiro dia de trabalho foi só ele, entre tanta gente, que reparou que eu estava com torcicolo?

A resposta a essas perguntas é sempre a mesma: Mons. Escrivá tinha uma imensa capacidade de carinho, de compreensão, e uma memória excepcional; uma visão além das aparências imediatas que não era puramente natural: parecia potencializada por um dom sobrenatural que ultrapassava os parâmetros das pessoas comuns, por mais bem-dotadas que fossem.

A personalidade de um fundador

A minha vida ao lado do Padre foi, sem dúvida, a época mais importante da minha existência. Talvez aquela que impregnou e deu um colorido diferente a todo o meu comportamento. Às vezes, reparo na minha própria forma de agir e penso: «Não é isto o que se espera de alguém que trabalhou tão perto de um santo canonizado». Já ouvi padres da minha diocese e irmãos no episcopado, ao saber da minha ligação com São Josemaria, dizerem-me:

– Já pensou na responsabilidade que implica ter vivido ao lado de um santo?

Se alguém me perguntasse qual seria, em poucas palavras, a definição da personalidade do nosso Padre segundo a minha experiência direta, eu responderia que ele era *um homem de fé*. Um homem em quem a visão sobrenatural dominava completamente a simples visão natural do mundo e da vida. Ou melhor, um homem cujo natural era o sobrenatural. Ele se considerava um «pobre homem», um «instrumento inepto e surdo» que o Senhor tinha escolhido para fundar o Opus Dei. Comentava que não se considerava «fundador de nada», que simplesmente «viu» a Obra e tentou realizá-la da melhor maneira possível. Muitas vezes comentou que os homens, para escrever, escolhem uma boa caneta, e Deus escolhe «a perna de uma mesa» para que fique patente que é Ele que escreve.

O Padre compreendia que a Obra transcendia completamente a sua personalidade, transbordava-o, mas também tinha plena consciência de ter sido ele o escolhido para ser instrumento de Deus.

No tempo que vivi tão perto do Fundador do Opus Dei constatei a sua extraordinária sinceridade unida a um realismo – diria, se me permitem a expressão, «de camponês» – que manifestava continuamente que estava com os pés no chão. Não havia nele nada de encoberto, duplo, envolvido numa espécie de misticismo estranho, de uma «auréola de santidade». Nele, tudo era, como gostava de dizer: «Pão, pão; queijo, queijo». «A cabeça no céu e os pés na terra». Esse realismo manifestou-se sempre no seu pensamento, tão claro como as metáforas ou exemplos com que ilustrava as coisas mais elevadas e sublimes.

Por isso, quando dizia que «não foi um homem que imaginou a Obra de Deus», mas que ele a *viu* no dia 2 de outubro, não se tratava de linguagem metafórica ou analógica, mas revelava uma verdade que constituía o elemento essencial da sua vida, a razão constitutiva do seu empenho heroico, do seu esforço desgastante.

Naqueles anos, comprovei pessoalmente, dia a dia, um traço essencial registado em várias biografias dele: a vida do nosso Padre identificava-se com a vida da Obra. Ele vivia a Obra, sentia a Obra, respirava a Obra, transpirava a Obra, perdia a vida pela Obra. Ele queria fazer o Opus Dei na terra sendo ele próprio Opus Dei.

De novo: ele disse que não imaginou a Obra, não inventou a Obra, *mas que a viu*. Se isso – que é a afirmação essencial da sua vida e o fundamento do seu agir – não fosse verdade, toda a sua existência teria sido um erro, uma fantasia. Porém, quando a Igreja canonizou a sua vida não canonizou uma fantasia, mas uma realidade: a suprema autoridade da Igreja reconheceu explicitamente o caráter sobrenatural da Obra. Já não só pela palavra do Fundador, mas pela palavra da Igreja expressa oficialmente na canonização, a Obra pode ser chamada, sem jactância, de Obra de Deus.

Este era o traço mais marcante da sua personalidade: a consciência de que tinha sido escolhido por Deus para realizar uma Obra divina. E isso transparecia no seu rosto, na sua atitude perante os acontecimentos do dia a dia. Era conatural. Por isso, eu dizia antes, São Josemaria vivia o sobrenatural como se fosse o natural.

A sua visão e o seu comportamento estavam sempre num plano muito elevado. Parece que via os acontecimentos, as coisas e as pessoas com os olhos de Deus. Um dia, conversando com vários de nós, disse:

– Meus filhos, perdi a fé.

E diante do nosso assombro, acrescentou:

– Porque tenho evidências.

Parecia ter evidência das realidades invisíveis que nos rodeiam: os anjos da guarda, a presença real de Cristo na Eucaristia, a proteção amável e sorridente da Virgem Santíssima, etc. Mas essa evidencia, essa contínua e intensa união com Deus, não o alheava dos acontecimentos do dia a dia normal e comum; muito pelo contrário, mostrava-se na sua riquíssima personalidade humana, na sua alegria, na sua compreensão, na sua fortaleza, na sua espontaneidade, no seu imenso coração. Era esfuziante.

Senti uma emoção muito profunda quando, na ensolarada manhã de 7 de outubro de 2002, no dia seguinte à sua canonização, na Santa Missa de ação de graças em honra de São Josemaria, ressoaram na Praça de São Pedro as palavras de São João Paulo II: «Escrivá de Balaguer foi um santo de *grande humanidade*. Todos os que o trataram, de qualquer cultura ou condição social, sentiram-no como um pai, entregue totalmente ao serviço dos demais, porque estava convencido de que cada alma é um tesouro maravilhoso; com efeito, cada homem vale todo o sangue de Cristo».

O dia a dia de trabalho ao lado do nosso Padre

Comecei a trabalhar tropegamente. Recordo-me de que o meu primeiro trabalho foi, por coincidência, datilografar o texto de um jornal português. Batia-me com aquele idioma que me parecia tão complicado. Mal sabia então que essa luta com o português e a sua gramática iria ocupar, tempos depois, um bom espaço da minha vida. Eu errava uma vez e outra. O Padre veio ver como iam as coisas naquele meu primeiro dia de trabalho e encontrou, ao lado da máquina de escrever, bastantes folhas descartadas por causa dos meus erros. Eu estava justamente jogando mais uma fora quando ele entrou na sala. Sorrindo, disse-me:

– Querias terminar o trabalho rápido e fazer boa figura. Se tivesses começado devagarzinho e com cuidado, já terias terminado. É bom levar isso em consideração para outros trabalhos.

Parecia que ele era capaz de ler dentro da minha cabeça. Esse seu conselho foi acertadíssimo, como também foi o outro, que recebi poucos dias depois de Severino Monzó, que também trabalhava em Villa Vecchia:

– Você anda um pouco nervoso e agitado. Sabe por quê? Porque trabalha perante o Padre e não perante Deus. Quando fazemos as coisas para Deus, não temos medo de errar. Tudo corre calmamente.

Esses dois conselhos ajudaram-me muito na vida.

O ritmo de trabalho era muito intenso. Eu tentava acompanhar Javier, que era extremamente prático e eficaz, mas não conseguia. Tínhamos uma responsabilidade grande, pois pelas nossas mãos passava a correspondência de entrada e saída dos países onde havia trabalho da Obra, já então por volta de vinte e cinco. Eu apanhava o correio que chegava na portaria de manhã e de tarde e o entregava diretamente ao Padre. Era impressionante a rapidez com que ele abria e lia as cartas. Em pouco tempo, despachava a correspondência, colocando à margem das cartas, com um lápis grosso de cor vermelha, anotações, avisos e indicações. Quando ficavam prontas, eu as entregava aos diretores do Conselho Geral responsáveis por cada país. Era tamanha a diligência do Padre que às vezes eu entrava na sala do diretor para entregar a carta e o Padre já estava com ele ao telefone referindo-se aos assuntos tratados nela.

A sua enorme capacidade de trabalho não o impedia de, apesar da rapidez, dedicar a cada assunto um cuidado atento e delicado. Parece que cada país estava no seu coração, como se fosse a sua única preocupação. Nesse sentido, lembro-me de quando o Pe. José Luis Múzquiz viajou ao Japão pela primeira vez, em 1957, para preparar o início do trabalho estável. São Josemaria sempre tinha sonhado com os começos do trabalho naquele país e aguardava, impaciente, a chegada da primeira carta do Japão.

Todos os dias, de manhã e de tarde, perguntava-me se

tinha chegado a esperada correspondência. Por fim, um dia chegou. Coloquei a pilha de correspondência em cima da sua mesa de trabalho, cuidando que o primeiro envelope fosse o do Japão. Quando a viu, exclamou exultante:

– Chegou a carta do Japão!

Pouco tempo depois a devolveu. No envelope estava escrito, com a sua letra característica: *Sancta Maria, Stella Maris, fílios tuos ádiuva*: «Santa Maria, estrela do mar, ajuda os teus filhos». E com um sinal vigoroso de exclamação: *A primeira carta do Japão!* Reparei então algo bem próprio dele: a sua reação sobrenatural em todas as circunstâncias. A reação imediata do Padre foi pedir a Nossa Senhora ajuda para os seus filhos – fisicamente tão longe – naquele tão esperado e difícil trabalho apostólico no Extremo Oriente.

As lições de São Josemaria

Trabalhar ao lado do Padre era uma contínua lição. Ele estava atento a tudo: cuidava dos menores detalhes, mantinha a sua mesa de trabalho em perfeita ordem e pedia que nós também trabalhássemos com a maior perfeição possível, incentivando-nos com diversas advertências e sugestões. Nada lhe escapava, nem os clipes de papel espalhados pela mesa: «Seria melhor que ficassem numa caixinha ou algo semelhante, e não soltos». Certa vez reparou que o suporte da veneziana da minha sala brilhava à luz do sol, o que indicava que o metal perdera a tinta. Assim, falou-me para pedir que fossem pintados de novo. Como depois de alguns dias continuavam da mesma forma, solicitou que eu me lembrasse desse detalhe. Após rápidas desculpas, o conserto ficou pronto.

Noutra ocasião, viu um envelope pronto para ser enviado pelo correio e o riscou com um lápis vermelho. Ao reparar nos outros, fez o mesmo e escreveu: «Não é assim que o endereço deve ficar disposto». Em seguida, tomou um envelope novo e fez o desenho de como deveria ser a disposição. A partir de então, preparamos todas as cartas de acordo com aquele desenho. Ao fazer essas correções, o Padre pensava também no futuro e desejava sublinhar que deveríamos ser exemplo para os que viessem depois, até nesses pormenores.

Recordo-me de que um dia passava por um corredor carregando umas roupas e encontrei o Padre, que me perguntou para onde levava aquilo. Em poucas palavras, disse-me que as entregasse a outro e que voltasse. Assim o fiz, enquanto o Padre continuou caminhando de um extremo a outro do corredor. Estava concentrado, pensando. Entramos num escritório e disse-me de forma rápida:

– Senta-te aqui. Tens papel e caneta?

– Sim, Padre.

– Pois então escreve...

E começou a ditar-me. A energia que as suas palavras transmitiam era tamanha que se comunicou à minha caligrafia, aos movimentos da minha mão e aos meus dedos, a tal ponto que, quando ele me ditou o sinal ortográfico *hífen*, acabei rasgando o papel ao escrever.

De repente, o Padre parou. Talvez naquele momento tenha percebido a forma viva e enérgica com que estava procedendo, e me disse:

– Meu filho, a Obra é um lar, mas não duvides de que também é milícia.

– Sim, Padre.

E ele continuou ditando da mesma forma.

Aquele dia, sem pretender, escrevi com traços fortes.

Depois, a partir dessa experiência pessoal, pensei que a letra do Padre, tão característica pelo tamanho e pelo vigor dos traços, bem poderia ser um reflexo da fortaleza da sua alma, e que em tudo quanto redigia queria refletir o espírito da Obra: não estava escrevendo, mas *esculpindo*.

Impressionava-me a forma como o Padre ditava: parecia que as palavras, as frases, os parágrafos, o documento inteiro, já estivessem escritos na sua cabeça. Às vezes ditava notas extensas numerando os parágrafos e subdividindo-os em parágrafos menores com a numeração ou a letra correspondente (1, 2, 3; a, b, c, etc.). Depois, ao datilografar o ditado, era surpreendente a perfeição lógica e a harmonia do conteúdo.

Havia épocas em que o trabalho era tão intenso que mal tínhamos tempo para respirar. Um dia, passávamos a limpo uns documentos escritos por São Josemaria nos primeiros anos da Obra, acrescentando notas de rodapé escritas por D. Álvaro. O que estava escrito era tão empolgante e sobrenatural que o ritmo forte de trabalho não nos tirava a presença de Deus. No fim do dia, o Padre perguntou-me:

– Já fizeste a oração?

– Ainda não, Padre – respondi.

– Mas não estavas fazendo oração enquanto trabalhavas nesses documentos?

– Sim, Padre.

– Como agora já é muito tarde, não precisas fazer oração. Faz o exame de consciência e vai deitar-te tranquilo.

Depois daquelas palavras, fui deitar mais do que tranquilo.

O trabalho ao lado do Padre, como já disse, era muito intenso. Com frequência dizia que devíamos ir «ao passo de Deus», e recordava as palavras de São Paulo: *O amor de Cristo nos impele* (2 Cor 5, 4). Estou convencido de ser essa a origem da força interior que levava um homem de sessenta anos a trabalhar num ritmo que um homem de trinta não podia acompanhar: a força do amor a Cristo.

«Com pausa e com pressa»: essa frase marcava o compasso do trabalho de São Josemaria: intensidade-serenidade; urgência-paciência... Gostava de falar desses remansos do rio onde a água se acalma sem estancar. A eles comparava a quietude e o descanso necessários ao trabalho apostólico e aos esforços da alma, mas não gostava do que chamava de «charcos», poças, onde a água fica parada, turva e apodrecida. Às vezes, quando um trabalho se atrasava indevidamente, o Padre, com energia, pronunciava apenas essa palavra: «Charco!», e todos nós entendíamos.

Era vigoroso e transparente, sem perder o clima familiar, quando nos corrigia. Numa ocasião, não atendi ao telefone como devia e, com grande força nas palavras, disse-me:

– De nada servirão as mortificações corporais se descuidas dessas coisas! A santidade está nesses detalhes!

Com o mesmo vigor com que nos transmitia ensinamentos sobre esses aspectos do espírito da Obra no decorrer da vida diária, fazia-o também sobre as verdades da fé e da moral cristã, às vezes com frases firmes e incisivas:

– Que barbaridade! Isso é um disparate!

Um dia vimos com ele um filme que, de uma maneira infeliz mas sem má intenção, mencionava Dimas, o bom ladrão de que fala o Evangelho. Mostrando desagrado, o Padre disse apenas isto:

– *Sancta sancte tractánda* – «as coisas santas devem ser tratadas santamente».

E saiu da sala.

A vida do Padre era um bloco, não havia descontinuidades. Sempre era o mesmo, em particular e em público, falando ou escrevendo.

A sensibilidade do Padre: exigência, carinho, amor à Cruz de Cristo

O nosso Padre preocupava-se com o nosso descanso e desejava que fizéssemos um passeio ou praticássemos esporte de vez em quando, mas pelo volume de trabalho isso raramente acontecia. Um dia, perguntou de repente a Javier e a mim:

– Já fizestes algum passeio esta semana?

– Não, Padre – respondemos.

– Então deveis sair hoje mesmo para espairecer um pouco.

Diante do acúmulo de trabalho que tínhamos, Javier sorriu e me disse:

– Vamos dar uma volta no quarteirão.

E assim fizemos. Regressamos bem contentes e continuamos a trabalhar.

São Josemaria tinha, como já disse, uma sensibilidade muito aguçada para perceber o estado de ânimo dos seus filhos. O Pe. José Luis Massot, à época reitor do Colégio Romano, me contou que depois de uma tertúlia o Padre lhe perguntou se determinado rapaz tinha algum problema. Respondeu-lhe que não tinha conhecimento de nada especial.

– Pois tem. Procura saber disso.

E, de fato, estava com um problema pessoal que não tinha revelado.

Num dia muito quente de verão, em que eu estava extremamente cansado, o Padre telefonou-me e imediatamente me disse:

– Rafa, estás muito cansado.

– Não, Padre, não especialmente.

– Estás sim, meu filho. Vai hoje mesmo descansar uns dias em Salto di Fondi[3]. Vou telefonar agora mesmo para o reitor e pedir que comprem a tua passagem.

E naquele mesmo dia viajei para Terracina.

Assim era o nosso Padre. Tinha uma sensibilidade paterna e materna. Ele dizia que tinha «braço de pai e coração de mãe», e D. Álvaro, rindo, acrescentava: «Não apenas de mãe, mas de avó».

Isso não significa que não exigisse de nós. Fazia-nos amar com alegria o trabalho cansativo e as contrariedades diárias, onde encontramos a Cruz do Senhor, como sempre nos ensinava.

Num dos primeiros dias do ano de 1958, Javier disse ao Padre ao entrar na secretaria:

– Padre, gostaríamos de que escrevesse alguma coisa na primeira página do ano da agenda.

O Padre desenhou, com o seu costumeiro estilo divertido, dois patos que pareciam brincar e, ao lado, esta frase: *Nulla dies sine cruce* – «Nenhum dia sem cruz». Era o seu invetera-

---

[3] Salto di Fondi foi uma propriedade agrícola situada entre Terracina e Sperlonga, perto de Nápoles, conseguida por D. Álvaro nos primeiros anos da década de 1950. A sua extensão foi dividida em lotes para que os camponeses que trabalhavam ali como arrendatários fossem proprietários, e reservou-se uma parte – com produtos agrícolas e granja – para a manutenção dos alunos do Colégio Romano e como lugar de descanso no verão. Cf. mais detalhes em: Javier Medina, *Álvaro del Portillo. Un hombre fiel*, 4ª ed., Rialp, Madri, págs. 325 e segs.

do costume. Tempos depois, sempre que escrevia essas palavras, acrescentava: *in laetitia*: «Com alegria, nenhum dia sem cruz». E olhando-nos carinhosamente, disse:

– Em outros tempos, quando eu chegava em casa e minha mãe via que eu sempre tinha contrariedades, me dizia: «Meu filho, não tens um dia são». E eu traduzia estas palavras por outras: «Nenhum dia sem cruz».

Aquela primeira página da agenda foi durante aquele ano uma contínua lembrança do que constituía o espírito do Padre: uma mortificação contínua, «como o bater do coração», assim nos dizia. Para a minha alegria pessoal, essa dedicatória do Padre não foi só uma recordação do ano de 1958, mas dos anos que se seguiram até hoje, pois mantenho a página daquela agenda em um porta-retrato sobre a mesa de trabalho.

As cruzes vinham para o Padre de todos os lados e em qualquer circunstância, mas especialmente nos dias de festa grande. Num daqueles dias, Javier me disse:

– Vamos ver por onde a cruz aparece hoje.

E no meio da manhã, veio uma contrariedade grande. Mas ele sabia superá-las com paz, unindo-se à Cruz do Senhor.

Exigência e carinho eram um binômio constante. Uma manhã pediu-me que o ajudasse na Santa Missa, no oratório onde celebrava habitualmente. Na hora do lavabo, procedi de acordo com indicações dadas havia pouco tempo, diferentes das habituais. O Padre achou estranho e o manifestou no final da celebração. Eu não disse nada. No mesmo dia comentei o caso com o reitor, dizendo-lhe que me parecia ter havido duas orientações contraditórias. No dia seguinte, o Padre chamou-me e disse-me que tinha feito muito bem em seguir as instruções recebidas e também em não ter dado qualquer desculpa depois da correção que me fez. Essa forma que o Padre tinha de retificar dava muita paz e alegria. No entanto, o que ficou claro nesse episódio foi a atitude humilde do Padre que, por assim dizer, veio dar-me uma satisfação e retirar-me qualquer sentimento de culpa por um erro que na realidade eu não tinha cometido.

Noutra ocasião, ele me encarregou de uma tarefa e, pouco tempo depois, veio perguntar-me se eu já a tinha concluído. Respondi dizendo algo que sabia que não podia ter dito de forma alguma:

– Padre, é que...

E o Padre imediatamente acrescentou sério, com muita energia:

– É que! – e foi embora.

Fiquei aflito. Muitas vezes, o Padre nos tinha dito, com pedagogia paterna, que não devíamos desculpar-nos; que em nosso dicionário não deveriam existir expressões como: «É que...», «Pensei que...», «Amanhã...», «Depois...».

Esse «é que» martelou a minha cabeça a manhã inteira. Estava esperando a primeira oportunidade para pedir desculpas, e essa oportunidade apareceu quando fui entregar-lhe as correspondências. Entrei no quarto de trabalho sem bater (ele queria que entrássemos e saíssemos sem pedir licença; comentava que na Obra não havia mistérios, que tudo era transparente), e vi-o trabalhando intensamente. Ao deixar a correspondência na mesa, levantou a cabeça e olhando-me por cima dos óculos, com um gesto característico, parou um momento, reparou no meu rosto, e como se estivesse lendo os meus pensamentos, disse-me sorrindo:

– Não te preocupes, Rafa, não tem importância. Eu sabia que tinhas que fazer outras coisas também urgentes.

– Muito obrigado, Padre – respondi emocionado.

A sua fortaleza também era proverbial. Quando se tratava do respeito para com as coisas de Deus e da Igreja, do culto, das orações, do Santo Sacrifício da Missa, de algum ponto do espírito da Obra e, especialmente, da reverência devida ao Santíssimo Sacramento, vivia de uma forma exemplar a «santa intransigência». Atuava de uma forma enérgica e, se fosse necessário, muito enérgica: com braço de pai. Nele não se contradiziam nunca a compreensão e a desculpa com a exigência e a autoridade: era enérgico e amável ao mesmo tempo.

Outra faceta da sua fortaleza que pude observar foi a paciência. Pelo que conheço dele, penso que o seu temperamento não o inclinava a ser naturalmente paciente. O Padre era dinâmico, cheio de vitalidade, comunicativo e eficiente e, nas coisas de Deus e da Obra, apaixonado. Todas essas características pareceriam, em princípio, pouco propícias ao desenvolvimento da virtude da paciência. E, sem dúvida, era isso que a tornava surpreendente no Padre; não é frequente ver essa virtude desenvolvida de modo tão singular precisamente numa pessoa com tanta vitalidade. Via-se claramente a sua origem sobrenatural.

As dificuldades econômicas por que passou e das que não nos falava; as enfermidades que tentava minimizar; as calúnias que teve de suportar; a vigilância e o trabalho constantes para que fosse outorgada ao Opus Dei a forma jurídica que correspondia à sua natureza; o peso dos problemas da Igreja, que sentia na alma... Tudo isso o Padre encarava com paciência e ânimo sereno.

Muitas vezes surpreendia-nos saber que em determinada data, já passada, o Padre tinha sofrido uma forte contradição ou tinha estado gravemente doente. Surpreendia porque não tínhamos percebido nada. Essa paciente fortaleza ficou ainda mais patente quando, durante uma noite de insônia, decidiu esculpir umas palavras latinas de São Bernardo, levemente alteradas, ao pé de uma estátua de pedra descabeçada e toda quebrada: «Não há homem que trabalhe por Deus que não cresça diante dos obstáculos, ainda que às vezes o corpo fique despedaçado».

As pequenas coisas e o amor à pobreza

Já mencionei várias vezes a importância que o Padre dava às pequenas coisas, aos pormenores que, na imensa maioria das vezes, compõem o trabalho normal, diário. Não é uma repetição casual, mas algo que faz parte do núcleo da vocação ao Opus Dei, e que o Fundador ensinava constantemente com o seu comportamento: tornar grandes pelo amor a Deus as tarefas diárias.

Sem a menor dúvida, posso afirmar que tinha um sexto sentido para captar aquilo que passava inadvertido para a maioria das pessoas. Florentino Pérez-Embid, membro do Opus Dei, conhecido intelectual espanhol que desempenhara importantes funções políticas, contou-me certa vez que ficou estupefato ao verificar a excepcional capacidade de São Josemaria para – como ele me disse – «ver tudo num golpe de vista». Numa rápida visita ao centro onde Florentino morava, observou, em pouquíssimo tempo, muitos detalhes defeituosos na instalação e decoração da casa, e foi enumerando-os para que tivessem mais cuidado a esse respeito. Quando Florentino externou a sua surpresa a D. Álvaro, dizendo-lhe que aquilo era extraordinário, que o Padre parecia ver pelas costas e pelos lados, D. Álvaro lhe respondeu que se devia levar em conta que o Fundador tinha uma graça de estado muito especial para viver o espírito da Obra. Realmente, só assim se explica esse dom que possuía para notar tudo, por menor que fosse.

Pessoalmente, posso atestar que quase não passava um dia sem que não me fizesse observações sobre algum detalhe imperceptível. Fazia-nos ver que não era possível manter a presença de Deus e, ao mesmo tempo, fechar uma porta sem cuidado, passar por um papel no chão sem apanhá-lo...

A seguir, conto lembranças pessoais dessa sua didática constante, que multiplicava a eficácia do nosso trabalho e facilitava a convivência e o descanso num ambiente sóbrio mas gratíssimo, além de alimentar a nossa presença de Deus.

Um dia, entrou na cabine telefônica situada perto do quarto de D. Álvaro e viu uma mancha na parede. Chamou-me e me disse:

– É necessário limpar isso. Se não se vivem estas coisas aqui, no coração da Obra, como vão vivê-las noutros lugares?

Javier e eu procurávamos chegar cedo de manhã ao escritório de D. Álvaro, onde São Josemaria trabalhava habitualmente, para trocar o aparelho telefônico do dormitório para a mesa de trabalho. Um dia, São Josemaria me perguntou:

– Foste tu a mudar o telefone de lugar?

– Sim, Padre.

– Logo percebi, porque sempre deixas o fio embaraçado na mesa, e quando ponho o telefone no gancho, arrasto o aparelho inteiro, com perigo de derrubá-lo no chão. É melhor que o fio fique solto na mesa, assim aumenta a segurança. Dessa forma, veja...

E me indicou como devíamos fazer. Depois me perguntou:

– Como desconectaste o telefone para trazê-lo até aqui?

Eu não sabia como responder e, diante da minha perplexidade, ele concluiu:

– Porque não se deve retirar de qualquer jeito. Como o

encaixe das peças é muito forte, é preciso fazer força para separá-las, e por isso é melhor colocar a mão esquerda no encaixe da parede para protegê-lo e depois puxar. Se não podes arrancá-lo da parede.

Outro dia, o Padre me pediu para colocar uma arca num pequeno vestíbulo situado entre a escada e o corredor que ia até o seu dormitório. Tomei medidas na parede com fita métrica e empenhei-me para que a arca ficasse bem centrada na parede. Depois, fui trabalhar na minha sala, absolutamente certo de que o Padre repararia na arca na primeira vez que passasse por ali. Pouco tempo depois, me chamou:

– Rafa, vem cá.

«É a arca», pensei imediatamente.

Efetivamente, o Padre me disse que estava descentrada. E eu pensei: «Como pode estar descentrada, se eu tomei as medidas exatas várias vezes?». Ao ver-me desconcertado, levou-me até o corredor e disse:

– Viste o efeito que dá?

Realmente, levando em conta os desníveis do assoalho e a disposição de outros elementos de decoração, a arca estava fora de lugar. Então o Padre ajudou-me a mudá-la de posição, e ficou perfeita. Acredito que esse seu «golpe de vista» fulminante era também consequência do hábito adquirido de fazer tudo com perfeição. E quando algum de nós passava por alto algum desses pormenores, costumava dizer, sorrindo: «*Eres poco fijón*», «És pouco observador».

Todas as noites, eu fechava as janelas de uma área da casa. Cada tipo de janela tinha um sistema de fechadura diferente, e as do corredor eram especialmente complicadas, pois tinham umas persianas metálicas com ferrolho. Um dia o Padre quis saber como eu fechava aquelas janelas e expliquei-lhe. Ele me perguntou:

– E fechas também as travas laterais?

– Sim, Padre...

Admirou-me saber que ele conhecia perfeitamente o sistema de fechamento da janela. Parecia que guardava na memória até os mínimos detalhes de uma casa tão grande, onde havia alguns cômodos pouco utilizados naquela época.

Nalgumas ocasiões, acompanhei-o ao vestíbulo anexo a uma sala onde recebia visitas, que com frequência eram personalidades de relevo. Quando as visitas atrasavam, caminhávamos juntos por aquele vestíbulo. Geralmente, contava-me coisas com muito bom humor, e em alguns casos pedia-me que rezasse pela pessoa que ia receber, ou algum assunto relacionado com ela. Nunca perdia a paciência com a demora, mesmo que fosse considerável.

Em diversas ocasiões entregou-me uma caixa cheia de cordões muito bem enrolados, de diferentes tipos e tamanhos, que ele mesmo retirava dos muitos pacotes que chegavam à secretaria. Depois me dizia:

– Guarda para usar quando for necessário fazer um pacote.

Em algum momento, pensei em guardar a caixa como *relíquia*, porque me parecia uma expressão patente da pobreza e da paciência do Padre, mas superei essa inclinação porque, na verdade, todas as coisas materiais que passavam pelas suas mãos estavam como que impregnadas de amor aos detalhes e de visão sobrenatural.

Algo parecido fazia com os papéis que envolviam os pacotes. Depois de recortar os selos, que guardávamos por sugestão sua para que fossem aproveitados por algum dos seus filhos que fazia coleção, dobrava cuidadosamente os papéis e no-los entregava para utilizá-los posteriormente.

O Padre vivia a pobreza cristã com alegria quando não havia nem o indispensável, mas também sabia restringir ao mínimo as coisas quando estavam à sua disposição. Sobre isso posso citar outros episódios exemplares.

Num dos primeiros dias de trabalho na Villa Vecchia, atendi ao telefone e, como o Padre não estava em casa, deixei um recado escrito. Pareceu-me natural fazê-lo numa folha nova e limpa. Quando São Josemaria leu o recado, disse-me sorrindo:

– Não é assim que fazemos para anotar recados.

E mostrou-me outro, feito em papel pequeno, já escrito pelo outro lado.

– Assim, aproveitando o papel usado, vive-se melhor a pobreza.

O Padre aproveitava muito bem o material de trabalho. Sobre a mesa tinha umas tesouras com as quais cortava os envelopes grandes, confeccionando folhas de rascunho que aproveitava para escrever. Pelas minhas mãos passaram muitas cartas ou textos importantes escritos naquelas folhas toscas. Não era cômodo, porque a caneta saltava por entre as marcas das dobras.

Nós procurávamos imitar o Padre nesse modo de trabalhar. Tinha nos ensinado a agir «como pais de família numerosa e pobre», e sempre usávamos papéis de rascunho escritos por um lado, exceto na redação definitiva dos documentos.

São Josemaria seguia o mesmo critério para todas as coisas. Por exemplo, nunca utilizava luz elétrica quando havia luz natural suficiente, e várias vezes chamou-nos a atenção sobre este ponto.

A sua atitude, em todo momento, era servir e não dar trabalho aos outros. Muitas vezes vi-o costurando ele próprio um botão da batina, e alguma vez pediu-me que o ajudasse a enfiar a linha no olho da agulha, porque não conseguia. Uma tarde, saíamos do oratório e, ao passar ao lado de uma coluna decorativa, passou parte da batina por trás da coluna, retirou-a cheia de pó e comentou:

– É preciso que esteja limpo também o que não se vê, porque está sendo visto por Deus. Avisarei para que cuidem desse pormenor.

Um dia chamou-me a uma sala de reuniões que tem vitrais grandes, com vista para o pequeno jardim da Villa Vecchia. Era perto das seis horas da tarde e o sol, em declínio, batia num dos grandes quadros pintados a óleo pendurados na parede lateral. Então me disse:

– Procura vir aqui todas as tardes para fechar as cortinas e o sol não bater no quadro. Do contrário, ficará estragado em pouco tempo.

Passei a fazer isso todos os dias, mas alguns, quando me atrasava um pouco, já encontrava o Padre fechando as cortinas.

Não se pense, contudo, que ele se perdia nesses detalhes: tinha um forte poder de síntese e uma ampla visão de conjunto. A prática do amor nas pequenas coisas fazia mais notável uma das suas virtudes mais características: a magnanimidade, a magnificência. Por exemplo, não poupava esforços para que os oratórios tivessem a decoração e a riqueza convenientes. Em várias ocasiões ouvi, da boca dele próprio ou dos arquitetos, que o Padre, ao se referir a um oratório, a uma sala, dizia: «É pobre, é pequena».

A harmonia entre a magnanimidade e o cuidado com o pequeno se via igualmente no modo de viver a virtude da pobreza.

O Padre sabia projetar com grandeza de ânimo e visão de futuro tanto as iniciativas apostólicas como os seus instrumentos materiais. Era o mais contrário a um homem de mentalidade estreita. Evitando sempre o luxo e a ostentação, queria que os centros estivessem bem providos, os edifícios bem construídos e que fossem acolhedores e dignos, como lares de uma família cristã. Sempre foi especialmente exigente e enérgico em tudo o que estivesse relacionado com o cuidado dos oratórios, como demonstração de fé e de amor ao culto divino e à presença real do Senhor na Eucaristia: insistia em que a decoração dos oratórios, os vasos sagrados, as alfaias, os paramentos, etc., fossem dignos e bem desenhados, e que, na medida do possível, os sacrários fossem ricos: «Para o Senhor», repetia, «queremos o melhor». Ao mostrar-me pela primeira vez a sacristia e o oratório do Conselho Geral, recém-terminados, decorados por ele com todo o carinho que tinha pelo Santíssimo Sacramento, perguntou-me:

– Parece-te luxuoso demais?

E sem esperar a resposta, continuou:

– Porque se for assim, não tens o meu espírito.

Espírito de sacrifício e de serviço aos outros

Não poderia falar das grandes penitências do Padre, que sei que existiam porque delas nos falaram os primeiros membros da Obra. Só uma vez ouvi-o pessoalmente falar delas, no dia 24 de março de 1958, então festa de São Gabriel Arcanjo, quando desabafou confidencialmente conosco:

– Hoje passei muito mal, como trinta anos atrás, quando, se alguém virava a cara para trás[4], eu me atribuía a culpa, pegava umas disciplinas e me dava uma surra que

---

4 São Josemaria referia-se às pessoas que abandonavam a sua vocação, aludindo à frase de Cristo: *Aquele que põe a mão no arado e olha para trás, não é apto para o Reino de Deus* (Lc 9, 62). (N. do E.)

enchia de sangue até a parede. E não me importo de dizê-lo. Agora penso que a culpa é do interessado (talvez tenha eu um pouco também). Somos tantos que é lógico e natural que ocorra. Mas eu sou tão maternalmente apaixonado (reparem que digo *maternalmente*) que passo muito mal, como há trinta anos. Sim, esta vida escapa por entre as mãos. Como escrevia o poeta Jorge Manrique: *Ao brilhar um relâmpago nascemos, e não se extinguiu o seu fulgor quando morremos. Tempus labóris et certáminis...* Tempo de trabalho e de luta, mas também de alegria. O Senhor não perde batalhas; poderemos chamar-nos vencedores, ainda que sejamos vencidos, se temos a humildade de recomeçar.

Se não posso falar, como já disse, daquelas grandes penitências, posso testemunhar que por muitas e variadas razões o Padre era um homem penitente, disciplinado, mortificado em tudo. Vi-o algumas vezes deixar de comer coisas que eu sabia que lhe agradavam, ou esperar alguns minutos antes de beber um copo d'água quando estava com sede, ou bebê-lo aos poucos; vi-o também trabalhando em momentos de verdadeiro cansaço e de enfermidade; pude observá-lo limpando um quarto, recolhendo um papel do chão, sentado em lugares úmidos e incômodos, ou permanecendo em Villa Vecchia sem sair de casa durante semanas inteiras – para não dizer meses –, sabendo muito bem que gostava de sair à rua e de conversar com todos. Gostaria, contudo, de referir-me a dois aspectos do seu espírito de sacrifício: a ordem e a abnegação.

São Josemaria harmonizava a sua grande energia e capacidade de realização com um admirável hábito de ordem. Nunca vi desordenado um escritório, mesa ou gaveta que ele utilizasse. Quando tinha que deixar o trabalho por um certo tempo, por exemplo ao final da manhã, recolhia todos os papéis, ainda que mais tarde fosse continuar a mesma tarefa. Algumas vezes, como já disse, ensinou-nos na prática a proceder assim.

Observava a ordem também na distribuição do tempo e na programação das atividades. Não fazia nada precipitadamente. Quando havia uma cerimônia litúrgica, uma recepção, a visita de uma pessoa importante, elaborava muitas vezes o mesmo programa, cronometrando-o. Guardo comigo uma nota escrita de seu punho e letra referente aos preparativos para a Semana Santa de 1957 e à bênção de duas capelas de recente construção, junto com a consagração da mesa do altar, onde determinava com todos os detalhes cada passo e cada pormenor: chave do sacrário e caixa, genuflexório, ritual, paramentos, etc.

Também tenho comigo um bilhete escrito por ele com o itinerário que fez quando o Cardeal Tardini visitou Villa Tevere, em 1959. Cada etapa do percurso estava assinalada com todos os pormenores, inclusive o horário previsto para estar em cada cômodo.

Algumas vezes, aliás, o próprio Padre percorria previamente o caminho que seguiria a visita e ia me dizendo como deveria proceder, que luzes deveriam estar acesas, etc. Fazia isso com muita calma, e eu ficava maravilhado vendo a intensidade com que cuidava de coisas tão simples e materiais, enquanto o seu ânimo e o seu tempo estavam absorvidos por importantes assuntos do governo da Obra.

Sempre nos dizia que uma das coisas mais contrárias ao espírito da Obra eram as «marretadas», porque não se podem oferecer «quebra-galhos» a Deus. Fazer as coisas mal diante de Deus é uma contradição; fazer as coisas de qualquer maneira é fácil, mas pôr a «última pedra» – dizia-nos – é difícil e esse esforço oferecido a Deus é como um holocausto.

O Padre ensinou-me também pessoalmente o modo de fazer algumas outras coisas materiais, como, por exemplo, forrar o piso com papel de jornal para que não ficasse manchado quando um operário fosse fazer algum conserto; ou o modo de colocar o manustérgio e as galhetas no altar; como abrir e fechar as portas sem estragar a maçaneta... Recordo-me que em uma das vezes que o ajudei na Santa Missa, ao ajudá-lo a retirar os paramentos, puxei a alva pela extremidade da manga, que era de renda. O Padre me disse que desse jeito a renda poderia rasgar-se, e que seria melhor segurar a manga acima da renda, com as duas mãos, e tirá-la suavemente do braço.

Queria referir-me também, como disse anteriormente, a outra faceta do seu espírito de mortificação: o sacrifício pelos outros.

O Padre era um maravilhoso para-raios. Fazia como as boas mães, que escolhem sempre o pior para si para deixar o melhor aos filhos. Sabemos, pelo que tantas vezes foi narrado em conversas familiares, que se sacrificou heroicamente pelos outros, que passou fome e frio para que outros dispusessem de roupa e de comida, que lustrava os sapatos e arrumava as camas dos residentes no primeiro centro da Obra, que andava doente ou com febre sem deixar de cumprir os compromissos assumidos ou de atender espiritualmente a quem o procurava, etc. Não posso falar diretamente desse sacrifício heroico porque não o presenciei, mas sou testemunha de outras mortificações aparentemente pequenas, que por sua repetição constante podem muito bem ser consideradas heroicas.

Uma das coisas que me surpreendeu na vida particular do Padre foi que fazia os trabalhos materiais da casa como um a mais, e às vezes se antecipava, para que não tivéssemos de fazê-los nós mesmos. Desde o começo do meu trabalho em Villa Tevere, percebi que nisso era necessário estar atento, porque se me descuidasse o Padre começava a fazer aquilo que cabia a mim. Por exemplo, eu devia fechar as persianas e as portas do andar onde ele trabalhava. O razoável era fazê-lo ao anoitecer, quando a luz elétrica já se fazia necessária. Às vezes me atrasava, e lá estava o Padre fazendo o trabalho. Recordo também que nos meus primeiros tempos em Roma, depois da sessão de cinema que tínhamos nalguns domingos, já encontrava as janelas fechadas quando chegava à Villa Vecchia. Não sabia quem fazia esse serviço com tanta diligência, mas um dia o encontrei fechando as persianas de uma sala de reuniões e fui ajudá-lo. Assim fomos os dois juntos fazendo o mesmo nas outras salas. Comoveu-me muito aquele detalhe e desde então decidi sair um pouco antes de terminar o filme para evitar que ele fizesse esse trabalho.

Uma vez, subindo as escadas, cruzei com ele, que me fez esta observação:

– Se procuras arrastar menos os pés, as pessoas que fazem a limpeza trabalharão menos também.

A sua atenção às necessidades dos outros era permanente, e recordo que me fez algumas indicações como as seguintes: «Diz isso e isso a Fulano, porque sei que ele irá gostar»; «Guarda esses anéis de charutos, porque aquele meu filho gosta de colecioná-los»; «Vamos escrever algumas palavras a N. porque dentro de uns dias será o seu onomástico»; «Avisa que tal coisa pode ser perigosa»...

A vida do Padre era um desviver-se pelos demais.

Recordo-me também que numa tertúlia contaram-lhe coisas de um membro da Obra que ocupava um alto cargo público. E comentou:

– Não me interessa o que pensa e o que faz como homem de Estado, se estiver dentro da fé e da moral católica.

É absolutamente livre. Mas me interessa e me preocupa se lhe aparece uma espinha no rosto porque... é meu filho!

Nesse sentido, impressionou-me muito ouvir dele estas palavras cheias de energia e de convicção:

– Tenho um coração muito grande. Nele cabem todos. Por isso sofro tudo: são meus filhos! Mas peço ao Senhor que não me estreite o coração, porque governar uma família sem coração é uma canalhada.

Esse espírito de serviço vivido com carinho paternal deixou em mim, como que cristalizada, uma imagem posterior aos anos de Roma, pouco depois de eu ser ordenado sacerdote, e cuja nitidez não esmoreceu em nada com o passar dos anos. Era o verão de 1960. Estávamos um grupo de membros da Obra na chácara de Molinoviejo, perto de Segóvia. Inesperadamente, vimos que o Padre chegava. Ao descer do carro e avistar Ernesto García – o segundo sacerdote argentino da Obra – e a mim, a quem não tinha visto depois de ordenados, deu-nos um abraço e imediatamente ajoelhou-se ali mesmo, nas pedras de granito, e pediu-nos a bênção. Foi algo muito emocionante retribuir a São Josemaria as muitas bênçãos sacerdotais que ele nos havia dado. Depois, fomos conversar familiarmente sentados em bancos de madeira à sombra das árvores, no pátio de pedra em frente à casa, formando um amplo círculo. No final da conversa, o Padre se levantou. Quisemos fazer o mesmo, mas ele nos disse que continuássemos como estávamos. Então foi passando por detrás de nós, de uma forma muito simpática, para dizer-nos a cada um algo peculiar ou ter um gesto afetuoso. Ficamos comovidos. Depois, sorrindo com os olhos, numa expressão inconfundível, disse:

– Acontece que não quero retornar a Roma sem que cada um dos meus filhos receba algum gesto de carinho do Padre.

Essa é a imagem gravada: o Padre inclinando-se sobre cada um dos seus filhos para ajudá-los e reconfortá-los. Nela, creio eu, está concentrado um dos seus traços mais característicos.

A vida interior e a presença de Deus do nosso Padre

Nós, os que vivíamos ou trabalhávamos mais perto de São Josemaria, víamos com os próprios olhos e em centenas de episódios ocorridos no dia a dia, como a sua contínua presença de Deus era patente. Era o reflexo da sua esforçada vida interior de oração e mortificação, do seu trabalho feito com total retidão de intenção, que, pela graça de Deus, levou-o a uma intensa vida contemplativa. Relato a seguir algumas lembranças pessoais.

Um dia encontrei o Padre depois do lanche sozinho numa sala. Perguntei-lhe:

– Padre, está só?

– Eu nunca estou só, estou sempre com Deus, mas se quiseres estar comigo, estarei com Deus e contigo.

Muitas vezes vi-o entrar no escritório, ou no quarto, e reparei que, sempre, o primeiro movimento era olhar para a imagem de Nossa Senhora. Era um costume seu desde que era jovem, e determinou que, na decoração das casas e centros, colocássemos representações de Nossa Senhora de modo a olhar facilmente para Ela.

Ensinava-nos a manter a presença de Deus e a fazer as coisas com amor a Deus em mil pormenores. Por exemplo, fazendo uns retoques de pintura, passava ao nosso lado e comentava:

– Se em cada pincelada disseres uma jaculatória, o teu trabalho será formidável.

O hábito de procurar a presença do Senhor era tão forte que, muitas vezes, brotava de forma completamente espontânea e natural. Um dia, eu estava sozinho numa pequena sala quando senti os passos do nosso Padre descendo a escada. Quando chegou à altura da imagem de um anjo colocada no alto da escada, ouvi-o dizer em voz alta: *Sancti Ángeli custódes nostri, deféndite nos in proélio ut non pereámus in tremendo iudício.* Pedia que os anjos da guarda nos defendessem nas lutas diárias. Pessoalmente, aquele gesto teve repercussão na minha vida interior: nunca o esqueci, e durante anos tenho invocado os anjos da guarda, especialmente ao entrar ou sair de casa.

O meu dormitório estava perto do dormitório do nosso Padre. Quando eu já estava deitado, no silêncio da noite, ouvia-o com frequência descer as escadas e rezar em voz alta. Não posso dizer o que rezava, mas aquilo me comovia intimamente e criava dentro de mim um ambiente de oração que se prolongava até o sono. Era fácil adormecer acompanhado pela oração do Padre. Algumas vezes, disse--nos que quando não conseguia dormir, recitava *Glória ao Pai, ao Filho e ao Espírito Santo*, e que essa jaculatória lhe dava muita paz.

Sou testemunha também da sua contrição, que brotava com a mesma espontaneidade e sem a menor vergonha quando estava com algum dos seus filhos. Em certa ocasião, entrei com ele no oratório onde habitualmente celebrava a Santa Missa. Esse oratório tem um precioso e delicado sacrário em forma de pomba que pende de um baldaquino por finas correntes em volta do altar. O nosso Padre tomou a pomba nas mãos e disse:

– Senhor, peço-te perdão; que eu não continue a *tocar o violão*...

Essa expressão popular, que usava com frequência, mostrava o seu arrependimento quando pensava que tinha sido desleixado.

Na véspera do dia 2 de outubro de 1958, aniversário da fundação da Obra, chegou, já de noite, um telegrama para o Padre. Fui entregá-lo ao escritório onde estava trabalhando com D. Álvaro e Javier. Era uma felicitação, e comentou qualquer coisa sobre a pessoa que o tinha enviado. Ao ver que eu tinha ficado ali de pé, disse-me sorrindo:

– Parece que não queres ir embora... Senta aqui mesmo.

E, como que fazendo oração em voz alta, puxou pela memória e disse algo parecido com isto:

– Naquele dois de outubro eu tinha vislumbres... Era algo sobrenatural, grande, imenso, não sei como dizer melhor... e depois aquela iluminação...

Ficamos em silêncio, parecia que a presença de Deus era palpável. E D. Álvaro, suavemente, levou a conversa para outros assuntos.

São Josemaria utilizava com frequência o que ele denominava «despertadores» da presença de Deus, que falavam por si sós do seu empenho para estar sempre com Deus. Eram coisas materiais que para ele destacavam o fundo divino oculto em cada acontecimento.

Eu conservo a lista telefônica da agenda do Padre do ano de 1958. Na contracapa está escrito, ao lado dos ramais dos telefones de *Villa Tevere: numquid lex nostra iúdicat hóminem, nisi prius audíverit ab ipso et cognovérit quid fáciat?* (Jo 7, 51) – «Por acaso a nossa lei julga um homem a não ser que o tenha ouvido antes e venha a conhecer o que ele faz?». Provavelmente, escreveu essas palavras para lembrar a necessidade de ser extremamente prudente e justo à hora de julgar.

Na primeira página aparecem também, escritos à mão e em latim, dois textos. O primeiro é: *Ao que tem, se lhe dará e terá em abundância, mas ao que não tem será tirado até mesmo o que tem* (Mt 13, 12). E o segundo: *Dai e dar-se-vos-á.* Colocar-

vos-ão no regaço medida boa, cheia, recalcada e transbordante, porque, com a mesma medida com que medirdes, sereis medidos vós também (Lc 6, 38). E ao final dessa página acrescentava: «*Omnia in bonum* – tudo é para bem, Saragoça, 26-1-1958». Era uma jaculatória que o Padre repetiu muito durante aquele ano e que estava incluída novamente nas páginas interiores da lista, ao lado da fórmula breve da absolvição.

Com esses e outros recursos materializava a sua presença de Deus e ensinava a fazê-lo, algumas vezes de forma divertida e descontraída, por exemplo no seu gosto para desenhar patos. Dizia-nos que os patos, mal nascem e já começam a nadar, e que assim como se aprende a nadar nadando, e a caminhar caminhando, deveríamos encarar as tarefas com a mesma atitude: com prontidão, sem hesitar, aprendendo com os próprios erros. Desenhava os patos rapidamente, com três ou quatro traços, em posições variadas e em qualquer papel, aproveitando um comentário corriqueiro que levava ao terreno espiritual.

Em novembro de 1957, na sala de trabalho dos arquitetos, tinha desenhado um pato diferente, com uma espécie de antena na cabeça. Nunca o tínhamos visto desenhar um pato assim, e talvez por ter visto a minha pequena surpresa, o Padre disse-me rindo de boa vontade:

– É um pato moderno, tem uma antena na cabeça para captar com sensibilidade as insinuações de Deus.

Imediatamente eu lhe disse:

– Padre, pode me dar esse desenho?

– Por certo – respondeu.

E pegando uma tesoura, recortou-o da prancheta e o pôs na minha mão.

Cada vez que contemplo esse ingênuo desenho penso que o Padre, efetivamente, tinha uma antena fantástica, um verdadeiro radar para detectar a presença de Deus, dentro da qual vivia habitualmente.

Reações sobrenaturais

A intensidade da união do nosso Padre com Deus se revelava de um modo singular nas suas reações sobrenaturais. Bastava um pequeno motivo para que se revelassem, e quem estivesse ligeiramente atento veria que afloravam com extrema naturalidade, de muitas formas diferentes, sem qualquer estridência.

Tenho recordações amáveis de muitas dessas reações, que às vezes vinham sem que ninguém as esperasse. Uma vez quando me encontrei com ele num corredor, puxou-me pelas orelhas e disse-me diretamente:

– O importante é que tu e eu sejamos santos!

E noutra ocasião, também de repente, murmurou ao passar ao meu lado:

– Se não fores santo, te mato! – e acompanhou as palavras com um gesto muito simpático de afeição.

Um dia, no meio do trabalho normal, chegou um telegrama de Washington comunicando o falecimento de um membro da Obra, Ángel López-Amo, num acidente de carro. O Padre, muito comovido, recitou imediatamente essa breve oração de aceitação completa da Vontade de Deus: «Faça-se, cumpra-se, seja louvada e eternamente glorificada a justíssima e amabilíssima Vontade de Deus sobre todas as coisas. – Assim seja. – Assim seja»[5]. Pouco depois, quando chegaram mais notícias, disse-nos:

---

[5] Cf. Josemaria Escrivá, *Caminho*, 11ª ed., Quadrante, São Paulo, 2016, n. 691.

– Vê-se que esses meus filhos dos Estados Unidos têm o meu espírito, porque na estrada, depois do acidente, rezaram a mesma oração que rezei quando recebi o telegrama.

Sem dúvida, essa visão sobrenatural se manifestou de uma maneira extraordinária quando faleceu a Tia Carmen, como chamávamos familiarmente a irmã de São Josemaria, em 1957. Falarei a esse respeito no capítulo VIII.

Capítulo VII

Outras vivências com São Josemaria: a consagração de alguns oratórios e a eleição do Papa João XXIII

O cuidado com os oratórios

As obras de reformulação e adaptação do conjunto de edifícios que São Josemaria chamou de Villa Tevere constituíram um longo processo que se estendeu de 1948 a 1959, cheio de incomodidades de todo gênero, de alegria e de enormes dificuldades econômicas[1]. Na Villa Vecchia, o edifício mais antigo do conjunto, estavam a moradia e as demais dependências de São Josemaria e dos diretores do Conselho Geral da Obra. No resto, conquistando espaço à medida que se completavam as reformas, moravam e estudavam, em 1957, mais de cem alunos do Colégio Romano, de diferentes países. Por tratar-se da sede central da

---

1 Para uma informação histórica mais completa, cf. Andrés Vázquez de Prada, *O Fundador do Opus Dei*, Quadrante, São Paulo, 2004, vol. III, págs. 89 e segs. e 194 e segs.

Obra e pelo seu papel representativo, Mons. Escrivá desejava, com grande visão de futuro, construir e decorar oratórios dedicados aos Patronos e Intercessores da Obra, a Nossa Senhora, etc. A maioria são de tamanho reduzido. Os maiores são a Igreja Prelatícia de Nossa Senhora da Paz, o oratório dos Santos Apóstolos e o oratório do Conselho Geral. Apesar da precariedade econômica, quis ser o mais esplêndido possível na instalação e decoração dos oratórios, levado pelo seu amor ao culto divino e pensando nas futuras gerações de membros da Obra.

Nos anos que passei em Roma, era frequente que São Josemaria convidasse alguns de nós para ver as obras, especialmente o andamento de alguns daqueles oratórios. Explicava-nos o significado de alguns vitrais, das legendas instaladas sobre uma porta, de uma escultura ou baixo relevo, etc., e aproveitava para deixar clara a doutrina:

– Nós damos ao Senhor o que temos de melhor: é o sacrifício de Abel. Não podemos ter uma piedade mesquinha para o culto a Deus, e fazer os vasos sagrados e os instrumentos litúrgicos de barro de moringa. Que tenhais ideias claras sobre isto.

Nós que acompanhávamos o Padre algumas vezes naqueles anos víamos tudo aquilo inclinando a cabeça para passar embaixo dos andaimes, ou sujando os sapatos no chão coberto de gesso. Depois de algum tempo, para grande surpresa e admiração nossa, encontrávamos conjuntos belíssimos, onde o bom gosto e o amor a Deus eram palpáveis. Quando os oratórios estavam terminados até o último detalhe, São Josemaria procedia à sua bênção e consagração segundo as leis litúrgicas.

Recordo especialmente da consagração do altar do oratório do Conselho Geral, em março de 1957. O retábulo é um belíssimo vitral que ocupa todo o fundo e representa a vinda do Espírito Santo. Nossa Senhora está no centro, rodeada pelos apóstolos. O altar é de um esplêndido mármore azul, onde ressalta o sacrário, de lápis-lazúli, com colunas, figuras e incrustações em metal dourado que formam um pequeno templo circular, encimado por uma cúpula. Sustentam o altar quatro anjos dourados, também belíssimos. O chão é de mármore, decorado com figuras geométricas de diferentes cores e com amplo espaço para os poucos degraus que sobem até o presbitério. Na parte inferior dos assentos, foram esculpidas em madeira figuras que retratam a vida do burrinho de nora, tão comentado e estimado pelo nosso Padre. Os vitrais laterais têm, de um lado, cenas de Jesus Homem, e do outro, cenas de Jesus Deus. No fundo, em mármore branco, a sede do Padre.

Ao lado de São Josemaria, acompanhei a organização do ato de bênção e consagração desse oratório, que ele considerava como que o coração da Obra. Guardo comigo o rascunho que ele fez à mão para dispor com ordem as diferentes etapas da cerimônia. Nele se observa a simplicidade, a ordem e o sentido prático que o nosso Padre tinha para tudo.

Reunimo-nos todos, ocupando completamente o oratório. O Padre, de sobrepeliz e estola branca, começou a cerimônia da bênção aspergindo com água benta todo o recinto. Voltou-se para nós e pronunciou as primeiras palavras:

– Este oratório é já um lugar sagrado. E é, a partir deste momento, a casa de Deus, o lugar de habitação especial do Senhor, para que nós Lhe demos culto.

Penso que todos éramos conscientes de estar vivendo um momento histórico: aquele oratório presidiria, dali em diante, a oração do Conselho Geral da Obra estendida pelos cinco continentes ao longo dos tempos. O nosso Padre continuou:

– Aqui há muitas coisas que meditar. Primeiro: que é preciso passar oculto – este oratório não se vê de fora –; nós não fazemos alarde da nossa dedicação ao Senhor.

Era patente que, com essa sua didática tão característica, comparava a realidade da nossa entrega discreta de cidadãos comuns vivendo no meio do mundo, semeadores de paz e de alegria em todos ambientes, com a beleza escondida daquele precioso oratório que brilhava apenas diante do Senhor escondido no sacrário. O nosso Padre prosseguiu:

– Pusemos muito carinho em tudo! Sabíamos que estávamos, eu e os meus filhos, entregando-nos ao Senhor com todo o coração, com toda a mente e com todas as forças, cumprindo o mandato divino. Nossa mãe, o Opus Dei, está em completo desenvolvimento, estendendo-se por todo o mundo com uma maravilhosa pobreza. E preparamos para Jesus este tabernáculo, que é o mais rico que pudemos fazer. Nele quisemos que constassem aquelas palavras suas: *Consummati in unum* [«Consumados na unidade»], de tal maneira que os corações de todos nós, como antes e agora e depois, até sempre, sejam um mesmo coração, para que se tornem verdade as palavras da Escritura: *A multidão dos crentes era um só coração e uma só alma* (At 4, 32). E por isso, lá em cima daquelas duas portas, fiz constar o sistema, o procedimento, o método, a única maneira de que tenhamos essa vida abundante e fecunda em frutos sobrenaturais: *Omnes autem erant perseverantes unanimiter in oratione* (At 1, 14).

Assim, dizem os Atos, estavam os Apóstolos em Pentecostes, ao lado de Maria: «Todos perseveravam unanimemente na oração». Essas palavras pareceram-me então como a constatação do contínuo martelar do nosso Padre: «A Obra saiu adiante, com oração, oração e oração. A arma do Opus Dei é a oração».

Ele prosseguiu:

– Há como que um contínuo bater de asas dos anjos nestes oratórios, e uma contínua manifestação de que Jesus Cristo é Deus e é Homem, *perfectus Deus, perfectus Homo,* para que O sintamos sempre perto de nós, como os primeiros cristãos, os primeiros discípulos, que se pasmavam ante os milagres que faziam «em nome de Jesus», da mesma forma que nós; porque ressuscitamos almas mortas, e fazemos que voltem à vida os membros secos que já não tinham movimento, e metemos luz nas inteligências que não queriam ver mais que a escuridão! Milagres como os que faziam os primeiros fiéis! Eu tenho mais anos do que vocês. O Senhor levará a mim, e a maioria de vocês, por lei natural, seguirá aqui na terra. E eu quereria que não vos esqueçais destas entranháveis palavrinhas que vos disse, com motivo da consagração do altar deste oratório.

Passaram os anos. Eu estou aqui e o Padre no céu, mas garanto que não me esquecerei jamais dessas entranháveis palavrinhas que um dia, lá pelo mês de março de 1957, iluminaram a nossa alma no oratório do Conselho.

Gostaria de relatar também uma lembrança referente à fabricação dos anjos de bronze dourado que sustentam o altar do oratório do Conselho.

O nosso Padre encomendou a um conhecido escultor, que já tinha feito ótimos trabalhos em Villa Tevere, a realização desses anjos. Um dia, trouxe-os para que o Padre os avaliasse. Ele não disse nada, mas o escultor reparou que não tinha ficado entusiasmado e levou-os de novo ao ateliê. Como estava demorando muito em manifestar-se, São Josemaria pediu ao arquiteto responsável pelas obras que visse o que acontecia. Na casa do escultor, perguntou à esposa onde estava o seu marido, e ela disse:

– Está no ateliê, passa o dia e a noite às voltas com uns anjos que o estão deixando maluco.

Quando o arquiteto entrou no ateliê, encontrou o artista magro, despenteado, exausto e totalmente concentrado: diante dele estavam os quatro anjos. Ele disse:

– Estão quase prontos. Você está gostando?

O arquiteto exclamou:

– Maravilhosos! Mas você está esgotado, tem que descansar imediatamente.

E aquele homem disse, num simpático italiano popular, umas palavras que para mim têm uma grande significação espiritual:

– *Il guaio è che questo mi diverte!*[2]

Ao ouvir contar este episódio, pensei: quando as coisas se fazem com amor, o trabalho mais pesado torna-se leve, ou, traduzindo esse pensamento em termos agostinianos: «Quem ama não se cansa, e se se cansa, encontra alegria no cansaço».

No mês de novembro de 1958, estava-se terminando o oratório dos Santos Apóstolos. Para adiantar o acabamento, vários de nós trabalhávamos um tempo depois do jantar, principalmente nos detalhes decorativos de douração e de pintura. Uma noite, São Josemaria, acompanhado por D. Álvaro, apareceu quando estávamos dourando as grades de ferro que cobriam as janelas, e disse-nos:

– Nós devemos converter o tempo em ouro, em ouro para Deus.

E, como outras tantas vezes, fez sugestões sobre como melhorar o tom da cor dos losangos azuis e dourados do teto, ou como tornar mais viva a cor do manto de um dos evangelistas, etc.

Quando ficou pronto até o último detalhe, marcou-se um dia para a bênção e consagração, seguidas de uma meditação e de uma Santa Missa a ser celebrada por ele. Na meditação, recordou-nos o sacrifício dos Apóstolos e pe-

---

2 «O estranho é que isso me diverte!».

diu que nós também fôssemos homens sacrificados para atrair tudo para Cristo.

A eleição de João XXIII

Recebemos com dor a notícia do falecimento do Papa Pio XII. Era o dia 9 de outubro de 1958. Já desde os primeiros momentos, o Padre pediu que rezássemos pelo Papa falecido e pelo novo Papa. Quando começou o conclave, disse-nos:

– Eu queria falar-vos da eleição do Santo Padre. Sabeis, meus filhos, o amor que temos ao Papa. Depois de Jesus e de Maria, o Papa, seja quem for: ao Romano Pontífice que vai vir, já o amamos. Estamos decididos a servi-lo com toda a alma. Vamos amá-lo antes de que venha, como bons filhos.

Diariamente, acompanhávamos pela televisão os resultados dos escrutínios, mas a fumaça negra persistia. No dia 26 de outubro, estávamos com ele no auditório e, antes de começar a projeção de um filme, ficou patente a intensidade da sua oração quando nos disse:

– Rezai, oferecei ao Senhor a vossa alegria; até o tempo que passemos aqui o oferecemos ao Senhor pelo Papa que vier, como temos oferecido a Missa todos os dias, como temos oferecido... até a respiração.

Na tarde do dia 28 de outubro, o Padre estava sozinho no escritório. Como nos dias anteriores, tinha ligado a televisão na hora em que se previa o fim dos escrutínios, e chamou-me em voz alta:

– Rafa, parece que desta vez está aparecendo a fumaça branca!

Fui depressa até o escritório e o vi de pé, seguindo atentamente as cenas que mostravam o acender-se das luzes que levam da Capela Sistina até a sacada central da Basílica de São Pedro.

– Avisa os Diretores e os alunos do Colégio Romano...

Em poucos instantes, o escritório estava cheio de gente. O Padre sentou-se na poltrona que usava habitualmente, e eu me sentei aos seus pés. De vez em quando me cutucava, inquieto. Levantou-se e começou a caminhar pela sala, enquanto dizia:

– Vamos rezar pelo novo Papa... Quanto demoram... Senhor, oferecemos-Te por ele até esta impaciência grande que sentimos agora... Já o amamos, seja quem for, já desde agora o amamos...

Quando, seguindo o costume, foi pronunciado o nome do novo Papa, João XXIII, o Padre ajoelhou-se, e com ele nós também, e rezou a oração que todos os dias recitamos pedindo pelo Romano Pontífice:

– *Oremus pro Beatíssimo Papa nostro Ioanne. Dóminus consérvet eum, et vivíficet eum, et beátum fáciat eum in terra...* «Que o Senhor o conserve, o vivifique e o faça feliz na terra...».

Depois, falou-nos com muito afeto do Cardeal Roncalli, e comentou que conhecia a Obra e tinha visitado duas residências universitárias na Espanha: *La Estila*, em Santiago de Compostela, e *Miraflores*, em Saragoça.

O quarto de São Josemaria

Conheci muito bem aquele quarto porque todos os dias, de tardinha, ia fechar as janelas do dormitório e do escritório. Relatar algumas das saudosas lembranças que aquele ambiente evoca em mim é um grande prazer e ocasião de dar graças a Deus, entre outros motivos porque no quarto ficava patente o desprendimento do Padre, o pouco apreço que tinha por si próprio e a sua constante preocupação pelos outros, que o levava a esquecer-se completamente de si, como se não existisse. Naqueles cômodos pude verificar também pormenores da sobriedade e da piedade de São Josemaria. Os ambientes eram um dormitório, uma pequena biblioteca (que os que morávamos lá chamávamos de «oratório-biblioteca») e o escritório, onde ficava a tribuna que dava para o Oratório da Santíssima Trindade, onde o Padre celebrava habitualmente a Santa Missa.

O dormitório em si era o mais pobre da casa. A única ventilação era uma janelinha que dava para o corredor. Era um lugar de passagem, escuro e com pouca ventilação. À esquerda de quem entra, havia uma mesa sólida, rústica, encimada por um quadro de Nossa Senhora. À direita estava uma sóbria cama de ferro, também de feição rústica. Em frente à cama, na parede, havia um azulejo artístico com estas palavras de Santa Teresa de Ávila: *Aparta, Señor, de mí lo que me aparte de ti* [«Afasta, Senhor, de mim o que me afaste de Ti»], que já estivera no quarto que o Padre utilizava no centro da rua Diego de León, em Madri. Sempre que eu entrava no quarto, repetia em voz alta essa jaculatória.

A porta se abre para um curto corredor que dá acesso a um escritório que o Padre não usava muito, pois quase sempre trabalhava na sala de D. Álvaro. Numa das paredes, há a porta que dá para a tribuna que, quando aberta, permite ver o oratório da Santíssima Trindade, no térreo. Ele contava que, antes de deitar-se, abria a porta dessa tribuna e fazia uma visita ao Santíssimo. Ali – dizia-nos – sentia o clamor de tantos lugares do mundo que pediam a presença do apostolado da Obra e, às vezes, sentia-se ardendo de inquietação por não poder atender a tantos pedidos.

Noutra parede, há um acesso para o oratório-biblioteca,

dedicado ao Sagrado Coração de Jesus. O pequeno quadro do retábulo representa o Coração do Senhor inflamado de amor pelos homens e rodeado dos objetos que O acompanharam na Cruz: os pregos, a coroa de espinhos, etc.

De frente para o retábulo há uma vitrine com burrinhos, muitos burrinhos que, ao longo do tempo, membros da Obra, cooperadores[3] e amigos de muitos países foram enviando ao Padre, conhecendo bem o seu afeto por esse animal e as muitas vezes que tinha falado sobre ele em meditações e tertúlias familiares[4]. Na vitrine há burrinhos de terracota, de cerâmica, de madeira, de esparto, grandes, pequenos, magros, gordos...

Um dia, estando com São Josemaria diante dessa vitrine, ele me disse:

– Pega o burrinho mais feio que encontrares.

Peguei um que realmente não era uma beleza, e o Padre, sorrindo, acrescentou:

– Não, há outro mais feio ainda.

E como se conhecesse todos, pegou um que estava no fundo, feito de cordas entrelaçadas. Os olhos eram dois vidros. Colocou-o sobre a mesa e o burrinho, desengonçado, escorregou e caiu. O Padre o pegou do chão, abriu-lhe as

---

[3] Sobre os Cooperadores, cf. o verbete «Cooperadores del Opus Dei» em *Diccionario de San Josemaría Escrivá de Balaguer* ou a página oficial da Associação de Cooperadores do Opus Dei no Brasil: <http://cooperadoresopusdei.org.br>. (N. do E.)

[4] O afeto do Fundador do Opus Dei pelos burrinhos provém de referir-se a si próprio como um burro na sua correspondência a Deus – um instrumento incapaz de ser fundador –, e das graças especiais que o Senhor lhe concedeu nos primeiros anos da Obra, graças relacionadas com essa comparação. Para um conhecimento mais detalhado, cf., entre outros textos, Andrés Vázquez de Prada, *O Fundador do Opus Dei*, vol. I, págs. 380-381.

patas e o segurou firmemente na mesa, com um gesto rápido. O animalzinho ficou firme. São Josemaria concluiu:

– Este é o burrinho mais feio e mais fraco, mas quando se deixa colocar no lugar fica firme e não cai. É o burrinho de que mais gosto. Tomara que tu venhas a ser como este burrinho – disse sorrindo.

Capítulo VIII
O falecimento da Tia Carmen

Carmen Escrivá de Balaguer[1] era especialmente querida por todos os membros da Obra, principalmente pela abnegação e pela generosidade com que tinha ajudado São Josemaria a conseguir um autêntico calor de lar nos nossos centros, em condições muito precárias, antes que as mulheres da Obra tivessem condições de fazê-lo. Carmen não tinha vocação para a Obra, mas decidiu livremente renunciar aos seus projetos pessoais de vida para estar perto de São Josemaria e ajudá-lo, primeiro na Espanha e depois em Roma. Como disse acima, todos a chamávamos espontaneamente de Tia Carmen.

Em meados de abril de 1957, foi-lhe diagnosticado um câncer de fígado sem cura possível. No dia 23 desse mesmo mês, D. Álvaro comunicou-lhe a gravidade da doença e relatou ao nosso Padre que tinha recebido a notícia da sua próxima morte «como uma pessoa santa do Opus Dei». Desde então, com paz a alegria, preparou-se para morrer cristãmente.

Todos rezávamos intensamente pela sua cura, não apenas no Colégio Romano, mas no mundo inteiro. Unica-

---

1 Cf. um relato documentado da morte de Carmen Escrivá de Balaguer, em Andrés Vázquez de Prada, *O Fundador do Opus Dei*, vol. III, págs. 239 e segs.

mente um milagre poderia curá-la, mas ela nos disse que rezava «para que se cumprisse a Vontade de Deus». Já no mês de maio, era patente o seu enfraquecimento progressivo, e testemunhei um incidente que jamais esquecerei. Deve ter sido um domingo e estávamos no auditório. O nosso Padre, de pé no estrado, anunciou-nos que a Santa Sé, por decisão do Santo Padre Pio XII, tinha confiado à Obra a Prelazia de Yauyos e Huarochirí, nos Andes peruanos, um território enorme, muito acidentado e de difícil acesso, com picos que chegavam aos quatro mil metros de altitude. O primeiro Prelado designado foi o Pe. Ignácio de Orbegozo, membro da Obra. Soubemos depois que São Josemaria, podendo optar entre várias prelazias territoriais do Peru, tinha escolhido a região mais inóspita, que ninguém queria assumir. Emocionado, disse-nos que já tinha aquelas montanhas e aquelas neves dos Andes no coração, e pediu-nos que rezássemos por esse trabalho.

As luzes apagaram-se e começaram a projetar um filme. Eu estava sentado à sua direita, e D. Álvaro à sua esquerda. De repente, o nosso Padre começou a gemer, e depois caiu num pranto que fazia tremer a poltrona onde estava sentado. Nunca tinha visto ninguém chorar como aquele dia vi chorar São Josemaria. Os gemidos dele, profundos e sentidos, penetravam no coração. D. Álvaro passou o braço pelas suas costas e parecia querer sustentá-lo. Chorava sem parar. Eu estava paralisado, comovido, sem saber o que fazer. O filme continuou passando normalmente. Num determinado momento, ajudado por D. Álvaro, levantou-se e saiu da sala.

Não comentei esse episódio com ninguém, mas sempre pensei que aquele pranto tão sincero era consequência da sua dor perante a morte iminente da Tia Carmen, e de como valorizava tudo o que ela tinha feito pela Obra.

O câncer minava progressivamente o organismo da Tia

Carmen. Era um sofrimento grande, porque além das dores tinha uma sede intensa e constante, um grande cansaço e dificuldades respiratórias crescentes. Porém, nunca ninguém ouviu uma queixa sua. Procurava ocultar o seu sofrimento com comentários cheios de um bom humor característico, que não perdeu nem nas últimas horas na terra. Estava constantemente acompanhada e assistida por membros da Obra e pelo irmão caçula, Santiago. Às vezes, num estado de semi-inconsciência, pensava estar sozinha e murmurava alguma coisa em voz baixa. Quem estava com ela perguntava-lhe:

– Tia Carmen, quer alguma coisa?
– Não. Estou dizendo jaculatórias.

Os que estavam com ela nos seus últimos momentos contaram-nos alguns pormenores que resumo a seguir.

D. Álvaro reconfortava-a dizendo:

– Ofereces tudo? Também essa angústia que tens agora? Pensa na recompensa eterna. Esse sofrimento serve de purificação, e para conseguir do Senhor tantas coisas que fazem falta para a Obra, para o Padre... Vamos invocar o teu anjo da guarda, que te acompanhou durante toda a tua vida e que agora vai levar-te à presença do Senhor...

Tia Carmen, com grande esforço, assentia, porque mal podia falar.

No dia 19 de junho, véspera da sua morte, recebeu o Viático. O nosso Padre explicou-lhe o significado da cerimônia com voz embargada, e ela, fazendo um esforço, apertava o crucifixo que lhe aproximaram para poder beijá-lo. Era o mesmo crucifixo que acompanhou a mãe, quando falecera em 1941. São Josemaria invocava repetidas vezes Maria Santíssima:

– Olha-a com compaixão, não a deixes, minha Mãe; prepara-lhe um caminho seguro! Dá-lhe a paz!

Às 3h25 da manhã do dia 20 de junho, solenidade do Corpus Christi, Tia Carmen partiu para o Céu. O Padre rezou imediatamente um responso e, em seguida, quis celebrar a Santa Missa em sufrágio pela sua irmã.

Naquele mesmo dia, alguns membros da Obra mais antigos e todos os Diretores do Conselho Geral estavam na casa da Tia Carmen, na Via degli Scipioni, perto da Viale Bruno Buozzi. Eu tinha ficado sozinho em Villa Tevere. Ao longo daquela manhã, muito comovido, esperava a chegada do Padre. Levando em conta o que tinha sofrido nos dias precedentes, imaginava que estaria desfeito e não me ocorria o que poderia dizer-lhe, porque as expressões mais usuais pareciam-me completamente inadequadas.

De repente, ouvi os seus passos inconfundíveis descendo as escadas e aproximando-se da secretaria. Fiquei de pé. O nosso Padre apareceu na moldura da porta. Nunca poderei esquecer o que vi então: o seu rosto estava sereno, cheio de paz. Aproximei-me dele para dar-lhe um abraço, mas foi ele quem se adiantou e me abraçou, cheio de carinho paterno. Suas primeiras palavras ficaram-me bem gravadas na mente e no coração:

– Rafa, Carmen está no céu...

Disse aquilo de tal maneira que imediatamente pensei que tinha havido algo especial. Não o dizia como se expressasse uma convicção que fosse fruto da sua fé.

Atrás do nosso Padre vinham D. Álvaro, Javier e outros membros da Obra, com Santiago, o irmão caçula. Entramos todos numa sala de reuniões e o nosso Padre caminhava de um extremo a outro repetindo, de formas diferentes, o que me tinha dito: «Carmen está no céu». E acrescentou:

– É interessante que, quando entrei no quarto de trabalho de D. Álvaro, quis dizer uma jaculatória dirigindo-me ao quadro de Nossa Senhora, como faço sempre, e não consegui. Saiu-me, no entanto, uma oração a Carmen pedindo pela Obra: «Carmen está no Céu! Se esteve no purgatório, foram apenas alguns minutos». Disse isso com uma segurança total.

Pouco depois, quando eu estava com Javier na secretaria, São Josemaria entrou e perguntou a Javier:

– Javi, percebeste alguma coisa durante a Missa? – referia-se à Missa que celebrou imediatamente após o falecimento da irmã.

– Sim, Padre – ele respondeu.

Mas o Padre disse com um tom característico:

– Acho que não percebeste nada...

Para mim, essa conversa foi extremamente significativa, porque a atitude do nosso Padre não combinava com o que se poderia esperar depois de uma separação tão dolorosa. O seu rosto sereno, o seu abraço e a sua exclamação cheia de convicção: «Carmen está no céu!»... Nunca poderei esquecer. Tinha acontecido algo, e tinha sido durante a Santa Missa celebrada em sufrágio por Carmen. Para mim não havia dúvida, mas não sabia de que se tratava.

Em seguida, o Padre exclamou:

– Vou ao Colégio Romano; quero que os meus filhos saibam como está o Padre no dia do falecimento da sua irmã.

Todos descemos até a sala de estar, onde já estavam reunidos todos os alunos. As primeiras palavras que disse foram uma continuação das que tinha dito anteriormente:

– Meus filhos, estou contente, com o gozo do Espírito Santo! Carmen está no céu! Como teólogo, tenho que vos dizer que deveis rezar por ela; como Padre, digo-vos que podeis recomendar a ela as vossas intenções, porque Carmen está no céu!

Por concessão da Santa Sé e com a autorização do Governo italiano, Tia Carmen foi sepultada na *sottocripta* da Igreja Prelatícia de Santa Maria da Paz, em Villa Tevere. O Padre benzeu a sepultura na tarde do sábado, e na manhã do domingo, dia 23, o féretro foi levado ali por alunos do Colégio Romano. Penso que o fizeram representantes de diferentes países. Foi recebido por mais de vinte sacerdotes, revestidos de sobrepeliz e com círios acesos. Encerraram o cortejo D. Álvaro e o nosso Padre. Todos os que estavam em Villa Tevere participaram da cerimônia. Já entardecia. Descemos as escadas de concreto bruto e de paredes ainda não rebocadas. A luz das velas iluminava o ambiente suavemente. Tudo era silencioso, compenetrado, impressionante.

Não sai da minha memória a figura de São Josemaria, com uma capa pluvial preta enfeitada de galões dourados, entoando o primeiro responso. De acordo com os usos litúrgicos da época, seguiram depois os responsos de todos os sacerdotes presentes. Finalmente, fez-se a leitura da ata, que foi encerrada num tubo de chumbo e depositada no féretro de madeira.

A *sottocripta*, de mármore marrom, que sempre me pareceu acolhedora e alegre, estava presidida por um crucifixo. Embaixo dele gravaram-se as palavras de Jesus que são uma expressão de fé e de confiança: *Ego sum resurrectio et vita*. A inscrição do sepulcro é bem simples: *Carmen*, e as datas do nascimento e da morte. Quando tenho a oportunidade de ir a Roma, sempre rezo ao lado da Tia Carmen. O fato de estar enterrada ali sempre me pareceu um bom alicerce, um fundamento sólido – sacrifício oculto, abnegação e eficácia silenciosa – para a sede central da Obra.

Poucos dias depois daquele comovente enterro, permeado de um profundo sentimento familiar, o Padre me chamou e me entregou um envelope, alongado, fechado. Com a sua letra grande e possante estava escrito: «Para abrir depois da minha morte». Imediatamente pensei: «Aqui dentro deve estar a explicação para a atitude do Padre». Ele disse-me, simplesmente:

– Coloca isto no arquivo.

Eu pensei que algo que me parecia ser importante não deveria ficar apenas no arquivo comum, e perguntei a Javier o que fazer com o envelope. Ele me respondeu:

– O que o Padre lhe disse?

– Para colocar no arquivo.

– Pois então coloque no arquivo.

– Mas, Javi, você já reparou no que está escrito nele?

– Sim, coloque-o no arquivo.

– Mas deve haver um arquivo especial para essas coisas.

– Não há nenhum arquivo especial.

E continuou trabalhando. Javier era assim: claro, decidido e concreto. Subi ao arquivo, no andar superior, onde guardávamos o correio recebido em compartimentos grandes, feitos de cerâmica de pastilha. A única coisa que me ocorreu foi fazer uma pilha de cartas e sobre elas, em destaque, colocar aquele envelope.

Algum tempo depois do falecimento de São Josemaria, em 26 de junho de 1975, D. Álvaro encontrou esse envelope. Viemos a saber então que, na Missa celebrada por ele imediatamente após o falecimento de Tia Carmen, o Senhor lhe concedeu, como uma prova clara, o consolo de que a sua irmã já não precisava de sufrágios: de modo humanamente inexplicável, esqueceu-se de rezar pela irmã no *memento* dos vivos e no dos defuntos. Quando reparou nisso, durante a ação de graças daquela Missa, São Josemaria captou, sem qualquer sombra de dúvida, que Deus lhe tinha dado a entender dessa maneira que a Tia Carmen não precisava de sufrágios e que já gozava da felicidade sem fim.

Essa certeza, transmitida por escrito pelo nosso Padre, dava-nos também a certeza de que vivendo o espírito da Obra também nós temos a garantia da salvação. Naqueles dias memoráveis entre o falecimento e o enterro, veio a nos dizer que tia Carmen tinha ido para o Céu imediatamente depois da morte porque tinha se sacrificado pela Obra. E acrescentou:

– O mesmo acontecerá com todos aqueles que se sacrificarem pela Obra de Deus.

Capítulo IX

Um período de descanso em Madri e o retorno a Roma

Uma doença

Não mencionei anteriormente que, além do trabalho na secretaria do Padre, cursava os créditos prévios à tese de Doutorado na Pontifícia Universidade de São Tomás de Aquino, habitualmente chamada de *Angelicum*. Concluídos esses créditos, devia enfrentar a tese, cujo tema não era dos mais fáceis: *A natureza jurídica da* fictio iuris. Devido à intensidade do trabalho na secretaria, alguns colegas juristas me ajudavam pesquisando nas diferentes bibliotecas de Roma, pois eu não podia ausentar-me a não ser em contadas ocasiões, e dedicava pouco tempo à pesquisa e à redação.

Nessa situação, nos primeiros meses de 1958, contraí um forte resfriado, com muita tosse e febre. Depois de um exame médico mais apurado, constatou-se um problema pulmonar que parecia sério. Os comentários do especialista pareciam indicar algo grave, talvez um tumor, e eu lembro que, durante o exame e os comentários feitos ao ver as radiografias, comecei a repetir inúmeras vezes a oração do Pai Nosso, especialmente as palavras «seja feita a vossa vontade». Depois do tempo vivido ao lado do nosso Padre e de D. Álvaro, e de testemunhar como enfrentavam as doenças, a minha atitude foi como um reflexo do que tinha aprendido deles.

Ao voltar para casa, já sabia que aquilo de que padecia podia ser uma recaída das ocasiões anteriores – começando pelo derrame pleural em 1948 –, quando tive que passar uma temporada de repouso. Nesse caso, porém, era mais grave.

Poucos dias depois, o nosso Padre veio visitar-me no quarto em que estava acamado, sentou-se na mesinha de cabeceira e falou da eventualidade de um esgotamento provocado pelo excesso de trabalho. Javier, talvez para aliviar a preocupação do Padre, disse que era consequência de um processo patológico que tinha começado anos antes. De qualquer forma, ele, com autêntico carinho de pai, tranquilizou-me dizendo que era mais conveniente sair de Roma para descansar num lugar adequado e depois, curado, voltaria.

No dia 12 de março, viajei para Madri acompanhado por outro membro da Obra, Francisco Planell, apelidado de Quico. Lembro-me de que, no avião, eu ia cantarolando *Quanto sei bella, Roma...* Até que o Quico me disse que era melhor não cantar e ficar quieto. Depois, revelou-me que estava preocupado e que levava na pasta algumas injeções para me aplicar, caso eu tivesse algum vômito de sangue provocado pela altura do avião. Por isso deduzi que as perspectivas não pareciam muito alvissareiras.

No aeroporto de Madri, esperavam-me meus pais e, se não me falha a memória, a minha irmã Maria Elena. Fui morar num centro da Obra no bairro de El Viso, e imediatamente entreguei os exames ao médico. A minha mãe veio visitar-me e encontrou-me deitado num quarto muito alegre, cheio de luz. Era a hora do meu almoço e, quando viu o que estavam servindo para mim, comentou:

– Eu não seria capaz de preparar um almoço melhor do que esse.

E eu, naquele instante, recordei o que São Josemaria tinha dito muitas vezes:

– O carinho na Obra tem de ser vivido de tal forma que um doente acamado não sinta saudades da sua mãe.

O médico acompanhou-me à consulta com um especialista, o Dr. Zapatero, que me examinou atentamente e, sem hesitar, diagnosticou tuberculose pulmonar, descartando outro diagnóstico feito pelo médico de Roma, que acenava para a possibilidade de um tumor.

Fui internado no sanatório dirigido pelo Dr. Zapatero em Navacerrada, a uns sessenta quilômetros de Madri, na serra de Guadarrama. As instalações eram de má qualidade e fiz a oportuna reclamação, mas me mudaram de um quarto ruim para outro também ruim. Diante disso, meus pais optaram por alugar uma casa das redondezas.

A 12 de abril chegou-me a primeira carta do Padre:

Rafa queridíssimo: que Jesus te guarde.
Um abraço muito forte. Esperamos-te em breve; enquanto isso, aproveita bem esta temporadinha. Uma carinhosa bênção do Padre.

Eram palavras vigorosamente escritas, acompanhadas pelas de outros membros da Obra e encabeçadas pelas seguintes, de D. Álvaro:

Muito querido Rafa: O Senhor faz com que agora tenha outras coisas a oferecer! Aproveita-as! Daqui acompanhamos-te muito... E esperamos-te logo. Um abraço muito forte de Álvaro.

Outra vez experimentei a injeção sobrenatural do Padre. Muitas vezes fiz oração com aquelas palavras: aproveitar o tempo, oferecer as incomodidades e os temores que às vezes me sobressaltavam... O alento do Padre, que levantava de qualquer abatimento, presidiu a minha vida durante aqueles meses de descanso. Mas não faltaram novos incentivos, como uma carta da minha irmã Maria Elena, de Londres, em agosto de 1959, com um «carinhoso abraço e uma afetuosa bênção do Padre», escrito na primeira folha. E outra carta de Carlos, que à época já morava no México, mas que passava alguns dias em Roma, encabeçada por estas palavras:

> Um forte abraço. Recordamos-te a cada dia. Como foi o encontro com o Carlos?
> Uma bênção carinhosa do Padre.

«Recordamos-te cada dia»... Nas cartas que me escreviam Javier Echevarría, o Pe. Julián Herranz, o Pe. Severino Monzó e vários outros, diziam que o Padre com frequência pedia que rezassem por mim. Com tantas coisas que o Padre tinha com que se preocupar – ainda que dissesse que não tinha preocupações, mas ocupações –, lembrava de cada um de nós e encontrava tempo para atender às nossas necessidades individuais. Não só eu, mas muitos poderão dizer o mesmo: que o coração do Padre era universal, como o próprio coração de Cristo. Ele nos tinha dito – e a frase não é textual – que a princípio temia que quando os membros da Obra fôssemos muitos não nos viesse a amar tanto como os primeiros, mas que o Senhor lhe aumentara o coração de tal forma que todos cabiam dentro dele e que amava cada um de nós como se fosse seu único filho.

Carlos também me escrevia umas linhas cheias de carinho e de detalhes muito simpáticos:

Querido Rafa: estou em Roma! É como se estivesse sonhando, mas é verdade: ontem, passei a tarde toda com o Padre, e estive na tertúlia [...] também com ele. Você imagina perfeitamente as recordações que levo para o México, depois de sete anos desejando, cada dia, ver o Padre e falar com ele. Eu quase não tenho falado – como sempre –, mas ele me diz muitas coisas. Tenho tido uma grande alegria, porque encontrei-o melhor do que quando fui embora, de verdade. Contou-me coisas sobre você e ouvimos juntos a famosa música «*Timida è la bocca tua*», que já sei de cor...

Interrompo um pouco a sequência dos fatos para contar a história dessa música – cujo título é na verdade «Timida serenata» –, muito reveladora do carinho e do bom humor do nosso Padre. Quando a ouviu pela primeira vez, talvez lá pelo ano de 1957, imediatamente começou a cantá-la para mim, brincando com o tamanho da minha boca, que não é pequeno. Depois, passou a cantá-la com frequência, com muita graça, até no meio de uma tertúlia, quando eu lhe entregava uma carta ou me chamava pelo telefone. Depois, à medida que as minhas irmãs ou os meus irmãos da Obra encontravam o Padre, ele começava a cantar a mesma música, a tal ponto que se converteu numa espécie de «hino» familiar.

Muitos anos depois, no dia 22 de maio de 1974, em São Paulo, as primeiras palavras que o Padre me disse ao ver-me depois de treze anos foram:

– Oh! Rafa, que alegria! Vem cá!

E imediatamente começou a cantar o «hino». Naquele momento vieram-me de golpe todas as lembranças ao lado do Padre e, sem o poder evitar, a emoção se converteu em lágrimas tão copiosas que quase não consegui dizer-lhe nada. A passagem dos anos parecia não contar para ele: mantinha vivos na memória os nomes e as peculiaridades dos seus filhos de uma maneira inacreditavelmente precisa. Mas voltemos ao relato da minha doença.

Os meus pais encontraram uma casa com jardim na pequena cidade de Villalba, a uns trinta quilômetros de Madri. A Tata viria cuidar de mim e a família passaria o verão em Astúrias, cujo clima úmido, junto ao mar, não era recomendável para a minha doença. A Tata foi maravilhosa: aprendeu a aplicar injeções de estreptomicina e a administrar, com cuidadoso esmero, os outros remédios que eu devia tomar, que não eram poucos. Será sempre difícil agradecer esses sacrifícios que a Tata fez por mim em todos aqueles meses, e sempre procurei retribuir com as minhas orações.

O pároco da cidadezinha me trazia a comunhão todos os dias. A Tata também comungava. Foram meses de repouso e também de trabalho, porque aproveitei para terminar a tese. Escrevia à mão, enviava o manuscrito a Roma e de lá o devolviam perfeitamente datilografado. Essa foi, entre tantas outras, mais uma manifestação de espírito de serviço própria de pessoas que se querem bem.

Com frequência, Dick Stork, velho conhecido da Irlanda e de Roma que passava uma temporada na Espanha, ia visitar-me, assim como um sacerdote, que vinha para ouvir a minha confissão: algumas vezes foi o Pe. Ángel García Dorronsoro, e outras o Pe. Julián Urbistondo. Também me visitaram Andrés Rueda, José Maria Arana, Fernando Valenciano e o Pe. Javier de Ayala, a quem encontraremos mais adiante. Especialmente aos domingos, a casa se enchia de gente que desejava passar o dia comigo, divertindo-se e descansando. Um desses domingos foi mais especial, porque nele apareceu em casa a turma inteira dos que estavam fazendo a preparação próxima ao sacerdócio, no centro de Diego de León. Michael Richards, o primeiro numerário inglês, provocou todo o mundo dizendo que ninguém tinha coragem de lançá-lo vestido à piscina. Entre grande barulho e gargalhadas, foi para a água; já dentro dela, agradeceu o empurrão e explicou: não tinha trazido calção de banho e não lhe parecia correto mergulhar vestido. Por outra parte, não se importava com o terno porque estava completamente gasto e depois da ordenação sacerdotal seria descartado.

Continuei com o repouso, porque a velocidade de sedimentação não diminuía. O que me parecia uma ruptura violenta do trabalho ao lado de São Josemaria e um grave percalço para a minha saúde, ajudou-me a pensar muitas coisas em profundidade. Aqueles meses de silêncio e de quietude, quando passava semanas inteiras sem falar com ninguém, exceto com a Tata, facilitaram muito a reflexão e a oração sossegada. Foi na pequena cidade de Villalba que começaram a fluir as ideias que, muitos anos mais tarde, publiquei num livro intitulado *Deus e o sentido da vida*[1].

O retorno a Roma e uma surpresa relativa

No início de outubro de 1959, recebi a alta médica e retornei a Roma. Voltava para o lado do nosso Padre, onde tinha encontrado a mais genuína expressão de lar paterno e de vida familiar. Além disso, concluídos os estudos de Filosofia e de Teologia e os créditos do Doutorado, mais o trabalho de pesquisa, já marquei a data da defesa da tese de Doutorado na Pontifícia Universidade de São Tomás de Aquino.

Mas uma surpresa me esperava, se bem que relativa. No aeroporto de Roma, quem me recebeu foi Ernesto Juliá, o meu substituto no trabalho na secretaria com Javier. Depois de um grande abraço, disse-me:

---

1 Cultor de Livros, São Paulo, 2016.

– Ontem mesmo o Padre falou de você...

– Mas falou o quê?

– Falou alguma coisa... – e fez cara de mistério, sorrindo, sem especificar mais nada.

Quando cheguei em casa, o reitor do Colégio Romano, Pe. José Luis Massot, disse-me exatamente o mesmo, e a suspeita de que havia qualquer coisa se fez mais forte.

O Padre quis ver-me imediatamente. Eu estava com vinte quilos a mais e ele me disse, depois de um cálido abraço, que eu estava forte como um touro, ou melhor, como um carvalho:

– Está forte, não gordo, não é verdade? – perguntou a D. Álvaro.

Com essas e outras brincadeiras, foi-me contando coisas e estimulando a encarar o exame de Doutorado com mais ânimo, porque eu lhe dizia que estava um tanto desambientado.

No dia seguinte – deveria ser o 20 ou 21 de outubro de 1959 –, chamou-me de novo e perguntou-me se estaria disposto a ordenar-me sacerdote. Meses antes, eu já lhe tinha manifestado essa disposição, e respondi imediatamente que sim. Para a minha surpresa, dessa vez não tão relativa, disse-me que poderia ordenar-me no próximo mês de dezembro, junto com José Maria Albareda, Mário Lantini e Domingo Ramos Lisson[2].

---

2 José Maria Albareda (1902-1966) pediu a admissão no Opus Dei em 1937. Foi professor catedrático de Edafologia e, posteriormente, secretário e presidente do *Consejo Superior de Investigaciones Científicas*, com sede em Madri. Mário Lantini (1928-2008) era graduado em Engenharia. Entre 1972 e 1998 foi Vigário Regional do Opus Dei na Itália. Domingo Ramos Lisson (1930-2016) foi professor de Patrologia na Universidade de Navarra e autor de livros e estudos nessa área.

O anúncio de tal acontecimento, que significava uma mudança tão completa da minha vida, foi objeto de muitas horas de oração. Para mim, estava muito claro o que tantas vezes dissera o nosso Padre: «A vocação dos numerários leigos e a dos sacerdotes é a mesma. Todos estão chamados à mesma santidade, com alma sacerdotal e mentalidade laical».

No dia 24 de outubro, quando então se celebrava o meu onomástico, São Rafael, não tive o menor constrangimento em telefonar ao nosso Padre:

– Padre, hoje é dia de São Rafael. Estou telefonando porque queria que o senhor me parabenizasse.

– Pois já estás parabenizado: muitas felicidades!

– Muito obrigado, Padre, mas eu gostaria que me parabenizasse pessoalmente.

– E quem te impede de vir agora ao meu quarto de trabalho?

– Ninguém, Padre...

E fui ao seu escritório à toda velocidade. O Padre estava me esperando, e carinhosamente me disse:

– Meu filho, há muitas coisas novas construídas na sua ausência. Você quer conhecê-las?

– Claro, Padre!

Passei praticamente a manhã inteira com ele. Foi de uma amabilidade paterna indizível. Mostrou-me vários oratórios recém-terminados e num deles disse-me algo que nunca poderei esquecer:

– Rafa, vais-te ordenar sacerdote e irás por esses mundos de Deus e farás muito bem...

Eu, sem duvidar, acrescentei:

– Mas, Padre, eu não quero sair daqui.

E ele, fingindo seriedade, respondeu:

– Meu filho, tens tantos anos de Obra e ainda não aprendestes o nosso espírito? Não sabes que nós não nos despedimos, que estamos sempre unidos?

– Eu sei, Padre, mas gostaria de estar unido aqui, ao seu lado, mais do que unido lá em qualquer outra parte do mundo.

– Mas, meu filho, quem te ensinou a responder dessa forma? – acrescentou sorrindo, e disse mais. – Hoje é o dia do teu onomástico e gostaria que estivesses na sobremesa comigo. Depois do almoço, vem ter conosco.

E assim foi. Entrei numa sala de jantar pequena, onde ele estava com D. Álvaro e Javier. Tinham preparado uma sobremesa festiva, inclusive com um conhaque *Bobadilla 103*. O nosso Padre disse-me:

– Serve-te à vontade. Aqui cada um tem a liberdade mais completa.

Havia também bombons, e de novo convidou-me a servir-me à vontade. Ele pegou um, e depois de uma pausa fez o gesto de pegar outro, mas ao invés de fazê-lo empurrou a cestinha para longe, sorrindo, como que querendo afastar a «tentação».

Foi naquele momento que olhou para mim com essa *profunda seriedade sorridente* tão característica nele – não encontro outra expressão mais adequada –, e me disse novamente, com extremo carinho:

– Rafa, vais-te ordenar sacerdote e irás por esses mundos de Deus e farás muito bem...

E acrescentou, com muita força:

– E verás como valerá a pena!

Essa última frase ficou-me profundamente gravada. E teve as suas consequências, como mais adiante narrarei.

Começaram os preparativos imediatos para a ordenação sacerdotal. Devo reconhecer que, até aquele momento, jamais me tinha imaginado vestindo uma batina, e senti um certo constrangimento. Fui com Mário Lantini a um alfaiate romano, e o episódio foi tão cômico que não resistimos à tentação de contá-lo ao Padre na primeira oportunidade que nos reunimos familiarmente na tertúlia, com a certeza de que iria se divertir.

Era um estabelecimento grande, especializado em roupas para clérigos. O Mário, com grande desembaraço, disse que precisávamos ver um tecido para fazer duas batinas dignas, como que para dois monsenhores. O alfaiate disse, logicamente, que era necessário tomar as medidas, e quando Mário disse que nós éramos os interessados, todo o mundo na loja olhou-nos com assombro, principalmente porque Mário era alto, muito bem vestido e com pinta de artista de cinema. Ao tomar as medidas, o alfaiate perguntou ao Mário:

– Padre, o senhor quer que as mangas tenham botões?

– Eu não sou padre. Sou o *ingegnere* Mário Lantini.

– Desculpe, estou tão habituado a tomar medidas a padres ou a seminaristas que cometi essa gafe...

E continuou trabalhando. De repente, novamente perguntou:

– Padre, a quantos centímetros do chão o senhor gostaria que ficasse a batina?

E Mário, fingindo que ficava incomodado, respondeu:

– Já lhe disse que não sou padre; vou me ordenar padre. Sou o *ingegnere* Mário Lantini: aqui tem o meu cartão.

– Desculpe, *ingegnere*, não foi por mal. É a força do costume...

E o nosso Padre deu uma gargalhada.

Eu insistia com o Mário para deixar o homem em paz, mas ele insistia, com a loja toda de olho em nós e eu vermelho de vergonha. Saímos para a rua e, no meio dela, o alfaiate ainda abriu a porta e gritou:

– *Il sabato prossimo, nella prova, non dimenticare i colletti!* – «No próximo sábado, na prova, não esqueçam o colarinho», e dramatizava gesticulando com as mãos, como se o colarinho fosse uma coleira de cachorro.

E o nosso Padre, sem deixar de rir, comentou aproximadamente o seguinte:

– Meus filhos, é isso mesmo. A realidade espiritual da Obra é diferente. As pessoas não estão habituadas a se depararem com um engenheiro ou um advogado que se ordenam sacerdotes assim, como que de repente... Os numerários da Obra vão fazendo estudos completos de Filosofia e de Teologia durante longos anos, conciliando esses estudos com o seu trabalho profissional, e depois, se livremente o desejam, podem ordenar-se conforme as necessidades apostólicas e de formação. O fenômeno social e teológico é diferente. Começais a vida de sacerdotes com uma experiência profissional que será muito útil.

Parece-me oportuno esclarecer um pouco melhor o episódio do alfaiate e o comentário de São Josemaria: a preparação para o sacerdócio dos numerários da Obra não se desenvolve no ambiente próprio de um seminário diocesano, mas de uma universidade civil, e todos tínhamos e temos, por vocação e por inclinação pessoal, mentalidade e comportamento laical, próprios do nosso ambiente social e profissional. Daí que nos sentíssemos desambientados e como que fora de lugar numa alfaiataria eclesiástica.

Nessa situação, eu preparava com intensidade a defesa da tese de Doutorado e estava um tanto tenso, porque deveria enfrentar uma banca de prestigiosos professores de

Direito Canônico da Pontifícia Universidade de São Tomás de Aquino, e ainda por cima com a arguição em latim, como era habitual na época.

No mesmo dia em que seria examinado, encontrei-me providencialmente com São Josemaria perto da sala de jantar, à hora do lanche da tarde. Não era frequente encontrá-lo por ali àquela hora, e logo se formou uma rodinha em volta dele. Ele sabia que eu estava saindo para a universidade e me disse algo assim:

– E então? Estás indo ao exame?

– Sim, Padre.

E dando-me uma pancadinha no rosto, disse-me:

– Pois vai seguro. Estás bem preparado. Não te preocupes, pois sabes mais que os catedráticos da banca. Não tens que ter medo. Além disso... Vem aqui!

Aproximei-me e ele me disse:

– Podes ajoelhar-te.

E ali mesmo me deu uma bênção que me encheu de ânimos: «*Dóminus sit in intellécto tuo*...». E o Padre marcou vigorosamente com seu dedo o sinal da cruz na minha fronte; «*Dóminus sit in corde tuo*», e fez a cruz no meu peito; «*Dóminus sit in lábiis tuis*», e novamente fez o sinal da cruz nos meus lábios.

Cheguei ao *Angelicum* com o moral alto e começou a prova. Os cinco catedráticos da banca foram tão amáveis quanto exigentes. A defesa demorou mais ou menos uma hora e meia. Procurei defender com a maior clareza possível a posição que sustentava na tese, favorável à supressão da *fictio iuris* no Código de Direito Canônico, o que veio a ocorrer, após muitas outras consultas e estudos posteriores, no código promulgado em 1983. Um dos membros do Tribunal, o Pe. Severino Álvarez, O.P., felicitou-me pela defesa da tese. Era um conhecido canonista e auditor do Tribunal da Rota Romana, amigo e admirador de São Josemaria. Tempos atrás, tinha-me dito que fora consultado a respeito de um importante questionamento contrário à Obra encaminhado à Santa Sé. Ele verificou detalhadamente cada uma das acusações e chegou à conclusão de que era um documento inverídico e calunioso. E nesses termos respondeu à consulta.

O bom resultado da defesa da tese concluía os meus estudos eclesiásticos.

Capítulo X
Início do trabalho pastoral e viagem ao Brasil

A ordenação sacerdotal ocorreu no dia 20 de dezembro de 1959, na Basílica de São Miguel, em Madri. Celebrei a minha primeira Missa solene no mesmo templo, no dia 26 de dezembro. Os meus pais e o Pe. Jesús Urteaga, reitor da Basílica, prepararam tudo com extremo carinho. Ajudaram-me na Missa o próprio Pe. Jesús Urteaga e o Pe. Tomás Belda. O pregador foi o Pe. Alfredo García Suárez, asturiano, da mesma localidade que a minha família. Durante a homilia referiu-se à «Santina», nome com que era popularmente chamada Nossa Senhora de Covadonga, Padroeira de Astúrias, o que agradou especialmente ao meu pai. Ele estava muito comovido, embora pessoalmente tivesse preferido que eu me tivesse dedicado a prosseguir os seus negócios no México. Contudo, penso que após a ordenação sacerdotal e a primeira Missa entendeu muito bem a dignidade do sacerdócio e compreendeu bem a minha opção. No fim da Santa Missa, era costume da época beijar as mãos do novo sacerdote, como manifestação de fé na Eucaristia e de veneração pelo caráter sacerdotal. O novo sacerdote, ladeado pelos seus pais, sentava-se, estendia as mãos e os fiéis passavam para beijá-las. Tive a alegria de rever, naquele momento tão singular, muitos amigos, colegas do colégio e da faculdade, além de muitos dos meus parentes. Emocionei-me especialmente quando vi a diretoria do Colégio El Pilar, o Pe. Victorino Alegre e o Pe. Antonio Borrás, ao lado de outros professores. Como já disse, quando eu era aluno tomaram a decisão de expulsar-me do colégio, mas compreenderam melhor a minha atuação e retificaram com grande nobreza, pedindo desculpas aos meus pais. Estavam muito contentes com a minha ordenação e bem podiam orgulhar-se de outros antigos alunos, membros da Obra, também ordenados sacerdotes, como o Bem-aventurado Álvaro del Portillo, José Maria Hernández Garnica (cujo processo de beatificação está em andamento), Doutor em Ciências, e, muitos anos depois, o engenheiro Fernando Valenciano.

O Colégio Maior Moncloa e os primeiros trabalhos sacerdotais

O meu primeiro trabalho sacerdotal desenvolveu-se numa residência universitária chamada Colégio Maior Moncloa, com capacidade para mais de cem residentes, situada muito perto da Cidade Universitária de Madri. O ambiente era extremamente amigável e descontraído, mas também exigente do ponto de vista acadêmico; organizavam-se atividades culturais de alto nível intelectual e era frequente a presença de nomes de destaque para tertúlias e colóquios.

Boa parte dos residentes participava das atividades de formação cristã, como a Santa Missa, as meditações semanais e a bênção com o Santíssimo Sacramento aos sábados. Também frequentavam a residência muitos universitários de diferentes faculdades e escolas técnicas. Eu atendia à direção espiritual de não poucos, pregava algumas meditações e conciliava essas tarefas com o atendimento das atividades de formação num centro da Obra para mulheres.

Daqueles primeiros meses como sacerdote, recordo duas experiências especialmente significativas, porque mostram a ação de Deus de forma direta e, aos olhos humanos, surpreendente.

A primeira aconteceu nos dias anteriores à festa de São José. O Pe. Emílio Bonell[1], capelão da residência, falava nas meditações da necessidade de pedir ao Santo Patriarca vocações para a Obra, e em concreto mencionou, com muita graça, que deveríamos solicitar-lhe *un regalito*, um presentinho. Levamos a sério aquele pedido e rezamos com fé a São José. Pois bem, no próprio dia da festa, de manhã, telefonaram dizendo que um rapaz queria falar com o sacerdote. Como o Pe. Emílio não estava, conversei eu mesmo com ele. Identificou-se logo, dizendo que se chamava Francisco España e estudava em Múrcia, onde, naquela época, não havia centro da Obra. Explicou-me que fazia tempo estava lendo sobre o espírito do Opus Dei e sobre o seu fundador, que a mensagem da Obra era muito atraente para ele e afirmava que tinha tomado a decisão de pedir a admissão na Obra. Perguntava o que fazer. Eu lhe disse que seria preciso viajar até Madri – a distância era de quatrocentos quilômetros – para conversarmos pessoalmente e com detalhe. Aceitou e marcamos dia e hora. Imediatamente pensei que aquele poderia ser o presentinho de São José.

Francisco chegou pontualmente e mostrou conhecer muito bem o espírito da Obra e os compromissos formativos e apostólicos que comportavam uma entrega a Deus no meio do mundo. Essa compreensão e a sua atitude

---

[1] Emílio Bonell (1929-2007) formou-se em Medicina e ordenou-se sacerdote em 1953. Em 1961, a pedido de São Josemaria, transferiu-se para Buenos Aires. Foi Vigário Regional da Argentina até 1991.

cheia de generosidade fizeram com que, após alguns meses de conversas e esclarecimentos, pedisse a admissão na Obra. Todos concordamos que tinha sido um «presentaço» de São José.

A segunda experiência teve lugar quando me correspondeu pregar um retiro para supernumerárias. Quase todas eram empregadas domésticas nas casas de diferentes famílias. Fiquei surpreso quando soube que a Tata iria participar, e mais surpresa ainda ficou ela, tanto que queria ir embora de pura vergonha e de medo que eu, por ser o meu primeiro retiro, não conseguisse pregar bem as meditações. Foi convencida a ficar, e depois de duas pregações disse-me com o seu sotaque asturiano:

– *Falín*, aprendeste *muchu* em Roma. Não esperava tanto.

Passei também alguns meses morando num centro situado na rua Villanueva, onde tive a felicidade de conviver com alguns dos mais antigos membros da Obra, como José Maria Albareda, autoridade mundial em Edafologia, o Pe. Francisco Botella, matemático, Vicente Rodríguez Casado, catedrático de História da América, e Federico Suárez, também catedrático de História. Todos já estão no Céu. Era edificante testemunhar a fidelidade e a simplicidade daqueles homens. Alguns deles tinham vivido junto de São Josemaria muitos acontecimentos dos primeiros anos da Obra, especialmente as duríssimas circunstâncias da Guerra Civil.

Naquela casa da rua Villanueva, carregada de muitas lembranças familiares, passei meses memoráveis. Além do atendimento do trabalho apostólico desenvolvido naquele centro, atendia também as atividades de formação cristã de Montelar, uma escola de capacitação doméstica promovida por mulheres da Obra. Nesse encargo pastoral tive incontáveis alegrias, pelo estupendo ambiente e pelo elevado número de vocações para a Obra que o Senhor nos enviou.

A partida para o Brasil

Mais ou menos na metade do ano de 1961, o Pe. Javier de Ayala, que tinha encargos de direção e de formação na Espanha e em Portugal, preparava-se para assumir a direção da Obra no Brasil[2], e São Josemaria pedira-lhe que procurasse alguns membros da Obra, sacerdotes e leigos, que estivessem livremente dispostos a transferir-se ao país. Um dia, o Dr. Xavier – assim seria chamado familiarmente mais tarde por causa dos anos passados em Portugal – perguntou-me se eu aceitaria trabalhar estavelmente no Brasil. Sublinhou que tinha plena liberdade para responder e que tomasse o tempo que quisesse para pensar. Imediatamente, eu disse que sim. Esse «sim» custou-me bastante, porque estava muito contente morando em Villanueva e atendendo Montelar.

Não foi fácil comunicar a decisão à minha mãe. Ela me disse:

– Mas você está tão contente com esse trabalho atual... Que pena!

---

2 O trabalho no Brasil começou em 1957. Perante as perspectivas e as potencialidades do país, em 1961 São Josemaria nomeou o Pe. Javier de Ayala como primeiro Conselheiro do Brasil (a partir de 1982, com a configuração jurídica definitiva da Obra como Prelazia pessoal, o nome do cargo passou a ser Vigário Regional. O Vigário representa o Prelado nas tarefas de governo e de formação dos centros da Obra). O Pe. Ayala fora Conselheiro de Portugal e tinha ampla experiência de governo e de direção das atividades formativas. (N. do E.)

– Mãe, você sabe que a disponibilidade na Obra, dentro das circunstâncias de cada um, deve ser total – respondi.

– Compreendo muito bem, meu filho, faça o que achar que deve fazer, mas como mãe gostaria de que você ficasse perto...

Deu-me um beijo carinhoso e começamos a preparar a viagem.

Os outros residentes de Villanueva ajudaram-me muito. José Maria Albareda, pessoalmente, acompanhou-me à imensa biblioteca do *Consejo Superior de Investigaciones Científicas*, do qual era fundador e na época secretário-geral, falou com o diretor da biblioteca e conseguiu uma generosa doação de livros para levarmos.

A despedida da família foi muito discreta. Meu pai viajava com frequência ao México, os meus tios e primos, a Cuba; o meu irmão José Antonio tinha ido estudar nos Estados Unidos, a minha irmã Estela tinha ido ajudar no labor da Obra na Irlanda, e o Carlos, no México, e assim por diante... De modo que estávamos acostumados a despedidas sem os grandes abraços nem as cenas emotivas característicos de muitas famílias. Eu sabia, contudo, que a separação seria longa e que, possivelmente, não veria muitas vezes mais os meus pais.

Em Barcelona, de onde sairia o navio para o Brasil, estive em contato diário com o Pe. Francisco Faus, pois viajaríamos juntos. Compramos alguns objetos litúrgicos e fomos portadores de um grande retábulo gótico catalão, com três painéis. Não sei de quem recebemos essa ótima cópia, que ficou definitivamente instalada no oratório do Sítio da Aroeira, a primeira casa de retiros e convívios em terras brasileiras.

Os jornais brasileiros e espanhóis noticiavam a situação confusa no país depois da inesperada e fulminante renúncia do Presidente Jânio Quadros. Alguém nos deu a sugestão de adiar a viagem, coisa que, evidentemente, não fizemos. Tudo terá uma solução, pensávamos.

A despedida da família Faus foi mais emotiva. Foram em peso ao porto. Lembro ainda dos olhos brilhantes do Francesc – seu nome catalão – e dos lenços brancos, que acenaram durante longo tempo até que o navio, o *Cabo San Roque*, se afastou do cais.

O Pe. Francesc e eu celebrávamos a Santa Missa na capela do navio. Durante a viagem, eram para mim um belo exemplo as horas que ele passava estudando português. Pessoalmente, limitava-me à recitação da Liturgia das Horas, a fazer a leitura espiritual e pouco mais, porque estava quase sempre enjoado, e houve dias em que tive que ficar deitado.

Um pequeno episódio deu-me que pensar. Um sacerdote que viajava conosco, bom, gentil e piedoso, perguntou-nos o que iríamos fazer no Brasil. Explicamos-lhe o trabalho do Opus Dei e o que pensávamos fazer, e ele afirmou, muito seguro, que não conseguiríamos realizar um grande trabalho em São Paulo e que seria muito difícil conseguir vocações naquela cidade, pragmática e materialista, principal centro industrial e financeiro do país. Vocações – dizia ele – encontraríamos na região sul, em cidades como Curitiba ou Ponta Grossa. Não parecia um bom augúrio, mas a verdade é que já tínhamos ouvido antes previsões tão pessimistas como aquela. Tendo em conta o que São Josemaria ensinara tantas vezes, estávamos persuadidos de que o labor da Obra era mais necessário justamente nos locais onde as perspectivas pareciam menos favoráveis.

Todas as tardes eu fazia a meditação na popa do navio e abria a agenda e revia os nomes de tantas pessoas queridas: da minha família, dos meus irmãos na Obra, das pessoas que atendera na direção espiritual, etc. Reparei que, com a boa desculpa de rezar por elas, deixava que o coração se prendesse a uma forte saudade. Numa tarde, subitamente, percebi que aquilo não estava certo, que ainda não tinha a liberdade interior que Deus esperava de mim: estava ancorado a um passado próximo que não me permitia navegar com determinação para o meu futuro trabalho sacerdotal, num novo país que deveria amar e para um apostolado grandioso que pedia, justamente, desprendimento do coração. E, então, naquele mesmo instante, arranquei as folhas da agenda, rasguei-as em mil pedaços e lancei-os ao mar. Vi como a turbulência levantada pelas hélices levava as minhas saudades pesarosas junto com aqueles papeizinhos brancos e pensei que, então sim, acabava de libertar-me. A seguir, fui depressa para a proa dizendo de mim para mim: «Não é a popa, não! É a proa, vou para a proa! É no Brasil que tenho que pensar! Deus saberá dar-me, multiplicado por cem, tudo o que acabo de deixar...». E a partir daquele momento, passei a fazer a oração na proa todas as tardes. Na minha conversa com o Senhor, ia olhando para o horizonte, até que um dia, emocionado, vislumbrei a costa nordeste do Brasil.

Hoje posso dizer, com toda a convicção, que depois de mais de cinquenta anos na Terra de Santa Cruz, Deus me deu muito mais do que deixei: cem por um em amores, sentimentos e afeições; em família, irmãos e irmãs; em alegrias sacerdotais; em frutos apostólicos e, de modo especial, num grande carinho por este abençoado país. Deus trocou a minha nacionalidade não apenas no papel do passaporte, mas também, e principalmente, nas fibras do meu coração: terminei amando o Brasil mais do que o país que me viu nascer. Não apenas por isso, mas por muito mais, sinto que nunca me parecerá suficiente repetir centenas de vezes o que ouvira ao nosso Padre em Roma: vale a pena, sim! Vale mil vezes a pena!

No dia 8 de setembro de 1961, o navio aproximou-se

do Rio de Janeiro. Entramos na Baía de Guanabara quando estava amanhecendo, e foi deslumbrante contemplar o Corcovado e o Pão de Açúcar destacando-se num céu límpido. Eu não podia imaginar então que aquela cidade viria a ser, de certo modo, o centro da minha vida no Brasil.

Quando pisamos terra firme, o chão ainda parecia balançar debaixo dos nossos pés. Queríamos celebrar a Santa Missa o quanto antes, e o Pe. Francisco perguntou, num perfeito português:

– Há aqui por perto uma igreja?

– *Perto, perto...* O que significa *perto*? – perguntei-lhe. Tal era a minha ignorância da língua de Camões.

Indicaram-nos o Mosteiro de São Bento. Ficamos encantados com as grades de ferro forjado da igreja e com o esplêndido conjunto barroco. Não tínhamos a menor notícia daquela joia arquitetônica brasileira. D. Marcos Barbosa, que naquela época era o monge «hospedeiro», recebeu-nos com grande amabilidade e indicou-nos o altar para celebrar a Santa Missa. No começo da celebração, tomei consciência de que era o dia 8 de setembro, festa da Natividade de Nossa Senhora. Naquela primeira Missa em terra brasileira, o Pe. Francisco e eu pedimos pelo trabalho que nos esperava com toda a fé de que fomos capazes. Depois da Santa Missa, D. Marcos Barbosa acompanhou-nos com extrema delicadeza para tomar o café da manhã no refeitório do mosteiro.

Percorremos de táxi o Aterro do Flamengo, subimos até o Pão de Açúcar e depois até o Cristo Redentor, no morro do Corcovado. Depois de absorver as belezas dessa conjunção inigualável de montanhas, florestas, arranha-céus, praias e mar, compreendemos bem por que é chamada «Cidade Maravilhosa». Depois voltamos ao barco e seguimos rumo a Santos.

Lá, esperava por nós Félix Ruiz Alonso, advogado, um dos primeiros numerários a vir ao Brasil, e um tio do Pe. Francisco, empresário especializado em exportação de grãos. O acolhimento foi extremamente carinhoso.

Estávamos apreensivos com os impostos que deveríamos pagar pela nossa bagagem, que era muito considerável, especialmente por causa dos objetos litúrgicos. O tio do Pe. Francisco acompanhava a fiscalização feita pelo funcionário da alfândega, que se mostrava muito rigoroso. Lembro que ia anotando um por um os objetos que lhe pareciam sujeitos a impostos. Ao chegar ao retábulo, de grandes proporções, disse em voz alta:

– Obra artística antiga.

Eu lhe adverti que era uma cópia moderna de pouco valor, mas ele insistiu:

– Não, é uma obra artística antiga.

E dessa forma ia procedendo ao deparar-se com os diferentes caixotes embalados. Assustados, dissemos ao tio do Pe. Francisco que não tínhamos recursos para pagar, mas ele limitou-se a sorrir.

Por fim, o funcionário da alfândega disse-nos:

– Agora chegou a hora dolorosa... Quanto deverão pagar...

– Quanto? – perguntei temeroso.

– Um terço, é isso o que vou cobrar: um terço.

– O que significa «um terço»?

E o Sr. Faus esclareceu, rindo:

– Um rosário, ele quer um rosário.

– E o que mais?

– Só isso.

Num rompante, dei um abraço no funcionário e entreguei-lhe o terço que eu estava usando. Aquele foi o primeiro gesto de bom humor e a primeira manifestação do «jeitinho» brasileiro e da religiosidade singela do povo que tanto viria a amar posteriormente.

Almoçamos em Santos e subimos a Serra do Mar rumo a São Paulo, admirando a extensa floresta que se adentrava no planalto, até que divisamos os arranha-céus de uma cidade que já deveria ter perto de sete milhões de habitantes.

Os primeiros tempos em São Paulo

Naquele mesmo ano de 1961, um pequeno grupo de membros da Obra já residia e trabalhava estavelmente em São Paulo, morando numa simpática casa de tijolos vermelhos na rua Gabriel dos Santos. Além das dependências para os moradores, era um centro de atividades culturais e de formação cristã para universitários, e recebeu o nome de Centro Universitário do Pacaembu. Alojavam-se ali o Pe. Xavier de Ayala, que era o Conselheiro, Emérico da Gama, advogado e editor, Alfredo Canteli, administrador de empresas, o advogado José Maria Córdova, o engenheiro Francisco Baptista, o médico José Luis Alonso, o Pe. Ramón Montalat, que ainda se recuperava de uma delicada operação de úlcera de estômago, e Estêvão Jaulent, o mais jovem, que preparava o ingresso na Faculdade de Economia da USP.

Nós, os recém-chegados, tivemos como primeira tarefa estudar intensamente a língua portuguesa e colaborar nas atividades de formação de uma residência universitária dirigida por mulheres da Obra, na rua Gabriel Monteiro da Silva.

No começo do ano 1962, decidimos desenvolver um amplo trabalho de formação e direção espiritual dirigido a jovens universitários, centrado principalmente em meditações semanais aos sábados, seguidas da bênção com o Santíssimo Sacramento. Ao mesmo tempo, organizamos aulas de doutrina cristã e de formação espiritual para grupos mais reduzidos, visitas a doentes e famílias carentes e, como atividade central, atender à direção espiritual de muitos jovens estudantes.

À primeira meditação que organizamos, não veio ninguém, apesar de muitos convites. Na segunda apareceu um só e, rindo, comentávamos que, graças a Deus, tinha havido um aumento de cem por cento. Com a entrada do Estêvão na USP, começaram a frequentar o centro do Pacaembu bastantes amigos e colegas, e cresceu também o número dos presentes nas meditações.

Pensando em consolidar o trabalho de formação e com fé em que o Senhor nos enviaria vocações e gente generosa que colaborasse, lançamo-nos a procurar mais uma casa. Após muitas visitas e diligências, encontramos uma casa ampla no bairro do Sumaré, e outra ao lado que pertencia ao irmão do dono. Conseguimos comprar as duas casas a um preço muito razoável, cujo pagamento se estendia por meses, em prestações acessíveis.

Comecei a atender espiritualmente alguns alunos do Colégio Arquidiocesano, dos Irmãos Maristas, e lá conheci muitos rapazes que se incorporaram a outros meios de formação e de onde, pela graça de Deus, vieram algumas das primeiras vocações para a Obra. O primeiro retiro para rapazes foi realizado nas instalações de uma fazenda emprestada para a ocasião, chamada *Rio das Pedras*, perto de Bragança Paulista. Assistiram poucos rapazes, mas foram a base para muitos outros que viriam depois.

Os participantes das meditações foram aumentando aos poucos. Dentre os amigos e colegas do Estêvão na USP, destacou-se logo um *nissei*, inteligente, de poucas palavras, bom estudante e sempre sorridente. Começou a direção espiritual e, numa das nossas conversas, trouxe um caderno com anotações das mais variadas espécies: Confúcio, Buda, Allan Kardec, Erich Fromm e alguns pensamentos do Evangelho. Disse-me:

– Esta é a minha filosofia de vida.

E eu respondi:

– Por sinal, parece uma filosofia um tanto confusa.

Ele assentiu, sorrindo. Depois de muitas conversas com o Estêvão e comigo, concordou em estudar o Catecismo. Após alguns meses, pediu para receber o Batismo e a Primeira Comunhão. Fizemos a cerimônia no oratório do centro, com a presença de bastantes colegas da Faculdade de Economia da USP. Quando lhe perguntei com que nome queria ser batizado, respondeu-me com muita segurança:

– José Renato Katushi.

Perguntei-lhe a razão e ele explicou:

– José, por Josemaria, o fundador do Opus Dei, sem o qual eu não teria encontrado a minha fé. Renato, porque o Batismo é como o meu segundo nascimento. E Katushi porque é o meu nome japonês.

Pouco tempo depois, surgiu-me a oportunidade de lecionar Direito Canônico na Faculdade Paulista de Direito, da Pontifícia Universidade Católica de São Paulo. Fui muito bem recebido e tornei-me bom amigo do diretor da Faculdade, o professor Alvim, um bom jurista, e de outros professores. A matéria que me correspondia fazia parte do segundo ano de Direito e a turma era muito numerosa: quase cem alunos.

Lembro-me de que antes da primeira aula estava um pouco nervoso. Todos estavam na expectativa de como seria o novo professor, e eu cogitava como ficaria caso me perguntassem algo que não soubesse responder. Preparei a aula com empenho e dei-a sem olhar anotações. Quando terminei, um aluno, que depois eu soube que era um dos que se destacavam mais, veio felicitar-me:

– Que memória! Não consultou nenhum papel!

Desconfiei um pouco, e perguntei:

– Você entendeu algo?

– Muito pouco – respondeu.

«Péssima aula», pensei comigo.

No dia seguinte, fui mais solto e afastei a minha apreensão pensando: «Se me perguntarem alguma coisa de que não tenho muito conhecimento, responderei na próxima aula». Acabei aquela aula e fiz algumas perguntas:

– Vocês entenderam?

Tudo saiu menos acadêmico, mas mais inteligível. Pouco a pouco, a didática foi encontrando os seus caminhos, e não foi difícil tornar-me amigo de muitos alunos. Bastantes deles começaram a frequentar o Centro Universitário do Pacaembu, e também faziam parte de um bom grupo que, na Faculdade, se reunia semanalmente para abordar temas humanos e espirituais.

Após alguns meses como professor, ocorreu-me criar uma organização que incentivava a pesquisa e a realização de trabalhos jurídicos: o Centro de Pesquisas Universitárias (CEPEU). Essa organização desenvolvia anualmente cursos de orientação para a pesquisa e para elaboração de monografias. Tínhamos os cursos no auditório da Faculdade, e dele participava muita gente, também professores, que vinham ministrar as palestras. D. Agnelo Rossi, à época Grão Chanceler da PUC, estimulou a iniciativa dotando-a de prêmios bastante generosos, denominados «Prêmios Grão Chanceler», e ele mesmo vinha às cerimônias de entrega.

Do Colégio Rio Branco, que estava perto do centro do Pacaembu, começou a vir um bom grupo de rapazes. Esse grupo foi crescendo, e propus-lhes dar alguma palestra no colégio como preparação para a Páscoa, costume bastante generalizado em algumas escolas de São Paulo. Como a diretoria do colégio, promovido pelo Rotary Clube, alegou que era costume da instituição evitar qualquer vestígio de confessionalismo, fizemos esse preparo no centro. Depois da palestra, eu ficava à disposição para os que quisessem conversar e confessar. Faziam-no todos menos um, que se declarava ateu. Os seus colegas, de brincadeira, um dia, empurraram-no para a sala onde me encontrava. Ficou sem jeito e começou a dizer muito nervoso:

– Eu não me confesso, sou ateu, Deus não existe.

Comecei a rir e disse-lhe:

– Acalme-se, você não precisa confessar, não se preocupe... Quer fumar um cigarro?

Começamos a conversar descontraidamente, falando de diversos temas da escola, e de repente perguntei-lhe:

– Você vê algum cavalo nesta sala?

– Não. Por que me faz uma pergunta tão esquisita?

– Você gastaria algo da sua inteligência e do seu tempo para demonstrar que aqui não há um cavalo?

– Não, seria um absurdo.

– Então por que gasta tanta energia para tentar demonstrar que Deus não existe? Se você estivesse bem convencido disso, nem se lembraria de dizê-lo. Não será que insiste em falar disso porque, no fundo, tem sérias dúvidas de que Ele exista?

O rapaz ficou branco, levantou-se de um pulo e saiu da sala em disparada, enquanto dizia:

— Não tente me convencer! Não tente me convencer!

Depois desse acontecimento, começou a dizer que ia acabar com a própria vida, querendo chamar a atenção para si. Como os colegas o conheciam bem, não deram importância à sua declaração e a levaram na brincadeira.

Dois anos depois, encontrei-o na faculdade onde eu era professor. Conversamos longamente, aprofundamos na amizade e ele terminou confessando que o seu ateísmo era uma aparência que encobria a sua revolta: os pais tinham se separado, e ele se sentia abandonado na vida. Aprendi com aquele episódio, que, com frequência, o ateísmo propalado não se deve a motivos racionais, mas a causas de índole emocional.

Por associação de ideias, recordo-me da conversa que tive, não muito mais tarde, com um estudante de Medicina. É tão pitoresca que poderia parecer forjada se não fosse rigorosamente verdadeira. Dizia-me que tinha sérias dúvidas sobre a divindade de Jesus Cristo.

— Mas por quê? — quis saber.

— Porque li num livro de religiões comparadas que Cristo se inspirou na doutrina de Maomé.

— Mas você não sabe que Maomé viveu no século VII depois de Cristo?

Olhou-me por um longo tempo e depois, cheio de vergonha, disse que na realidade estava tentando defender-se, que talvez tivesse confundido Maomé com Buda, que estava afinal numa situação muito difícil... Em suma: não conseguia manter distância de uma mulher desquitada que o perseguia por todo lado. Foi um fenômeno que encontrei depois, repetidas vezes, no meu trabalho sacerdotal: muitas vezes, o motivo considerado «racional» parece mais digno do que o motivo «passional».

O crescimento do trabalho de formação e os novos centros em São Paulo

Outros alunos do Colégio Rio Branco começaram a se destacar pela sua assiduidade, e muitas vezes era difícil encontrar um lugar livre na casa para atender tanta gente. Como sempre acontece, uns convidavam outros por motivos de amizade ou por serem colegas na escola ou na universidade. Enfatizávamos muito o estudo pessoal, organizávamos atividades culturais de alto nível com a presença de pessoas de destaque na vida acadêmica e sessões de debates sobre os mais variados assuntos de interesse cultural.

Todos tínhamos grandes desejos de expandir o trabalho da Obra para outras cidades do Brasil. Recordo-me de que alguma vez, naquelas tertúlias tão agradáveis no fim do dia, quando recordávamos pequenos episódios da conduta daqueles rapazes onde era patente a sua correspondência generosa à graça de Deus, pensávamos na extensão e nas potencialidades do Brasil, e perguntávamos ao Dr. Xavier quando seria possível começar o trabalho no Rio de Janeiro. Sempre respondia que era necessário, antes, ter um bom número de vocações bem formadas em São Paulo, e que estivessem livremente dispostos a começar em outras cidades. A ideia era clara: conseguir um apostolado bem desenvolvido e estável em São Paulo, com os instrumentos adequados para, depois, promover a expansão. Eu pensava com os meus botões que não estaria vivo quando chegasse a hora de começar no Rio de Janeiro.

Em fins dos anos 1960, fui convidado a pregar um retiro para os membros da Congregação Mariana. Realizou-se numa casa de retiros e encontros situada em Barueri, e como resultado nasceu um novo grupo, formado na sua maioria por jovens empregados e operários, muitos dos quais estudavam à noite. Foi outro «front» das atividades de formação e de apostolado.

A insuficiência de espaço da Gabriel dos Santos exigiu a mudança para um centro maior. Em 1967, adquiriu-se uma casa muito bonita e grande, de pedra, na Rua Turiassú, no bairro de Perdizes, que, ampliada com obras importantes, veio a ser a nova sede do Centro Universitário do Pacaembu.

Em 1968, o trabalho tinha crescido tanto que se decidiu abrir um novo centro. Encontrou-se uma casa adequada no bairro de Vila Mariana, que foi chamada de *Centro Universitário da Vila Mariana*. Para esse centro foi, como diretor, o engenheiro eletricista Gaspar Vaz Pinto, que tinha chegado de Portugal alguns anos antes, e o Pe. Manuel Correa[3] como capelão.

A divisão em dois centros não diminuiu, mas aumentou o trabalho de apostolado. Lembro sempre daquelas meditações aos sábados no centro da rua Gabriel dos Santos, com o oratório, a sala anexa e o vestíbulo cheios. Como não cabiam no vestíbulo, alguns participantes sentavam-se na escada.

Aquela etapa da nossa expansão foi realmente significativa. Entre o centro da Vila Mariana e o centro do Pacaembu, o número de participantes triplicou e, graças a Deus, vieram muitas vocações.

Paralelamente, crescia também consideravelmente o número de participantes nos meios de formação para profissionais e pais de família, e era necessário multiplicar-se

---

[3] Manuel Correa Orellana (1929-2012) estudou Medicina, ordenou-se sacerdote em 1960 e veio ao Brasil em 1962. Desde 1976 até a sua morte, desenvolveu um intenso trabalho sacerdotal em Curitiba e em várias cidades do Paraná.

e aproveitar muito bem o tempo para chegar a tudo. Em alguns anos, contávamos já com um bom número de supernumerários e de cooperadores que, procurando santificar o seu trabalho profissional e os seus deveres familiares, davam um excelente testemunho cristão nos mais variados ambientes e ajudavam generosamente para conseguir os instrumentos apostólicos necessários.

Um marco importante no desenvolvimento da Obra foi a abertura do Centro de Estudos. Além dos centros mencionados anteriormente, estávamos envolvidos na consecução dos meios econômicos para construir um prédio grande no Sumaré, com instalações para quarenta residentes, ao lado da casa que, a partir de 1967, alojava os Diretores da Obra no Brasil e era também um centro para a formação de profissionais.

O Centro de Estudos, terminado após muitos esforços e diligências, recebeu a primeira turma em 1972. Nele, os membros numerários da Obra receberiam, durante um período mínimo de dois anos, uma intensa formação espiritual, filosófica e teológica, compatível com os seus estudos e o seu trabalho. O começo do Centro de Estudos trouxe como consequência o esvaziamento parcial dos centros do Pacaembu e da Vila Mariana, mas ao mesmo tempo foi uma etapa importantíssima para preparar a iminente expansão da Obra para outras cidades do Brasil. Como já lembrei, o Dr. Xavier dizia-nos que ao Rio de Janeiro e a outras cidades iríamos quando já houvesse um bom número de numerários em São Paulo. Parecia que já havia essas condições e estávamos ansiosos para dar o «salto». Contudo, um fato, o mais importante de todos, contribuiu decisivamente para esse «salto».

Capítulo XI
São Josemaria no Brasil

Os primeiros momentos

Corria o ano de 1974. Os centros do Pacaembu e da Vila Mariana, um novo centro para estudantes em Pinheiros, o Centro de Estudos, o Sítio da Aroeira e o CETEC[1], para a formação de empregados e operários, estavam em pleno funcionamento, além de vários centros promovidos pelas mulheres da Obra, entre outros o Centro Universitário Jacamar, o CEP (Centro de Estudos Pedagógicos) e o Centro Social Morro Velho, que organiza cursos de capacitação para mulheres de poucos recursos num bairro periférico. No mês de abril daquele ano, recebemos a notícia de que São Josemaria chegaria a São Paulo no dia 22 de maio. A alegria foi imensa, entre outros muitos motivos porque era, sem dúvida, uma confirmação dos nossos esforços para levar adiante as atividades de apostolado e uma garantia de crescimento. Imediatamente, todos pensamos na força das suas palavras, no vigor da sua fé e do seu amor

---

1 Centro Técnico e Cultural, que deu origem ao atual CEAP (Centro Educacional Assistencial Profissionalizante), uma escola técnica gratuita no bairro de Pedreira, na zona sul de São Paulo. Conta também com um centro cultural anexo. (N. do E.)

a Deus, e imaginamos o que isso significaria para que muita gente compreendesse melhor a mensagem do Opus Dei: a procura da santidade e o apostolado no meio do mundo, para servir a Igreja, colocando Cristo no cume de todas as atividades humanas.

No aeroporto do Galeão, no Rio de Janeiro, procedente de Madri, foi recebido com imenso carinho pelo Dr. Xavier e por outros membros da Obra. As quase primeiras palavras de São Josemaria foram estas:

– Necessito de toda a fé humana para acreditar que estou no Brasil.

Penso que nós que estávamos já havia muitos anos no Brasil poderíamos perfeitamente modificar os termos e dizer: «Parece-nos inacreditável que o Padre esteja no Brasil».

São Josemaria, D. Álvaro, o Pe. Javier Echevarría[2] e os outros acompanhantes subiram ao pequeno avião Bandeirantes que os levaria do Rio a São Paulo. Logo após a decolagem, já de noite, o Dr. Xavier mostrou a São Josemaria o santuário de Nossa Senhora da Penha, Padroeira do Rio. Profusamente iluminado sobre uma imensa rocha, suscitou a primeira oração que proferiu em voz alta nas terras do Brasil:

– *Recordáre, Virgo Mater Dei, dum stéteris in conspéctu Dómini, ut loquáris pro nobis bona* – «Lembra, Virgem Mãe de Deus, de falar coisas boas de nós quando estiveres na presença do Senhor».

---

2 Nascido em 1932, pediu a admissão no Opus Dei em 1948. Foi ordenado sacerdote em 1955, e continuou trabalhando com São Josemaria como secretário. Em páginas anteriores, narra-se que o Autor colaborou com ele em Roma na Secretaria de São Josemaria. Em abril de 1994, D. Javier foi eleito Prelado do Opus Dei. São João Paulo II sagrou-o Bispo em janeiro de 1995. Faleceu a 12 de dezembro de 2016. (N. do E.)

Mal podia imaginar que, anos depois, aquele penhasco e aquelas palavras teriam uma significação muito especial para mim, como narrarei mais adiante.

O nosso Padre chegou a São Paulo no fim da tarde do dia 22 de maio e se alojou na casa do Sumaré, vizinha ao Centro de Estudos. No dia seguinte, saí do centro do Pacembu, onde morava, e fui rapidamente à casa do Sumaré. Subi a toda a velocidade as escadas e, no vestíbulo do segundo andar, encontrei o nosso Padre. Abraçou-me com imenso carinho e, de repente, começou a cantar-me aquela música que já me cantava em Roma:

– *Timida è la bocca tua...*

Aquilo pôs em movimento todas as comoventes recordações que me acompanharam desde a minha despedida em Roma até aquele momento: quinze anos em que levei à minha meditação o exemplo heroico do nosso Padre, as suas atitudes, as suas palavras, o seu imenso carinho de pai, o seu bom humor... Não consegui aguentar... Como já contei, comecei a chorar de uma maneira descontrolada e copiosa. Todo o mundo ficou surpreso, mas eu não conseguia estancar aquela catarata de lágrimas e de soluços.

– Senta-te aqui – disse-me ele.

Acomodei-me discretamente no primeiro lugar que encontrei.

– Não, aqui, ao meu lado.

Perguntou-me pelos meus pais, e logo acrescentou:

– Não sintas vergonha de chorar, meu filho... Os homens choram, os animais não... Estamos em casa e nos amamos muito, e temos liberdade para manifestar o que sentimos. Senta-te aqui ao meu lado.

Pegou a minha mão e apertou-a com carinho, suavemente.

– Quando passarem os anos, poderás dizer aos que vierem depois: «Aqui, neste lugar, o Padre enchia-me de carícias e dizia-me isto e aquilo».

Passei praticamente a manhã inteira chorando: tantas eram as recordações, a sua voz carinhosa e o seu olhar entranhável, ao lado das saudades, às vezes dolorosas, que a sua ausência me provocava.

Não poderia fazer aqui nem a mais sumária síntese de tudo o que disse e fez o nosso Padre durante a sua estadia em São Paulo[3]. Relatarei somente alguns episódios que desenham com traços fortes a sua presença entre nós, especialmente os que me atingiram mais profundamente.

No Brasil e a partir do Brasil

Alguém lhe pediu que escrevesse alguma coisa na primeira página do «Diário da primeira estadia do Padre no Brasil». Escreveu simplesmente: *Ut eatis!*, as palavras de Jesus aos Apóstolos, recolhidas por São João, que são uma garantia de fecundidade apostólica: «Para que vades!». Depois, num tom de imensa fé, o Padre acrescentou:

– Precisam de vós no Japão, na África... Por isso vos escrevi *ut eatis!*

Ut eatis!: esse forte chamado apostólico veio a tornar-se, ao longo da sua estadia, como o estribilho repetido de uma canção: «No Brasil e a partir do Brasil».

– No Brasil! A primeira coisa que vi foi uma mãe grande, formosa, fecunda, tenra, que abre os braços a todos sem

---

[3] Para um relato da estadia de São Josemaria no Brasil, cf. Francisco Faus, *São Josemaria Escrivá no Brasil*, 2ª ed., Quadrante, São Paulo, 2017.

distinção de línguas, de raças, de nações, e a todos chama filhos. Grande coisa é o Brasil... Aqui cabe todo o mundo... Eu não podia imaginá-lo assim... Neste país – dizia com um entusiasmo indescritível – naturalmente abris os braços a todo o mundo e o recebeis com carinho. Quereria que isso se convertesse em um movimento sobrenatural, em um empenho grande de dar a conhecer a Deus a todas as almas; de unir-vos, de fazer o bem não só neste país, mas a partir deste país, a todo o mundo. Podeis! E deveis! [...] Entendo que o povo brasileiro é e será um grande povo missionário [...].

«No Brasil há muito que fazer, porque há gente necessitada do mais elementar, não só em instrução religiosa – há tantos sem batizar! –, mas também de elementos de culturas correntes. Temos que os promover de tal maneira que não haja ninguém sem trabalho, que não haja um ancião que se preocupe por estar mal assistido, que não haja nenhum doente que se encontre abandonado, que não haja ninguém com fome e sede de justiça, e que não saiba o valor do sofrimento [...].

«Meus filhos, espero em primeiro lugar muitas vocações. Depois, muitas vocações de qualidade espiritual, quer dizer, humildes porque sejam muito santos; mas que, além disso, tenham muito valor e não se apercebam de que o têm.

«E depois, a partir do Brasil, desta plataforma maravilhosa do Brasil...».

Referiu-se ao Japão com imenso afeto. As suas palavras estavam repletas de fé e de esperança em Deus, e atualmente é uma imensa satisfação constatar que boa parte desses sonhos já é uma realidade gozosa, pois vários membros da Obra *nisseis*, homens e mulheres, moram e trabalham no Japão.

Falou também da África: era preciso «reparar o crime da escravidão». E nessa reparação, «o Brasil pode muito.

Irão muitos para lá, bem preparados para levar Cristo a essas terras». E, mais uma vez, também devemos dar graças a Deus porque alguns brasileiros e brasileiras foram a várias nações da África para estender a mensagem do Opus Dei.

«A partir do Brasil...». Só depois de São Josemaria ter estado em São Paulo e ampliado fantasticamente os nossos horizontes apostólicos começamos a sonhar com o que hoje já constatamos: membros da Obra, mulheres e homens, em vários países da África, no Japão, na Índia, em Porto Rico, na Suécia, na Polónia, na República Checa, na Roménia, na Inglaterra, nos Estados Unidos...

A bênção patriarcal

Era frequente, nas tertúlias com tanto sabor familiar e cheias de bom humor, pedir a bênção a São Josemaria quando estava na hora de terminar. Uma daquelas bênçãos impressionou-nos profundamente, pelo seu tom inesperado: foi no dia 25 de maio, na sala de estar da casa do Sumaré. Alguém pediu que nos abençoasse, e disse:

– Ajoelhai-vos.

E, devagar, como que deixando deslizar cada frase, disse:

– *Que vos multipliqueis: como as areias das vossas praias, como as árvores dos vossos bosques, como as flores dos vossos campos, como os grãos aromáticos do vosso café. Em nome do Pai, e do Filho, e do Espírito Santo.*

Quando o nosso Padre se retirou, Alfredo e eu, comovidos por aquela bênção que era um pequeno poema repleto de fé e de segurança em Deus, sentamo-nos imediatamente para copiar com toda exatidão o que acabávamos de ouvir. Cada verso daquela bênção, pronunciada de improviso por um homem tão unido a Deus e tão paternalmente próximo, fazia-nos contemplar um panorama maravilhoso de expansão apostólica.

Imediatamente decidiu-se gravar aquela inesquecível bênção numa placa de prata, e eu recebi a tarefa de providenciá-la. Ajudado por outros, desenhamos uma bandeja de estilo simples e gravamos as palavras da bênção, que o Dr. Xavier entregou ao nosso Padre na véspera da sua partida, no dia 6 de junho, dentro de um estojo de veludo muito bonito preparado pelas mulheres da Obra.

– Padre, esta é a bênção que nos deu o outro dia...

– Escuta, sois esplêndidos no vosso modo de proceder...

– Padre, é para que tenham em Roma uma recordação destes dias...

– Com muito gosto! Muito bem!

Bastante emocionado contemplando a bandeja, o nosso Padre disse a José Carlos de Souza Lima, que é economista:

– José Carlos, achas bem, meu filho? Não é um gasto um pouco à toa?

– Não, Padre! – respondeu José Carlos.

– Deus vos abençoe!

E Gaspar, que estava ao lado, acrescentou espertamente:

– Dividido por todos os grãos de café...

Naquele mesmo dia, D. Álvaro comentou que o nosso Padre tinha dado uma bênção como a dos Patriarcas do Antigo Testamento, e todos achamos um belo nome: uma bênção patriarcal.

As tertúlias

A atividade de São Josemaria em São Paulo foi intensíssima. Mal chegou e disse-nos brincando que iria embora se não lhe déssemos trabalho, e imediatamente começamos a traçar planos de tertúlias com todo tipo de pessoas, encontros com famílias, visitas aos diferentes centros, etc. A sua vitalidade e energia eram simplesmente impressionantes, especialmente tendo em conta o seu precário estado de saúde. Procurávamos que descansasse nas tertúlias à noite, sobretudo nos dias mais cheios de tertúlias e de visitas, mas era ele quem, na maioria das vezes, sustentava as conversas, perguntava a uns e outros, interessava-se pelo nosso trabalho e pelas nossas famílias, preocupava-se com algum doente, etc.

Houve várias tertúlias para gente jovem no Centro de Estudos, no Pacaembu e no Sítio da Aroeira, e outras em locais muito grandes, como o Centro de Convenções do Anhembi e no Palácio Mauá, para milhares de pessoas de todas as idades e condições. Além disso, São Josemaria recebeu muitas famílias de membros da Obra e de cooperadores, celebrou a Santa Missa no Centro de Estudos, consagrou os altares de diversos centros e conversou a sós com muitas outras pessoas.

É difícil traçar um esboço, mesmo simples, do que aquelas tertúlias significaram para tantíssima gente que o escutou falar de Deus Pai, da Humanidade Santíssima de Jesus, de Nossa Senhora, do Espírito Santo, da santificação do trabalho, da luta para sermos bons cristãos, de São José, da alegria da confissão, do amor dos esposos, do ideal de santidade, da fidelidade e do amor ao Papa, da educação dos filhos, etc. Aqueles ensinamentos fluíam da sua boca com total espontaneidade e de forma direta, ao compasso das perguntas que lhe faziam os assistentes ou aproveitando episódios da vida diária aparentemente banais, sem qualquer preparo prévio e sem saber de antemão o que lhe iriam perguntar. Revelavam a intensidade da sua união com Deus e um profundíssimo conhecimento da alma humana, aliados a uma riqueza e variedade de expressões que qualquer pessoa podia entender e assimilar. Penso que vale a pena insistir em destacar aquele clima familiar, íntimo, aconchegante, totalmente alheio a formalismos e protocolos, mesmo diante de quatro mil pessoas.

A seguir, relato alguns episódios que guardei nas minhas anotações pessoais.

Sobre a devoção a São José, disse-nos:

– Não podemos separar São José de Jesus. Eu fico comovido, porque na minha idade, aos 72 anos, posso dizer que o descobri neste mês de maio... Eu quero ir a Jesus com Maria, por José. Quando rezo e contemplo os mistérios do Rosário, coloco neles São José sem dar-me conta... E nos mistérios dolorosos, quando São José está ausente na morte de Jesus? Então faço eu as suas vezes, e pronto.

Reparei, entre outras muitas coisas, um divertido trocadilho que ele fez: *El trópico es un tópico* – «O trópico é um chavão», uma desculpa para a preguiça.

– O trópico... Boa desculpa! Não, senhor! A graça de Deus é proporcional ao trópico: é exuberante. Não sejais frouxos [...]. É preciso vencer o trópico.

Chamou-me a atenção também que, ao falar-nos da sinceridade, assinalou:

– Tem que ser como a língua brasileira. Eu gosto da língua brasileira porque é uma língua muito clara. Pronunciais abertamente o «a», «e», «i», «o», «u»... E quero que na vossa alma sejais também assim: com Deus Nosso Senhor, claros! Convosco mesmos, claros! No trato com a Obra, claros! Não oculteis nada, não vos dê vergonha de nada. A vergonha, só para pecar; depois, não a tenhais para pedir perdão a Deus. Ânimo! Como o filho pródigo!

Na grande sala abarrotada do Palácio Mauá, no dia 2 de junho, Solenidade de Pentecostes, falou muito do Espírito Santo, de que no Brasil tinha que operar-se um «novo Pentecostes», uma grande expansão apostólica, e, a seguir, respondendo às perguntas dos assistentes, falou da vocação cristã, dos sacramentos, da nobre rebeldia dos jovens perante a onda de materialismo hedonista, da necessidade de uma boa formação doutrinal para ter convicções seguras...

As pessoas acompanhavam as respostas de São Josemaria cheias de sentido sobrenatural e contagiosa simpatia, com extrema atenção, algumas verdadeiramente emocionadas. Lembro-me de um comentário de alguém sentado perto de mim, que disse de si para si, com um murmúrio que mal se ouvia:

– Parece Nosso Senhor...

Aquele comentário emocionou-me porque, muitas vezes, eu tinha pensado exatamente o mesmo.

Quando faltavam poucos dias para a partida do nosso Padre, um outro episódio comoveu-me profundamente. Era mais uma tertúlia familiar, na grande sala de estar do Centro de Estudos, completamente repleta de membros da Obra. Muitos estávamos sentados no chão, por falta de espaço para mais cadeiras. Mal começou, olhando-nos com extremo carinho, e talvez surpreso ao ver tanta gente, perguntou ao Dr. Xavier:

– Todos estes são da Obra?

– Sim, Padre – respondeu o Dr. Xavier.

E dirigindo-se a mim, disse-me:

– Rafa, não é verdade que vale a pena?

Aquela pergunta trouxe-me em avalanche as recordações do tempo passado em Roma. De quando eu estava para partir e disse ao Padre que não queria ir embora. E repito aqui o que ele me disse então: «Meu filho, irás por esses mundos de Deus e verás como valerá a pena».

Valeria a pena o sacrifício de trabalhar fisicamente longe do Padre, apesar de que acabava de lembrar-me de que «não nos separamos nunca, estamos sempre unidos».

Pois bem, quando me perguntou assim diretamente, olhando-me de forma incisiva, pareceu-me que estava lembrando aquela saudosa despedida de Roma no ano de 1959, e despertou em mim imagens dos anos que eu tinha de Brasil, desde 1961, de tantas e tantas tentativas aparentemente infrutíferas de expandir o apostolado e as atividades de formação, do sem-número de horas empregadas em conversas de direção espiritual, de pregações e palestras em recolhimentos, de retiros e encontros que pareciam não ter dado em nada... e, ao mesmo tempo, podia contemplar com os próprios olhos o crescimento das iniciativas de formação nos diversos centros, as vocações que o Senhor enviava para a Obra, a generosidade agradecida dos cooperadores e a experiência de tanta gente que se aproximava de Deus graças ao calor do espírito do Opus Dei, para servir à Igreja. Tudo isso passou pela minha mente como um relâmpago e respondi:

– Valeu a pena. Mil vezes valeu a pena!

E nosso Padre acrescentou:

– Vale a pena, meus filhos! Vale a pena! Pode ser que, alguma vez, o demônio sussurre que não vale a pena. Mas vale a pena, sim! Vale a pena entregar ao Senhor todas as coisas da terra... Vale a pena! Vale a pena!

No dia da partida, 7 de junho, estava chovendo. Parecia-nos que o clima correspondia perfeitamente ao que sentíamos por dentro. Lá pelas oito e meia da manhã, São Josemaria saía de casa sob um guarda-chuva, e encontrou no pátio um grande grupo de filhos seus que aguardava em silêncio. Ninguém tinha vontade de dizer uma palavra sequer, mas de repente alguém começou a cantar uma música, composta por Jesús Urteaga muitos anos antes, e que todos conhecíamos muito bem. A melodia é simples, mas a emoção do momento fez com que a letra engasgasse aos tropeços na boca de todos:

Fieles, vale la pena!
Seguir al sembrador,
Por su claro sendero, entre los campos,
Sembrando amor. [...]
La tierra es muy pequeña,
Si es grande el corazón.
Fieles vale a pena,
Brillará bajo el sol
El trigo que guardaba
La mano herida
Del sembrador... [4]

Percebi que muitos ao meu lado estavam igualmente comovidos, porque, quando o Padre chegou até a porta do carro que o levaria ao aeroporto, as vozes já não eram compactas: a maioria tinha capitulado na metade da estrofe.

La vida es un poema,
Camino cierto

---

4 «Fiéis, vale a pena / seguir o semeador / pelo seu claro caminho / entre os campos / semeando amor. / A terra é muito pequena / se for grande o coração. / Fiéis, vale a pena / brilhará sob o sol / o trigo que semeava / a mão ferida / do semeador. / A vida é um poema / caminho certo / a luz mais pura / conduz os caminhos / rumo à altura / vale a pena...».

La luz más pura;
Conduce las veredas
Hacia la altura
Vale la pena!

Quando entrou no carro, já não se ouvia música nenhuma, afogada nos soluços. O Padre sentou-se no carro e juntou as mãos, profundamente recolhido. E depois de uns instantes em silêncio, começou a cantar:

– *Fieles, vale la pena...*

E vimos o carro sair devagar, rumo ao aeroporto.

Capítulo XII

A CHEGADA AO RIO DE JANEIRO E O FALECIMENTO DE SÃO JOSEMARIA

Primeiros tempos no Rio

Poucos meses após a partida do nosso Padre, o Dr. Xavier perguntou-me, sem aviso prévio, se eu estava disposto a ir ao Rio de Janeiro. Respondi-lhe imediatamente, e com grande alegria, que sim: começava a ansiada expansão dentro do Brasil.

Chegamos ao Rio de Janeiro cinco pessoas e nos instalamos num pequeno sobrado alugado, muito simpático, na rua Cesário Alvim, n. 28, no bairro de Humaitá. No dia seguinte, 28 de março de 1975, Sexta-feira Santa e Jubileu de Ouro Sacerdotal do nosso Padre, inauguramos o centro.

Na primeira tertúlia, um de nós, meio de piada e meio a sério, disse:

– Somos cinco. A cidade do Rio de Janeiro tem hoje cinco milhões de habitantes: um milhão para cada um.

E com uma tarefa tão imponente como a que representava – «um milhão para cada um» –, começamos a trabalhar a pleno vapor. Como era de prever, não foi fácil, ainda que tivéssemos alguns conhecidos que já frequentaram as atividades de formação em São Paulo e amigos que passaram a morar e trabalhar no Rio.

Com esses contatos e o trabalho de todos, aos poucos começaram a vir alguns rapazes que estavam se preparando para entrar na universidade, principalmente em Engenharia, e lotavam a exígua sala de estudo. Para as meditações semanais, o oratório era demasiado pequeno, e decidimos tê-las na sala de estar, separada da sala de jantar por uma porta sanfonada. A casa era tão reduzida que o dormitório do sacerdote, o escritório, a salinha para atender os rapazes e o armário com os paramentos para celebrar a Santa Missa estavam no mesmo cômodo. Não nos preocupava nada a situação de aperto físico e de poucos meios econômicos: sempre se tinha começado assim em muitas outras cidades e países, e sentíamo-nos contentes por continuar uma «tradição» iniciada por São Josemaria e muitos outros membros da Obra em tantos lugares.

A ida ao céu de São Josemaria e a extensão da devoção popular

No dia 26 de junho de 1975, a notícia do falecimento do nosso Padre, absolutamente inesperada, foi um tremendo abalo. Não conseguíamos acreditar. Quando me comunicaram a notícia por terceiros – através da casa vizinha, pois ainda não tínhamos telefone –, pensei que tinha entendido mal, tão impossível me parecia. Ficamos todos calados, certos de que não adiantava nada falar qualquer coisa, e rezamos com toda a intensidade de que fomos capazes. Foi o único dia da minha vida que me senti sozinho, desamparado, órfão. Não dormi naquela noite e demorou um bom tempo até que todos conseguíssemos recuperar-nos um pouco.

Esse período foi muito difícil para todos. Não me passava pela cabeça que o nosso Padre nos deixasse tão cedo e de forma tão inesperada; eu pensava, com todo o meu carinho filial, mas sem qualquer base objetiva, que o nosso Padre ultrapassaria os 80 anos, mas Deus dispôs as coisas de maneira diferente.

Foi um grande consolo comprovar a atitude firme e cheia de serenidade de D. Álvaro, que, como secretário-geral, ficou à frente da Obra após o falecimento do nosso Padre. Era evidente que ele sofria mais do que todos nós, por ter passado quase quarenta anos, dia a dia, ao lado de São Josemaria, mas a sua fortaleza e os seus desvelos encheram-nos de segurança e tornaram realidade tangível o que o nosso fundador nos dissera muitos anos antes, que quando ele morresse não haveria na Obra nenhum terremoto. Ele tinha certeza disso. E assim foi.

Com grande dor, e oferecendo ao Senhor a pena de termos perdido na terra um Padre – *um pai* – tão santo e tão amável, todos tentamos cumprir os nossos deveres da melhor forma possível, certos de que era exatamente isso o que ele nos pediria. Assim passaram-se os meses de julho e de agosto daquele ano.

No dia 15 de setembro, ao termo do Congresso Geral Eletivo convocado para escolher o primeiro sucessor de São Josemaria, soubemos que D. Álvaro tinha sido eleito por unanimidade. Diante daquela situação irrepetível na história do Opus Dei – a eleição do primeiro sucessor do fundador –, e sabendo-nos representados pelos membros da Obra que eram eleitores, teria sido muito compreensível a ideia de trocar alguma impressão entre nós a respeito do resultado do Congresso. Mas não houve nada disso: estávamos tão certos de que D. Álvaro era o mais adequado para dar continuidade ao espírito do nosso Fundador, que ninguém sentiu a necessidade de fazer a menor alusão antes do Congresso. A oração de toda a Obra, homens e mulheres, e de tantos cooperadores e amigos, fortalecida pela intercessão do nosso Padre já no céu, trouxe-nos esse consolo e essa segurança para dar continuidade à mensagem que o fundador recebeu do Senhor.

Em 1984, D. Álvaro iniciou um costume que nos pareceu maravilhoso: uma longa carta mensal, em tom familiar, na qual, sobretudo nos primeiros anos, falava-nos muito do nosso Padre. Essas cartas representaram uma ponte segura que salvava o vazio que em alguns de nós se abriu depois da partida do nosso Padre, principalmente naqueles que tivemos a imensa graça de conviver algum tempo com ele. Porque houve, sim, um enorme vazio, e depois uma imensa saudade, como em todas as famílias bem unidas.

Ao mesmo tempo, a convicção de que tínhamos da santidade do nosso Padre, da riqueza da sua doutrina e dos seus ensinamentos ao serviço da Igreja, fez com que procurássemos estender a sua devoção. O que já era fama de santidade e exemplo para tantos milhares de pessoas de todo o mundo e de todos os ambientes transformou-se, em pouquíssimo tempo, num autêntico fenômeno de devoção popular, como testemunha a imensa quantidade de cartas postulatórias dirigidas ao Santo Padre pedindo a abertura do processo de beatificação e canonização. Não se tratava só de cartas de pessoas de relevo na vida civil ou eclesiástica, mas também de muitíssimas pessoas comuns e mesmo de famílias inteiras.

Apenas como uma amostra dessa multidão de pedidos, apresento a carta enviada pela minha família, que exprime também os sentimentos de muitas outras:

Beatíssimo Padre,

Com afeto filial se dirige à Vossa Santidade esta família, que quer manifestar-lhe, em confiança, um desejo profundo. Faz poucos meses, recebemos a dolorosa notícia de que o Senhor nos tinha levado uma pessoa muito querida por todos nós, e cuja vida de sacerdote santo deixou em nossas vidas uma marca indelével: Monsenhor Josemaria Escrivá de Balaguer, Fundador do Opus Dei. O pedido que agora levamos à Vossa Santidade é que se comece o quanto antes o seu processo de beatificação e canonização. Estamos certos de que esta súplica, que formulamos na presença de Deus e do modo mais sincero, encontrará uma acolhida paternal, porque a proposta solene da imitação de todos os cristãos das virtudes heroicas desse sacerdote bom e fiel redundará num grande bem para a Igreja e para os fiéis do mundo inteiro a quem Monsenhor Escrivá de Balaguer – como fiel instrumento nas mãos de Deus – abriu novos caminhos divinos na terra.

Escrevemos à Vossa Santidade todos os membros da família que, por sua idade, podem fazê-lo: pais, filhos e netos. E o fazemos também em nome dos mais pequenos – Jacobo, Ignácio, Carlos, Pablo e Isabel –, que, embora ainda não saibam, têm e terão muitos motivos de agradecimento ao Padre, como geralmente chamamos a Mons. Escrivá de Balaguer. Também assina conosco Azucena, a Tata, que há muitos anos cuida de todos nós e é considerada membro da família. As idades destas três gerações vão dos 80 anos até os seis meses. Rafael, que é sacerdote do Opus Dei, vive no Brasil; Carlos, no México; os restantes, em diversas cidades espanholas. Trabalhamos em profissões e ofícios muito distintos. Formamos uma família intimamente unida, um «lar luminoso e alegre», como o Padre costumava dizer.

E esta família, Santíssimo Padre, pode dar o mesmo testemunho que milhares de famílias no mundo todo: que o exemplo e a doutrina de Mons. Escrivá de Balaguer constituem uma clara orientação e um contínuo alento para encaminhar cristãmente a nossa vida e ter entre nós um carinho e uma compreensão que superam todas as diferenças de idade, de caráter e de modo de pensar. No espírito do Opus Dei, temos encontrado um caminho acessível e exigente, adaptado às nossas circunstâncias de cristãos correntes. Em concreto, tivemos muito presente que Mons. Escrivá de Balaguer sabia chamar ao mandamento de amor aos pais o «dulcíssimo preceito» do Decálogo.

A maioria de nós conheceu pessoalmente o Padre, e alguns tivemos a oportunidade – que agradecemos a Deus, como um presente muito especial – de conviver com ele por vários anos no Colégio Romano da Santa Cruz. Testemunhamos o exercício heroico das virtudes cristãs, dentre as quais destacaríamos a sua delicada caridade, o seu otimismo de raiz sobrenatural e o seu bom humor constante, baseado em um profundo senso da filiação divina. Guardamos como uma preciosa tradição de família a memória detalhada de sua afeição por todos nós e especialmente para os nossos pais – avôs da «terceira geração» – por quem sempre demonstrou grande carinho.

O encontro com o Padre e com a Obra tem sido de grande importância na vida de cada um de nós, e na pequena história desta família cristã. Muitos de nós recebemos a graça da vocação para o Opus Dei e todos nós nos consideramos de uma forma ou de outra dentro desta grande família de ligações sobrenaturais, a Obra de

Deus, que em sua infinita misericórdia o Senhor quis estender pelos cinco continentes, entre milhares de pessoas, sem distinção de raça, ideologias ou condição social. Consideramos que é um claro sinal do espírito sobrenatural da Obra o fato de que pessoas tão diferentes percorram este caminho de santidade. Nossa família é um exemplo entre muitos.

Estes são, Santíssimo Padre, os sentimentos que queríamos transmitir com esta carta, e nos quais se baseia o nosso filial e confiante pedido para que se inicie o processo de beatificação e canonização de Monsenhor Josemaria Escrivá de Balaguer, para maior glória de Deus e edificação do povo cristão.

Prostrados aos pés de Vossa Santidade, por cuja pessoa e intenções oramos regularmente, viemos pedir a Bênção Apostólica para esta família.

Em Madri, Cidade do México, Rio de Janeiro, Barcelona, Bilbao e Valência, a 17 de outubro de 1975.

Antonio Llano Pando	Antonio Llano Sánchez
Estela Cifuentes de Llano	Carmen Pedrosa de Llano
Ignácio Llano Cifuentes	Estela Llano Sánchez
Alejandro Llano Cifuentes	Álvaro Llano
Maria Isabel V. de Llano	Rafael Llano
Maria Elena Llano Cifuentes	Estela Llano Cifuentes
José Antonio Llano Cifuentes	Cristina Llano Cifuentes
Mónica Llano Cifuentes	Carlos Llano Cifuentes
Azucena Olivar Sánchez	Rafael Llano Cifuentes

Algum tempo depois, por impulso de D. Álvaro, os sacerdotes da Obra residentes no Brasil decidimos solicitar cartas postulatórias aos bispos que aceitassem escrevê-las. Com essa finalidade, organizamo-nos para percorrer as dioceses do país ao longo dos últimos meses de 1975 e os primeiros de 1976, de tal forma que afetassem o mínimo possível os nossos trabalhos pastorais. Corresponderam-me dioceses do Estado do Rio de Janeiro, de Minas Gerais, do Espírito Santo e da Bahia. Foram muitos quilômetros percorridos de carro e de avião, com uns bons percalços devido ao estado das estradas do interior. Para se ter uma ideia do que significaram essas visitas, resumo as impressões de algumas delas. Hoje, passados os anos desde a canonização de São Josemaria em 2002, penso que ganharam um colorido especial.

A visita a D. João Resende, Arcebispo de Belo Horizonte, foi um tanto singular, porque não tínhamos ainda um centro em Belo Horizonte e o Arcebispo tinha poucas informações sobre o trabalho da Obra e sobre São Josemaria. Como era de se imaginar, disse-me que não conhecia Mons. Escrivá e, por isso, era-lhe difícil fazer um depoimento positivo. Falei-lhe da sua vida de santidade e do meu convívio pessoal com ele. Sendo salesiano, referi-me à devoção que o Fundador da Obra tinha por D. Bosco e como admirava a sua alegria e o seu espírito apostólico, especialmente para com os meninos de rua. Interessou-se muito e redigiu uma carta muito expressiva.

D. Serafim Fernandes de Araújo, à época Bispo Auxiliar de Belo Horizonte, depois Arcebispo e Cardeal, dispôs-se imediatamente a elaborar a carta.

Um encontro também singular foi com D. José Alves Trindade, Bispo de Montes Claros. Surpreendeu-me a delicadeza de que fosse esperar-me no aeroporto junto com o seu vigário geral, e almoçamos juntos. Quando lhe expliquei o motivo da minha viagem, ficou visivelmente decepcionado: esperava que eu solicitasse a vênia para o início do Opus Dei na Diocese de Montes Claros. Conversamos mais e acrescentou que imediatamente prepararia a carta postulatória. Foi extremamente amável comigo e afirmou que tinha grande admiração por Monsenhor Escrivá e pelo trabalho do Opus Dei. Olhando para a fotografia da estampa do nosso Padre, disse-me:

– Há santos que são santos, mas não têm «cara» de santo. Monsenhor Escrivá é santo e tem «cara» de santo.

Passei um dia muito agradável com ele, e insistiu-me para que ficasse a semana inteira em Montes Claros. Não era possível, porque no meu plano de viagem previa ir logo até Januária para pedir a carta ao Bispo, D. João Batista Przyklenk.

Tentei comunicar-me com ele, mas naquela altura Januária não tinha comunicação telefônica com o resto do Brasil, e ainda por cima informaram-me que o aparelho de telégrafo estava quebrado. Esclareci que devia fazer um contato urgente com o Bispo de Januária e, diante de um tal apelo, o aparelho foi consertado em pouco tempo. Consegui um encontro com D. João Batista no dia seguinte, às 10h da manhã. Fui de Montes Claros a Belo Horizonte, e ali aluguei um carro para ir até Januária.

A estrada, conforme me avisara D. José, estava em péssimas condições: cheia de buracos e de uma areia que fazia o carro patinar nas descidas. Eu olhava para o relógio constantemente, inquieto para não me atrasar. De repente, deparei-me com um rio largo, majestoso, imponente: o Rio São Francisco. Mas não havia ponte, só se podia atravessar com a balsa. Fervorosamente, rezei para que não demorasse a chegada da balsa, atravessei o rio e pareceu-me incrível: bati na porta da residência exatamente ao mesmo tempo que o relógio da praça fazia ouvir as dez badaladas.

Foi o próprio D. João Batista a me receber. Expliquei-lhe o motivo da minha visita e falei-lhe do desejo de D. Álvaro de abrir o processo de canonização apoiado por um bom número de cartas postulatórias. Foi extremamente atencioso. Disse-me que conhecia D. Álvaro, porque trabalhara com ele em alguma das comissões do Concílio Vaticano II, e admirava a sua prudente inteligência. Eu lhe disse que, se fosse possível, desejava levar comigo a carta, mas ele respondeu que uma carta desse teor tinha que ser elaborada com calma. Insisti com delicadeza, mas simplesmente me disse:

– Em tal dia e a tal hora, na sua residência em Rio de Janeiro, entregarei pessoalmente a carta.

E, com isso, despedimo-nos afetuosamente.

No dia e hora marcada, como um relógio, o Bispo de Januária entregou-me a carta. Aquela atitude teve resultados muito positivos, porque algum tempo depois D. Álvaro disse que tinha sido uma das melhores cartas que tinham recebido. Redigida num latim clássico e elegante, fez uma comparação entre Monsenhor Escrivá e Santo Estêvão, o mais conhecido santo da Hungria, coroado rei no ano 1000 com o título de «Rei Apostólico».

Acrescentarei apenas mais uma visita, dentre tantas outras, que resultou muito simpática: a que fiz a D. Frei Felipo Tiago Broers, Bispo da antiga Diocese de Caravelas. Quando lhe falei da carta, disse-me:

– Não duvido da santidade de Monsenhor Escrivá. Ele está no céu; deixe que fique lá, tranquilo. Para que tanto trabalho para conseguir a sua canonização?

Eu respondi:

– D. Felipo, o senhor é franciscano. Eu tenho uma grande devoção a São Francisco. Se ele não tivesse sido canonizado, eu nem sequer o conheceria.

Ele parou, sorriu e replicou:

– O senhor tem toda razão. Vamos já escrever essa carta.

O crescimento do trabalho no Rio e a vinda de João Paulo II

Com a graça de Deus, o trabalho apostólico no Rio continuava a crescer. Aumentava o número de profissionais que frequentavam as atividades de formação e precisávamos de um local mais amplo. Conseguimos a capela do Apoio Fraternal, uma entidade filantrópica facilitada por um dos primeiros cooperadores do Rio. Assim conhecemos Thomas, nascido na Polônia e fugido desse país por causa da invasão nazista, que foi o primeiro supernumerário do Rio. Thomas tinha sido batizado, anos antes, por D. Lucas Moreira Neves. Na mesma capela do Apoio Fraternal organizaram-se as primeiras atividades para mulheres, que também aumentaram rapidamente.

Quanto ao trabalho com estudantes, começou a frequentar o centro da rua Cesário Alvim um bom grupo de rapazes portugueses, filhos de famílias vindas de Portugal após a Revolução dos Cravos, entre os quais havia alguns supernumerários e cooperadores.

Como aquele sobradinho era claramente insuficiente, lançamo-nos, com fé e sem dinheiro, a procurar uma casa maior. Depois de muita procura encontramos uma boa casa na Praça Pio XI, perto do Jardim Botânico e da Lagoa Rodrigo de Freitas, encostada numa das ladeiras do Corcovado. A floresta entrava praticamente no nosso pequeno jardim, e às vezes apareciam macacos na janela da sala de jantar. Foi o Centro Universitário da Lagoa; ali passamos a organizar os recolhimentos mensais para profissionais, já com a presença de alguns moradores de Niterói, dentre eles Dernival e João Evangelista, médicos muito atuantes nas iniciativas em defesa da vida.

Para os retiros e convívios, além de encontros de estudo e de esporte, conseguimos emprestada uma casa grande em Petrópolis, propriedade da família Migliorelli, e mais adiante a Fazenda da Cachoeira, em Miguel Pereira. As mulheres da Obra abriram o primeiro centro no Rio em 1978 e incorporou-se ao trabalho o Pe. Antônio Augusto, ordenado poucos meses antes. Mais adiante, o Pe. Antônio Augusto seria nomeado Bispo Auxiliar do Rio de Janeiro.

Em 1980, o Santo Padre João Paulo II veio ao Brasil pela primeira vez, e trabalhamos com muito carinho para recebê-lo. Entre outras coisas, um grupo de mulheres da Obra, cooperadoras e amigas preparou uma toalha belíssima para o altar da Santa Missa que o Santo Padre celebraria no Aterro do Flamengo. Foi feita de veludo cor de vinho com uma legenda emoldurada num brasão dourado, onde podia ler-se *Totus Tuus*. A Santa Missa a ser celebrada pelo Papa estava prevista para as 18 horas, e desde as 10h da manhã trabalhamos no altar, instalado no alto de uma grande escadaria pintada de branco e amarelo. Por ser o único sacerdote presente enquanto se aprontavam os detalhes, todo o mundo em volta pensava que eu era o encarregado oficial do evento, e quando chegou a comitiva do Papa permaneci ali em cima como suposto responsável. Subiram até o altar os bispos, os cardeais e João Paulo II. Eu queria cumprimentá-lo, mas não me ocorria como fazê-lo. Ele vinha subindo as escadarias calmamente. Um coral cantava com grande entusiasmo; o Papa foi em direção a ele, caminhando por um estreito corredor recém-pintado e começou a escorregar, com risco de cair e levar um tombo perigoso. Vendo aquilo, desci rapidamente e segurei o braço do Papa enquanto o advertia do perigo. Ele sorriu e se deixou levar em direção ao coral. Saudou os componentes e, quando se virou para ir até o altar, aproveitei para abraçá-lo e dizer-lhe:

– Santo Padre, sou um sacerdote do Opus Dei. Estamos

rezando intensamente pelos frutos da sua viagem e o amamos muito.

E ele, sorrindo, respondeu:

– Eu sei, eu sei... – e subimos até o altar.

Quando o viu, mostrou sensivelmente o seu agrado. Em seguida, um Bispo me perguntou se eu era amigo de João Paulo II. Disse-lhe que era a primeira vez que tinha a satisfação de o cumprimentar, e ele me disse então:

– Pois dava a impressão de que fosse amigo. Tudo foi tão natural que parecia previamente ensaiado.

Na Santa Missa no Estádio do Maracanã, no dia 2 de julho, o Santo Padre ordenou um grande número de sacerdotes. Eu estava no presbitério e fiquei emocionado ao notar que, na homilia, João Paulo II citou umas palavras do fundador do Opus Dei extraídas de uma homilia sobre o sacerdócio:

> Pelo sacramento da Ordem, o sacerdote torna-se efetivamente apto para emprestar a Nosso Senhor a voz, as mãos, todo o seu ser: é Jesus Cristo quem, na Santa Missa, pelas palavras da consagração, transforma a substância do pão e do vinho no seu Corpo, Alma, Sangue e Divindade[5].

Alguns anos depois, em outubro de 1987, conseguimos concluir o primeiro centro construído de nova planta, para a formação de estudantes, após grandes esforços econômicos e a generosa ajuda de muita gente: foi chamado Centro Universitário da Tijuca, no bairro do mesmo nome. Para o trabalho com profissionais, alugamos uma casa na rua Ma-

---

5 Josemaria Escrivá, *Amar a Igreja*, 2ª ed., Quadrante, São Paulo, 2016, pág. 79.

rechal Pires Ferreira e, 1988 mudamos para a rua Almirante Salgado, em Laranjeiras.

Uns anos antes, o Cardeal D. Eugênio Sales tinha solicitado a D. Álvaro um sacerdote da Obra, canonista, para dirigir o Instituto Superior de Direito Canônico, recentemente erigido no Rio. Tivemos assim a alegria de receber o Pe. Luis Madero, que deixou o seu cargo de professor de Direito Processual Canônico na Universidade de Navarra.

A cirurgia no coração

Durante uns dias de descanso no Sítio da Aroeira, notei um mal-estar no peito ao praticar esporte e consultei logo o médico. Após vários exames clínicos, aconselharam-me fazer um cateterismo e, como resultado, uma angioplastia.

Tudo o que significasse mexer com o coração e as artérias me apavorava. Novamente, apareceram todos aqueles temores perante a morte que senti na minha primeira juventude. Compreendo perfeitamente que hoje uma angioplastia seja algo bastante corriqueiro, mas não era assim que eu via as coisas. Na noite anterior à cirurgia, fui internado no Hospital das Clínicas, em São Paulo; foi uma noite que me ajudou a meditar na presença de Deus. De manhã confessei-me e pensava estar espiritualmente preparado. Mas estava com medo. É uma experiência que tem que ser sentida pessoalmente, e não adianta grande coisa falar ou argumentar. Ao longo dos anos de trabalho sacerdotal, colhi a experiência de que muitas pessoas vivem como que iludidas, e parece-lhes inconveniente que se reflita sobre a morte num retiro espiritual, ou numa palestra de formação sobre as verdades da fé. Não querem tomar consciência. Talvez seja fácil fingir durante certo tempo e pensar que a morte corresponde aos outros, mas não a mim; porém, chega um momento em que acabam as fugas mentais e se desencadeia esse impressionante instinto de eternidade, que se manifesta de forma violenta.

Assim me encontrava eu aquela noite. Sentimentos semelhantes experimentou o meu irmão Alejandro, irmão também em muitas das suas vivências, em face de uma cirurgia muito mais grave do que a minha: uma operação a coração aberto onde lhe instalaram quatro *by-pass*. Ele expressa esses sentimentos – que faço meus – na linguagem do filósofo:

> A filosofia trata do que é necessário. Pois bem, nada há de mais necessário do que a morte [...]. O ofício do filósofo consiste na *meditatio mortis*, em refletir sobre o final da existência e preparar-se para a morte. Outra coisa é que o aprendiz de pensador – porque nunca deixa de sê-lo – consiga o seu empenho. Porque pode acontecer que, quando chegue a hora da verdade, comece a choramingar pelos recantos e a pedir prorrogação [...]. O filósofo deveria sempre tomar consciência de que a morte lhe pisa os calcanhares[6].

E Alejandro continua:

> A solidão e o silêncio do quarto do hospital universitário onde eu estava internado situaram-me diante da realidade, que não era outra senão a possibilidade de uma morte próxima. Naquele momento, a morte tinha deixado de limitar-se a ser um termo filosófico sobre o que pensar e falar nas minhas aulas com certa entonação

---

[6] Alejandro Llano, *Segunda Navegación: Memorias*, Madri, 2010, vol. 2, pág. 16.

patética. Em *Ser e Tempo*, Heidegger desenvolve a ideia de que o homem é um «ser para a morte»: desde que o homem nasce já é o suficientemente velho para morrer em qualquer momento [...]. Eu acreditava na vida eterna... Mas não consegui que essa convicção suavizasse o meu temor da morte.

E experimentou uma mudança radical:

> Foi ali, num hospital universitário, onde a esperança abriu claramente caminho, fez-se consciente, apoderou-se de mim. Chegou um momento em que o temor da morte desaparecera. Não tinha medo de morrer amanhã ou depois de amanhã. Aceitei esse final comum e tive a certeza de que depois vinha a verdadeira vida com Deus. Percebi, com uma rara alegria, que aquela serenidade não podia ser meramente natural, ainda que também não supusesse que fosse milagrosa [...]. Nunca pensei que os momentos prévios à morte pudessem ser tão tranquilos[7].

Faço essas considerações porque ao longo da minha vida senti várias vezes próxima a presença da morte, especialmente nos três longos períodos de doença. No momento em que, durante a cirurgia, sentia a dilatação da artéria, não deixei de experimentar angústia, mas repetia diante de Deus aquelas palavras do Salmo 31: *In manibus tuis sortes meae* – «Nas tuas mãos coloco a minha sorte». E da mesma forma rezo diariamente no terço: «Rogai por nós, pecadores, agora e na hora da nossa morte».

Estou convicto de que Nosso Senhor não deixará de

---

7 *Idem*, págs. 20-29.

conduzir a sorte da minha vida pelos caminhos de uma morte serena, e que Nossa Senhora, que em nenhum momento me abandonou, estará presente agora e sempre, e na hora da minha morte. Desta maneira poderei também dizer, se Deus quiser, como o meu irmão Alejandro, que «os momentos que antecederam a minha morte serão absolutamente tranquilos».

Capítulo XIII
A ordenação episcopal

Em 1990, teve lugar um acontecimento de notável repercussão na minha vida. Fazia muitos anos que não ia ao México. Os meus parentes solicitaram que fosse lá para resolver no cartório uma série de questões jurídicas relativas ao patrimônio familiar. Era véspera de Carnaval, e eu aproveitaria os feriados para fazer a viagem. Estava no Centro Universitário da Tijuca, com as malas prontas para ir ao aeroporto, quando entrou no meu quarto o Pe. Luis Madero, que vinha do Palácio São Joaquim, sede da Cúria Diocesana, e me entregou uma carta. Ao reparar que o remetente era o núncio apostólico no Brasil, senti um arrepio. E quando o Pe. Luis foi embora, ajoelhei-me imediatamente.

A razão dessa atitude tem os seus precedentes: fazia tempo havia rumores de que eu poderia ser nomeado Bispo Auxiliar do Rio de Janeiro. Quando esses rumores se acentuaram, pareceu-me conveniente comunicá-lo ao Prelado da Obra, D. Álvaro del Portillo, para que me desse uma orientação adequada. Numa carta, eu dizia a D. Álvaro que diante daqueles rumores sentia-me preocupado e perplexo: se essa possibilidade se concretizasse, a minha primeira opção seria a de recusar, porque tinha sido ordenado sacerdote para trabalhar principalmente nos apostolados da Obra, mas, por outro lado, não sabia se a indicação do Papa deveria ser aceita por tratar-se da autoridade suprema. Enfim, pedia uma ajuda para poder resolver essa dúvida, que me deixava intranquilo.

D. Álvaro não demorou a responder-me. Agradeceu a minha disponibilidade para aceitar qualquer opção e concluiu dizendo-me textualmente: «Tens a liberdade para dizer sim». Continuei perplexo: tenho a liberdade para dizer *sim*, mas será que tenho a liberdade para dizer *não*? Pareceu-me que, naquela altura, o mais sensato seria não me preocupar demasiado e esperar o desenvolver os acontecimentos.

Quando me ajoelhei com a carta na mão, todas aquelas dúvidas tornaram-se presentes de forma cruciante. De joelhos, rezei pedindo ajuda ao Senhor. O teor da carta era mais ou menos o seguinte: «O Santo Padre João Paulo II dignou-se nomeá-lo Bispo Auxiliar da Arquidiocese de São Sebastião do Rio de Janeiro e solicita a sua conformidade para efetivar essa nomeação». Fiquei extremamente perturbado e fiz algo aparentemente insensato: tranquei a carta numa gaveta e disse de mim para mim: «Você não recebeu nada». Peguei as malas e fui para o aeroporto. Evidentemente, a carta, ainda que trancada na gaveta, estava vivamente presente e aberta na minha consciência.

No México, esperava por mim o meu irmão Carlos. Após um apertado abraço, perguntou:

– O que faremos? – perguntou-me.

E respondi:

– Vamos ao Santuário de Nossa Senhora de Guadalupe o quanto antes.

Sentia necessidade urgente de conversar com Ela. Acompanhado por Carlos e outros familiares, consegui um lugar para poder rezar mais perto do quadro de Nossa Senhora. E quando observaram que eu estava demorando um bom tempo diante da imagem, diziam entre si: «Ele é muito devoto da Virgem de Guadalupe». Se tivessem lido no meu interior, talvez tivessem dito: «Ele está apavorado».

Eu estava sob sigilo pontifício, de modo que não devia fazer consultas a pessoas que não estivessem diretamente envolvidas no processo. Rezava, rezava, pedia luzes... E uma pequena faísca apareceu na minha mente: «Por que não ir diretamente falar com D. Eugênio, o Cardeal, colocando diante dele aquelas dúvidas e perplexidades?».

E assim o fiz. Depois de resolver as coisas no México, mal cheguei ao Rio marquei um encontro com ele. Recebeu-me com toda a amabilidade, mostrei-lhe a carta e ele me disse que já conhecia o seu conteúdo. Conversamos mais ou menos assim:

– O que aconteceria se eu dissesse «não»?

– Não aconteceria nada. Você é livre para responder sim ou não... Mas leve em consideração que faz vários anos estamos tentando a nomeação de um Bispo Auxiliar. Caso você recuse, talvez entremos novamente num difícil impasse de espera...

Fiquei em silêncio. D. Eugênio percebeu que o argumento não me tinha afetado grande coisa, e acrescentou:

– Além disso, pense que a carta enviada pela Nunciatura não vem propriamente do núncio, mas do próprio Papa. E já pensou o que significa dizer *não* ao Papa?

Fiquei novamente quieto. Aí o Cardeal entrou com um último argumento:

– Sempre entendi que as pessoas do Opus Dei têm como atitude característica obedecer sempre ao Papa...

E, sorrindo, acrescentou:

– Agora chegou o momento de demonstrar.

Senti que o golpe me atingira em cheio. Tanto foi assim que, brincando, lhe disse:

– D. Eugênio, essa foi uma verdadeira rasteira.

Rimos os dois, e pareceu-me que a ideia que me ocorreu no Santuário de Guadalupe tinha resolvido a questão.

Imediatamente, enviei um telegrama à Nunciatura com a minha resposta afirmativa e escrevi a D. Álvaro, comunicando-lhe a minha decisão e acrescentando que, embora a decisão tivesse sido tomada na oração e com plena consciência, não tinha ficado completamente tranquilo.

A ordenação episcopal, no dia 29 de junho de 1990, foi emocionante. Tive como primeiro consagrante o Cardeal Sales, como segundo D. José Gonçalves da Costa, Arcebispo de Niterói, e como terceiro D. José Veloso, Bispo de Petrópolis. Os meus padrinhos foram o Pe. Luis Madero e Mons. José Geraldo Caiuby Crescenti, grande amigo meu, cooperador da Obra e eminente canonista, já falecido.

Representando a família da Espanha, vieram os meus irmãos José Antonio e Álvaro; e da família do México veio o meu primo Luis Llano.

A catedral estava lotada. O povo de Deus, exultante. Recebi abraços de várias centenas de sacerdotes participantes da cerimônia e parecia que os meus temores começavam a dissipar-se.

Os trabalhos como Bispo e o carinho de D. Álvaro

Não precisei pensar muito na elaboração do brasão episcopal, porque sempre me impressionou um acontecimento da vida de São Josemaria que tinha meditado frequentemente com extrema veneração, e decidi unir a minha vida como Bispo a esse acontecimento.

Quando São Josemaria tinha 29 anos de idade, escreveu nos seus apontamentos íntimos:

7 de agosto de 1931. Hoje, esta diocese celebra a festa da Transfiguração de Nosso Senhor Jesus Cristo [...]. Chegou o momento da Consagração: ao elevar a Sagrada Hóstia, sem perder o devido recolhimento, sem me distrair [...], veio ao meu pensamento, com força e clareza extraordinárias, aquela passagem da Escritura: *et si exaltatus fuero a terra, omnia traham ad meipsum* (Jn 12, 32) [E quando eu for levantado da terra, atrairei todas as coisas a mim]. Normalmente, perante o sobrenatural, tenho medo. Depois vem o *ne timeas!*, sou Eu. E compreendi que hão de ser os homens e mulheres de Deus que levantarão a Cruz com as doutrinas de Cristo sobre o pináculo de todas as atividades humanas... E vi triunfar o Senhor, atraindo a Si todas as coisas[1].

As intervenções diretas de Deus na alma do nosso Padre, que não foram poucas – chamadas de *locuções divinas* pelos autores espirituais, para explicar, dentro do possível, esse fenômeno sobrenatural –, eram de tal natureza que não se podiam confundir com palavras nascidas da sua imaginação ou da sua memória. Por isso, enfatiza que o que ele escutou *viera ao seu pensamento* com força e clareza extraordinárias.

É necessário acrescentar que essa locução teve, com certeza, uma especialíssima significação na sua vida e na sua obra por uma razão muito importante: foi como que uma confirmação e uma ampliação do que viu no dia da fundação do Opus Dei.

Como numerosas vezes explicou, ele viveu a experiência sobrenatural do dia 7 de agosto de 1931 num horizonte

---

[1] Cf. o texto completo e o contexto dessa locução em Andrés Vázquez de Prada, *O Fundador do Opus Dei*, vol. I, págs. 348-349.

claramente fundacional, isto é, em estreita relação com o 2 de outubro de 1928, em que pela primeira vez *viu* o Opus Dei, e com o 14 de fevereiro de 1930, quando, imediatamente apos a Comunhão, na Santa Missa, percebeu que as mulheres também deviam fazer parte da Obra. Aquilo que *viu* no 2 de outubro se concretizava em agosto de 1931, e cobrava maior profundidade[2].

O meu desejo era pôr Cristo no cume de todas as atividades humanas: das fábricas e das universidades, das estruturas sociais e dos lares, das favelas e dos grandes centros urbanos, dos laboratórios de pesquisa e dos campos de lavoura... Mas para conseguir tudo isso era indispensável estar unido, cada dia, à Cruz do Senhor.

Depois daquela intensa oração diante de Nossa Senhora de Guadalupe, eu também queria que a Padroeira da América Latina estivesse presente no brasão. E o fiz colocando, como fundo, o seu manto azul com doze estrelas. Confiava assim a Ela todas as minhas solicitudes pastorais. E comecei a dar os meus primeiros passos como Bispo, contando desde o início com a ajuda inestimável da secretária, Maria Elizabeth, a quem quero manifestar aqui o meu enorme agradecimento.

Num daqueles dias, D. Eugênio Sales, de regresso de Roma, telefonou-me dizendo que queria falar comigo. Tinha sido convidado por D. Álvaro para almoçar em Villa Tevere. De início, recusou o convite alegando que a sua agenda em Roma estava apertadíssima, mas D. Álvaro argumentou que punha um carro com motorista à sua disposição e que, afinal de contas, em algum lugar teria que almoçar. O Cardeal concordou, pensando que teria alguma coisa importante para lhe comunicar, mas, para a sua

---

2 Cf. uma explicação mais completa em: *idem*, págs. 348 e segs.

surpresa não conversou com ele nada de especial. Porém, mal terminou o almoço, no momento de despedir-se, D. Álvaro lhe disse:

– Diga ao meu filho Rafael que agiu muito bem aceitando o episcopado.

E D. Eugênio acrescentou para mim:

– Tenho a impressão de que o Prelado me convidou para o almoço apenas para me dizer isso.

Fiquei profundamente agradecido, e na primeira ocasião que tive de conversar com D. Álvaro, em Roma, contei-lhe esse episódio, querendo saber se realmente fora essa a sua intenção. Ele disse-me, textualmente:

– Foi exatamente assim; só para isso queria almoçar com ele. Não podia deixar você intranquilo.

Esse episódio, cheio de afeto e de delicadeza, fortaleceu mais ainda em mim a admiração e a gratidão pelo ambiente de família da Obra e pela paternidade do Prelado: era herança de São Josemaria, não algo «institucional» ou protocolar. Era verdadeiro carinho de pai, coração afetuoso e aconchegante, sempre pensando no bem dos seus filhos, fossem quem fossem e estivessem onde estivessem.

Em setembro de 1990, recebi uma carta dele que não podia ser mais expressiva. Nela se manifesta esse carinho que caracteriza a Obra como família. A carta fala por si mesma e dispensa qualquer comentário:

Roma, 19 de setembro de 1990.
Meu querido Rafa: que Jesus te guarde.
Ao meu regresso a Roma, encontro-me com a tua carta do passado 30 de junho e com a lembrança da tua consagração episcopal; e quero enviar-te em seguida estas linhas para te agradecer e dizer-te que te acompanho com muito carinho.

Peço a intercessão do nosso Padre, rogando-lhe que te conceda graças abundantes de Deus para encarnar cada dia mais o espírito que nos têm transmitido: através desse espírito, imitando ao nosso santo fundador em seu amor à Santa Igreja, em seu serviço incondicional às almas, seguirás adiante com fruto sobrenatural a missão que o Santo Padre te confiou [...].

Trabalha sereno e abandonado nas mãos de Deus. Não duvides que contas com o meu carinho e o de todos os irmãos. Rezamos muito por ti: estás muito agasalhado!

Não deixes de seguir pedindo, diariamente e com insistência, pelas minhas intenções, acudindo à intercessão do nosso Padre [...].

Uma saudação cheia de afeto para o queridíssimo Cardeal Araújo Sales [...].

Fui designado como Bispo responsável pelo Vicariato Leopoldina e pelo Vicariato Suburbano, e residi no território do Vicariato, na casa da Irmandade de Nossa Senhora da Penha, Padroeira do Rio de Janeiro, aos pés do penhasco onde tinha sido construído o seu Santuário. Subia-se até lá por uma longa escada, talhada na pedra, com 365 degraus, querendo significar, assim, que cada dia do ano é como um degrau para chegar até Nossa Senhora.

A minha moradia estava rodeada de favelas, o que facilitava o contato com o povo mais simples. Todos os anos fazíamos a procissão de Nossa Senhora da Penha: saíamos da paróquia do Bom Jesus da Penha, percorríamos as ruas do bairro e subíamos depois a ladeira até o Santuário. Era emocionante contemplar a devoção das pessoas, que sem a menor hesitação se aproximava da imagem de Nossa Senhora com carinho, tocavam-na ou lançavam-lhe beijos. E, além de emocionante, também era uma verdadeira aula para mim comprovar muitas vezes – em palestras, preleções, reuniões e aulas de catequese – a atitude cheia de fé de tanta gente carente de cultura humana ou de meios econômicos.

O trabalho era muito intenso. Uma vez por semana tínhamos uma reunião no Palácio de São Joaquim, presidida pelo Cardeal, todos os Bispos Auxiliares e os Vigários Episcopais. Outro dia a reunião era só dos bispos com D. Eugênio. Eu fazia, em média, de nove a dez visitas pastorais por ano: passava a sexta-feira à tarde, o sábado e o domingo residindo na paróquia, celebrava a Santa Missa na Igreja matriz e nas capelas – havia paróquias que tinham mais de quinze comunidades –, fazia reuniões com as diferentes pastorais e conversava com os fiéis em particular ou atendia a sua confissão.

Acrescentavam-se a isso os restantes trabalhos que me correspondiam mais diretamente: a Pastoral Familiar, a Pastoral da Juventude e a Pastoral Universitária, além de acompanhar a atividade de alguns Movimentos, como a Renovação Carismática Católica. Era exaustivo, não conseguia descansar.

Para cada uma dessas atividades pastorais pregava um retiro anual. O retiro de carnaval no Maracanãzinho era multitudinário e entusiasmante. Participavam umas quinze mil pessoas, principalmente jovens.

Na Pastoral Universitária, comecei a trabalhar na Universidade Federal do Rio de Janeiro, com mais de cinquenta mil alunos, sem conhecer com profundidade ninguém. Ia lá toda quarta-feira e fazia contatos eventuais com um ou outro, falando da minha intenção de reunir um grupo, trocar impressões, fazer debates, palestras, etc. Aos poucos, a ideia foi crescendo, consegui uma sala em boas condições e começaram a aparecer alunas e alunos. Mediante palestras breves e abertas a perguntas, abordava temas de interesse para eles, numa catequese de fundamentos: a formação da personalidade, a necessidade de adquirir prestígio profissional, a liberdade, a fortaleza e a coragem, etc. Gradativamente, fui entrando em temas mais profundos como o sentido da vida e os fundamentos racionais da nossa fé. Depois trocava impressões, procurava a conversa individual e confessava quem desejasse. Inclusive mandei preparar um confessionário portátil que utilizava quando era preciso.

A propósito do confessionário portátil, gostaria de deixar aqui constado que, quando comecei a fazer visitas pastorais nas diferentes paróquias, reparei que em algumas delas não havia confessionários. Mandei fazer um confessionário portátil e o levava no bagageiro do carro. Nas visitas, costumava dedicar um tempo para confessar, e quando via que não havia confessionário indicava que colocassem o que tinha no carro. Algum padre me disse que os paroquianos não gostavam, mas quando me sentava nele para confessar, eram muitos os que faziam uso dele. Então aproveitava para dizer ao padre:

– Quem não gosta são eles ou é você?

Era também uma boa ocasião para lembrar que, de acordo com o Código de Direito Canônico, é obrigatório que haja sempre um confessionário em todas as igrejas e capelas.

A atividade na Universidade crescia, e programamos duas celebrações anuais, no Natal e na Páscoa, feitas num grande auditório. Convidamos o reitor e o vice-reitor, e contamos com a participação de um prestigioso coral universitário. Mais adiante, já com ramificações na Universidade Estadual do Rio de Janeiro, chamada de UERJ, organizamos um Congresso Universitário Católico, que teve lugar nas sedes da UERJ, na Universidade Católica do Rio e na Universidade de Santa Úrsula. Foi presidida pelo Cardeal, e acorreram estudantes de Niterói, Campos, Nova Iguaçu e Valença, num total de mais de dois mil participantes, graças também à ajuda da Pastoral Universitária dessas Universidades.

Uma ermida dedicada a São Josemaria

Alguns anos depois, estando já bem adaptado ao meu trabalho como Bispo, recordei a oração de São Josemaria quando, em 1974, divisou, do avião, o Santuário de Nossa Senhora da Penha. Pensei que a oração de um homem tão santo dirigida à Padroeira do Rio deveria perpetuar-se de alguma forma, e ocorreu-me promover a construção de uma ermida em sua honra. Com ajuda de outras pessoas interessadas, projetamos a construção em estilo romano, com arcos amplos abertos para uma grande esplanada e paredes da cor típica dos casarões romanos. Quando soube dessa iniciativa, D. Álvaro prometeu-me enviar um quadro de São Josemaria, que só foi concluído em 1994, após o seu falecimento. É um óleo original, grande, que o representa revestido dos paramentos para celebrar a Santa Missa e com gesto de abençoar. Os arcos da ermida permitem contemplar o seu rosto sorridente de qualquer ponto da esplanada. Ao lado do quadro, numa grande placa esculpida em granito, pode-se hoje ler a história da construção:

No entardecer do dia 22 de maio de 1974, São Josemaria Escrivá, Fundador do Opus Dei, recém-chegado ao Rio de Janeiro, desde o aeroporto do Galeão, ao divisar este santuário profusamente iluminado, sabendo que Nossa Senhora da Penha era a Padroeira e grande protetora desta cidade, rezou em voz alta, pausadamente, a seguinte oração: *Recordáre, Virgo Mater Dei, dum stéteris in conspéctu Dómini, ut loquáris pro nóbis bona.* Pedia à Virgem Maria instantemente que, quando estivesse na presença do Senhor, falasse para Ele coisas boas de nós, que estendesse a sua proteção amorosa para todo o Brasil, e especialmente para esta cidade do Rio de Janeiro.

A construção deste oratório é como uma prolongação dessa oração fervorosa: queremos que São Josemaria Escrivá continue orando, em cada jornada, por nós todos, diante da Virgem Maria. Desejamos que desde estas alturas da Penha bendiga o Sumo Pontífice, os pastores desta Arquidiocese, os seus governantes e todas as famílias; que penetre com o seu olhar de bondade em cada um dos nossos lares, que consiga a paz e a segurança para os seus habitantes, que procure o alívio para os enfermos, pobres e necessitados, que reanime a esperança dos aflitos e que conduza para Deus os que estão desgarrados.

Tu, romeiro peregrino, visitante, que tiveste a ventura de te aproximares deste lugar, que quiçá não conheças a vida e milagres de tão insigne e santo sacerdote, e que agora estás lendo estas palavras, não percas esta oportunidade que a benignidade de Deus te oferece, não deixes de te recomendares a tão solícito intercessor que continuamente nos exortou, com extraordinária força e convicção, que a fé arrasta montanhas; abandona na mediação desse filho querido de Santa Maria, que sempre foi a Ela tão dedicado, o que aflige o teu coração; e pede-lhe com confiança aquilo que desejas que Nossa Senhora da Penha, nossa Mãe, neste momento te conceda.

Por ocasião da sua inauguração enviei um convite a D. Javier, então Prelado do Opus Dei, e ele me respondeu com esta carta, que agradeci de todo o coração:

Roma, 20 de junho de 1995
Queridíssimo Rafa: que Jesus te guarde!

Ainda que gostasse de ter respondido logo depois da viagem a Portugal e à Galícia, envio-te agora umas letras para agradecer-te as que me mandaste de Itaici. Já sabes que frequentemente lembro-me de ti e do trabalho que tens entre as tuas mãos; em Fátima, além disso, tenho pedido especialmente pela santidade de todos na Obra e de modo particular pelo apostolado em Portugal e no Brasil.

Recebi com muita alegria o convite para a inauguração do oratório em homenagem ao Bem-aventurado Josemaria: procura preparar muito bem o 20º aniversário do seu *dies natalis,* tratando-o mais e imitando a sua heroica entrega à Vontade divina.

Continua pedindo à Santíssima Virgem para que nos consiga de Deus o cumprimento das intenções que levo na alma, as mesmas do nosso Padre e de D. Álvaro.

Rafa, repito que me apoio em ti.

Um abraço muito forte, com a minha melhor bênção.

Hoje, graças a Deus, os muitos peregrinos que vêm visitar Nossa Senhora da Penha podem também conhecer o perfil de um santo que teve tanto amor pela Mãe do Senhor e ensinou um caminho de santidade no meio dos afazeres de cada dia.

Quando D. Javier esteve no Rio em 1996, mesmo com muito pouco tempo disponível, fez questão de visitar a ermida de São Josemaria. Gostou de tudo, fez algumas observações muito oportunas e teve a grande delicadeza de visitar a minha residência.

Como parte do meu trabalho na Pastoral Universitária, decidi escrever livros ou folhetos breves que contribuíssem para a formação dos jovens, convicto como estava da absoluta necessidade de cobrir a ignorância religiosa de muitos deles. Nasceram assim títulos como *A força da juventude*[3], *Uma palavra aos universitários*[4], *Noivado e casamento, orientação para solteiros e casados*[5] e *270 perguntas e respostas sobre sexo e amor*[6].

Durante o meu trabalho como Bispo, houve alguns episódios de inquietação, principalmente quando eu devia ir aos morros. Subi não poucos, onde não faltavam perigos ao adentrar-me nos redutos dos traficantes e bandidos. Às vezes, ainda que pareça incrível, os próprios membros das facções acompanhavam-me fazendo escolta com as suas armas pesadas, como rifles AR-15. Recordo que fui parado três vezes perante a visão daqueles fuzis, quando, de noite, subia de carro a encosta do Santuário de Nossa Senhora da Penha. Ao reconhecerem-me, pediam desculpas e, na última vez, recomendaram que acendesse a luz interna do carro, piscasse os faróis e subisse devagar. A realidade era essa. Não raro, a minha música noturna era o barulho de disparos. Graças a Deus nunca me aconteceu nada, ainda que uma vez o vidro da janela da sala de jantar tenha recebido uma bala perdida.

O falecimento de D. Álvaro

No meio de toda aquela atividade, recebi a inesperada e dolorosa notícia do falecimento de D. Álvaro, no dia 23 de março de 1994, quando ele regressava de uma viagem à Terra Santa. Emocionou a todos nós a delicadeza da Providência divina, ao saber que a última Santa Missa celebrada

---

3 Cultor de Livros, São Paulo, 2016.
4 Marques Saraiva, Rio de Janeiro, 1996.
5 Paulinas, São Paulo, 1993.
6 Quadrante, São Paulo, 2017.

por ele foi no Cenáculo de Jerusalém. Menos de um mês depois, foi eleito Prelado do Opus Dei o Pe. Javier Echevarría. Escrevi-lhe imediatamente, e ele me respondeu com umas letras que muito me confortaram:

> Roma, 4 de junho de 1994.
> Queridíssimo Rafa: que Jesus te guarde!
> Umas linhas para responder à tua carta do dia 21 de abril, na qual manifestas a tua alegria pela eleição do novo Padre. Também eu sinto muito viva a dor pela ida ao céu de D. Álvaro, que só fica diminuída quando penso que se encontra com a Santíssima Trindade, junto ao nosso Fundador, e que estão muito próximos dos seus filhos – que agora são também meus –, velando por todos nós.
> Rafa, sinto a necessidade de muita ajuda do céu para poder ser um bom pastor dessa maravilhosa família sobrenatural, como têm sido os meus santos predecessores; por isso, ao mesmo tempo em que fomentas os teus desejos de servir à Obra aí onde te encontras hoje, conserva sempre o coração entre estas paredes, que parecem de pedra, mas são de amor, como gostava de repetir o nosso Padre: deste modo, rezarás muito por mim e farás rezar os demais pelo que carrego na alma.
> As tuas lembranças foram um estímulo para pedir que cada dia estejamos mais unidos a Deus e também entre nós mesmos: assim seremos muito fiéis ao espírito do Opus Dei e o Senhor premiará a nossa entrega com uma fecundidade cada vez maior. Não deixes de trabalhar para que cheguem muitas vocações para a Obra.
> Apoio-me em ti, e recomendo à Santíssima Virgem que o teu trabalho de almas nesse bendito Brasil seja muito frutífero: têm que chegar muitas vocações fiéis!
> Com um abraço muito forte, abençoo-te com todo o carinho [...].

A Pastoral Familiar

Em 2007, fui eleito presidente do Regional Leste 1 da Conferência Nacional dos Bispos do Brasil (CNBB), que abrange as dez dioceses do Estado do Rio de Janeiro e a Administração Apostólica São João Maria Vianney, na cidade de Campos. Com isso aumentavam consideravelmente as minhas atribuições, pois também comecei a participar do Conselho Permanente da CNBB, que se reunia periodicamente em Brasília.

Como responsável pela Pastoral Familiar da Arquidiocese, D. Eugênio pediu-me que ficasse à frente da Comissão que organizaria o Segundo Encontro Mundial das Famílias[7], presidido por João Paulo II e realizado no Rio de Janeiro em 1997. Fui a Roma, constituíram-se muitas subcomissões para prever todos os detalhes administrativos e organizativos, e o trabalho era muito intenso. Graças a Deus, tudo saiu muito bem: o Congresso foi realizado no Rio Centro, a chamada «Festa Testemunho» foi no Maracanã, com perto de cem mil participantes, e na solene Missa do encerramento, no Aterro do Flamengo, calculou-se a presença de cerca de dois milhões de pessoas.

Para preparar as famílias do Brasil inteiro, ocorreu-nos elaborar uma revista que intitulamos *Hora da Família*, que começou a publicar-se seis meses antes da chegada do Papa. Na capa sempre aparecia a figura do Papa nas mais variadas situações: com famílias, com crianças, em cerimônias de administração dos sacramentos, nas audiências em Roma, etc. A revista teve muita difusão, e o seu número

---

7 O Segundo Encontro Mundial das Famílias ocorreu no Rio de Janeiro entre os dias 2 e 5 de outubro de 1997. (N. do E.)

máximo chegou a cerca de trezentos mil exemplares por ano, distribuídos por todo o país.

Desde que assumi a Pastoral Familiar, tive a preocupação de criar uma estrutura que sustentasse o trabalho com as famílias, tendo em conta a intensa propaganda contraceptiva de alguns meios de comunicação social, que vinha provocando uma notável confusão neste terreno. Parecia urgente, pois, tomar medidas rápidas e eficazes dentro dos escassos meios com que contávamos.

Fizemos uma reunião com alguns profissionais de reto critério e expus o projeto de formar um instituto de apoio à família, tendo como objetivo a formação doutrinal sobre a paternidade responsável conforme o Magistério da Igreja, e fornecer orientações práticas e acessíveis sobre os métodos de planejamento familiar moralmente lícitos. Como já esperava, alguns participantes apresentaram dificuldades de toda índole, mas procurei apoio nos que me pareceram mais decididos, e começamos a trabalhar.

Preparamos um primeiro curso com aulas teóricas e práticas e fizemos uma ampla divulgação. Como sempre, os pessimistas ficaram admirados com o resultado: o curso foi um êxito, tanto em número de participantes quanto na aceitação geral. A partir dessa experiência, formamos um grupo de monitores que representariam o instituto – que recebeu o nome de Instituto Pró-Família – em cada comunidade do Rio. Chegamos a formar 22 núcleos, com extensões em Niterói, Petrópolis e Cabo Frio, e fomos chamados para dar cursos nas cidades de Vitória, Fortaleza, Brasília, Oliveira, etc.

Anos mais tarde, sendo eu já Bispo de Nova Friburgo, estendemos os cursos para várias cidades que fazem parte da diocese: Rio das Ostras, Macaé, Nova Friburgo, Cachoeiras de Macacu... Até o momento já participaram dos cursos – totalmente gratuitos – perto de quinze mil pessoas. O conteúdo do curso foi editado numa publicação intitulada: *Filhos, como planejá-los*[8].

Passei a publicar outros livros e folhetos sobre a família: *Família: Fidelidade, Felicidade*[9], *As crises conjugais e os conflitos do amor*[10], *Prioridade e centralidade da pastoral familiar na evangelização do novo milênio*[11], *Família: conflitos e realizações*[12]. Graças a Deus, essas publicações tiveram boa acolhida e repercussão.

O trabalho feito por ocasião do Segundo Encontro Mundial das Famílias com o Papa, em 1997, as palestras sobre diferentes aspectos da Pastoral Familiar, a participação em congressos nacionais – desde Belém até o Rio Grande do Sul –, os livros publicados sobre a família e outras atividades tornaram conhecido esse trabalho em todo o Brasil.

Talvez por essa razão, e com grande surpresa da minha parte, fui eleito coordenador nacional da Pastoral para a Vida e a Família, na Assembleia Nacional dos Bispos do Brasil. Esse fato representou outra mudança importante na minha vida, pois deveria ir a Brasília com frequência, aproximadamente uma vez a cada dois meses. Fiz parte da CONSEP, que é um órgão diretivo da CNBB integrado por todos os Presidentes das Comissões de Pastoral, o que me permitiu intervir em decisões importantes da conferência e aprofundar no trato e na amizade com os bispos que a dirigiam.

---

8   Instituto Pró-Família, Rio de Janeiro, 2000.
9   Marques Saraiva, Rio de Janeiro, 2005.
10 Quadrante, São Paulo, 2001.
11 Instituto Pró-Família, Rio de Janeiro, 2002.
12 Instituto Pró-Família, Rio de Janeiro, 1995.

Uma atividade que me exigiu tempo e empenho foi a elaboração do Diretório da Pastoral Familiar. Já fazia parte da comissão que trabalhava na sua redação quando foram Presidentes da Comissão da Pastoral Familiar D. Cláudio Hummes e D. Aloysio José Leal Penna. Mas, ao assumir a presidência, preferi assumir toda a responsabilidade. Verifiquei com surpresa que tinham sido suprimidos capítulos que eram a coluna vertebral do Diretório, como os dedicados às propriedades e finalidades do matrimônio. Segundo a opinião de alguns, eram temas já ultrapassados, quando na realidade constituíam o cerne das questões fundamentais. Recordo bem a expectativa que havia na Assembleia do ano de 2004, quando estava prevista a votação do projeto. Nas sessões iniciais houve desacordo sobre questões cruciais, como os métodos de planejamento familiar e as orientações sobre a situação dos casais em segunda união. Pareceu-me que a presidência estava hesitante, e procedi como me parece que se deve sempre proceder nessas situações: evitar as discussões no plenário da Assembleia e conversar particularmente, procurando a maior unidade possível.

Na última exposição que fiz antes da votação, procurei ser muito claro. Com grande alegria da maioria, beirando uma unanimidade de perto de 350 bispos, a votação foi favorável ao projeto. D. Odilo Pedro Scherer, então secretário da CNBB, felicitou-me e comentou sorrindo:

– O seu santo é forte.

E eu pensei que, de fato, a intercessão de São Josemaria é forte. A Santa Sé aprovou o texto, e hoje temos no Brasil um Diretório que dirime todas as dúvidas nos pontos mais polêmicos, com a aprovação da CNBB e da Santa Sé.

Como presidente da Comissão Nacional Episcopal para a Vida e a Família, representei o Brasil no Simpósio de trabalho que tivemos, em Roma, para preparar o V Encontro do Papa com as Famílias que se realizaria em Valência, na Espanha, em 2006. Reunimo-nos durante vários dias com o Cardeal D. Alfonso López Trujillo e estudamos as diferentes questões do encontro. No fim, tivemos uma audiência com o Papa Bento XVI. Nessa circunstância, conversei com ele uns minutos. O tema coincidiu mais ou menos com o que abordei com ele, em Colônia, na Jornada Mundial da Juventude, e ao qual me referirei mais tarde. Tinha já conversado com o Cardeal Ratzinger em várias oportunidades.

No Curso para Bispos que programávamos todos os anos no Rio de Janeiro, no Centro de Estudos do Sumaré, ele tinha ministrado, no ano de 1990, um ciclo de conferências sobre o Ministério Petrino: a figura do Sumo Pontífice. Mal podíamos, então, imaginar que ele se tornaria o nosso querido Bento XVI. Conversei um pouco com ele e lhe ofereci um volume do meu livro *Novo Direito Matrimonial Canônico*[13], que escrevi para o Curso de Mestrado do Instituto Superior de Direito Canônico, do qual era professor. Ele agradeceu e falou-me que seria útil na Congregação para a Doutrina da Fé, da qual ele era Prefeito. Depois, encontrei-me com ele em duas visitas *ad limina*[14] na mesma Congregação. Era de uma enorme simplicidade, tato e amabilidade. Por essa razão, fiquei surpreso quando, ao ser eleito Papa, alguns setores da mídia o consideravam duro e intransigente. Pensei: «Sem dúvida não o conhecem, ou estão dominados pelos preconceitos».

---

13 Marques Saraiva, Rio de Janeiro, 2000.
14 Chama-se assim a visita oficial que, conforme o Direito Canônico, todos os bispos fazem ao Papa a cada cinco anos para informá-lo do seu trabalho e manifestar a sua união com o Romano Pontífice.

Tive também, como já disse, a oportunidade de encontrá-lo na Jornada Mundial da Juventude em Colônia, já como Bento XVI, onde participei representando a Pastoral da Juventude do Estado do Rio de Janeiro. Consegui conversar com ele um minuto, dando um «jeitinho». Haveria um encontro com seminaristas de muitos países do mundo na Igreja de São Pantaleão, templo esplêndido que reúne três estilos consecutivos, o românico, o gótico e o barroco. Essa paróquia tinha sido confiada ao Opus Dei pela Arquidiocese de Colônia. Consegui do pároco uma entrada, mesmo sendo difícil, pois só tinham possibilidade de participar alguns cardeais e bispos. O Papa foi recebido por D. Javier Echevarría, e ambos rezaram numa capela dedicada a São Josemaria, e o Papa disse a D. Javier umas palavras semelhantes às seguintes:

– Estamos na sua casa.

Ao que D. Javier respondeu:

– Santo Padre, esta é a casa de Bento XVI.

Depois das palavras do Papa, proferidas diante de um relicário que continha o coração incorrupto do Santo Cura d'Ars, ele entrou na igreja seguido do Prelado da Obra e de outros acompanhantes, e eu consegui entrar na fila da forma mais jeitosa possível. O grupo que seguia o Papa era bem restrito, e os seguranças seguiam tudo com atenção. Antes de o Santo Padre subir ao carro, coloquei-me diante dele, beijei-lhe a mão e, ante a expectativa dos seguranças, comecei a falar com ele:

– Venho da Arquidiocese do Rio de Janeiro, da qual sou Bispo Auxiliar, e trago para a Vossa Santidade especiais saudações do Cardeal Sales.

– O Cardeal Sales – respondeu –, grande amigo meu e grande servidor da Igreja; diga-lhe isso da minha parte!

Quando cheguei ao Rio, telefonei a D. Eugênio contando-lhe este episódio. Ficou muito contente e muito agradecido. Mais tarde, transmiti-lhe por escrito as palavras do Papa, e ele novamente me agradeceu por carta.

Tive também a graça de falar das atividades da Pastoral Familiar durante a festa-testemunho organizada no Encontro Mundial das Famílias, em Valência, na Espanha, pois me pediram uma breve intervenção sobre a experiência do encontro anterior no Rio de Janeiro. Acredito que fui o único Bispo que teve a oportunidade de falar em público na presença do Santo Padre. Com emoção, diante de uma enorme multidão, referi-me ao sentido histórico e pastoral daquele memorável encontro no Maracanã e no Aterro do Flamengo.

O próximo Encontro Mundial das Famílias foi na Cidade do México, em 2009, aonde fui presidindo a Delegação do Brasil. O Santo Padre não pôde estar presente, por motivos de saúde, mas mandou o Cardeal Secretário de Estado, D. Tarcisio Bertone, para representá-lo. Antes do Encontro, fui visitar o Cardeal D. Norberto Rivera, a quem já conhecia por conta de umas jornadas de trabalho em Roma, e a quem me unia uma cordial amizade. Levei-lhe uma lembrança de Nossa Senhora da Penha, padroeira da Arquidiocese do Rio de Janeiro, e conversamos com muita cordialidade.

Fiquei muito comovido ao retornar ao Santuário da Virgem de Guadalupe. Celebrei ali a Santa Missa para a delegação brasileira, junto com D. Karl Josef Rohmer, perante uma multidão de peregrinos mexicanos. Aos pés da Padroeira da América Latina, colocamos as nossas preocupações, solicitudes e intenções, para que Ela nos amparasse. O reitor da Basílica, ao saber que eu tinha nascido na Cidade do México, deu-me de presente uma belíssima lembrança de Nossa Senhora de Guadalupe.

Depois de realizado o Encontro Mundial das Famílias,

o Cardeal Rivera convidou-me para um almoço com alguns cardeais, bispos e autoridades civis, entre elas o governador do Estado do México. Ao apresentar-me dizendo-lhe o meu nome e sobrenome, e acrescentando que era um *chilango* (apelativo dos nascidos na Cidade do México) e Bispo do Rio de Janeiro, o governador me perguntou se era parente de Carlos Llano. O Cardeal esclareceu que era irmão dele, e o governador disse:

– Tenho muita estima e admiração por ele. Foi o meu professor no IPADE[15], quando era reitor da Universidade Panamericana. Cumprimente-o da minha parte.

Alegrou-me constatar o prestígio que Carlos tinha em amplos setores da vida mexicana.

Os bispos participantes ficaram hospedados no Hotel Santa Cruz, muito próximo da Igreja da Santa Fé, dedicada a São Josemaria Escrivá e sob a responsabilidade de sacerdotes da Obra. Todos os dias concelebramos nela aproximadamente uma centena. Conosco concelebrava também o Cardeal Antonelli, na época Presidente do Pontifício Conselho para a Família, e o Cardeal Juan Luis Cipriani, Arcebispo de Lima. Foi uma ótima ocasião para que alguns bispos conhecessem mais de perto o trabalho da Obra, e várias vezes fui da igreja até o hotel conversando com o Cardeal Antonelli sobre o trabalho da Pastoral Familiar no Brasil e as atividades apostólicas do Opus Dei.

---

15 *Instituto Panamericano de Alta Dirección de Empresas*, com sede na Cidade do México. Foi fundado em 1967 por um grupo de empresários mexicanos, com um alto nível profissional e o desejo de impregnar de sentido cristão a atividade empresarial e o ambiente financeiro. Carlos Llano (1932-2010) estava entre os fundadores. (N. do E.)

Conversas e encontros com São João Paulo II

Durante aqueles dias de 1997 em que o Santo Padre esteve no Rio de Janeiro, com atividades multitudinárias, houve também encontros mais reservados. O Santo Padre residia na casa do Cardeal, no bairro do Sumaré. D. Eugênio contava que cada dia, depois de atividades esgotantes, o Santo Padre se recolhia na capela e, junto ao Santíssimo Sacramento, fazia horas de oração. Sem dúvida, encontrava forças naquele contato íntimo com Jesus Sacramentado, porque no dia seguinte o encontrávamos refeito, muito bem-disposto para continuar a sucessão de encontros e pregações extremamente intensos.

Os outros bispos auxiliares e eu, ao lado de D. Eugênio, tivemos um almoço particular com João Paulo II. Falamos de muitas coisas e, num momento determinado, o Papa comentou:

– Daqui a pouco tempo irei a Cuba e não sei o que me espera lá...

Eu lhe disse então que a minha mãe era cubana, do Opus Dei, que acabava de falecer santamente com um câncer muito doloroso, e que tinha oferecido as suas dores pelos frutos da viagem do Papa a Cuba. O Santo Padre, que já então tinha alguma dificuldade para falar, levantou a mão e agradeceu essa atitude da minha mãe com um olhar carinhosíssimo.

Por associação de ideias, esse almoço me recorda outro, em Castelgandolfo, por ocasião de uma visita *ad limina*, lá pelo mês de setembro de 2002. D. Eugênio dizia ao Papa que eu tinha sido um dos secretários de Mons. Escrivá, e contou algumas coisas do meu relacionamento com ele. O Santo Padre, expressando-se com dificuldade, olhou para mim com intensidade e levantou a sua taça como que para fazer um brinde de congratulações. No mesmo almoço, Mons. Stanislaw Dziwisz, um dos secretários do Papa, passou ao meu lado e me disse:

– Então nos veremos na canonização.

Referia-se à canonização do nosso Padre, já definida para o dia 6 de outubro daquele ano.

O que D. Eugênio contou ao Papa João Paulo II foram detalhes de um almoço anterior com o Prelado do Opus Dei, D. Javier, no Palácio São Joaquim, no Rio. Naquele agradável almoço, o Prelado da Obra disse a D. Eugênio que eu tinha sido secretário de São Josemaria. Ele ficou surpreso, porque eu nunca tinha comentado nada a esse respeito. D. Javier contou que São Josemaria era um homem que primava pelo seu bom humor, e quando estava cansado às vezes me telefonava e dizia:

– Rafa, preciso que me contes uma piada.

De fato, contava piadas, mas às vezes ele me dizia:

– Essa foi horrível, não valeu. Conta outra.

Como isso acontecia de vez em quando, eu já tinha uma lista preparada e ia contando mais algumas, até que chegasse uma em que ele dava uma aberta risada:

– Essa valeu, meu filho, essa foi boa. Muito obrigado!

Alguns dias depois, D. Eugênio telefonou-me e disse:

– Rafa, estou muito cansado, conta-me uma piada...

Demos os dois uma gargalhada, e eu lhe disse:

– D. Eugênio, essa sim que foi uma ótima piada...

Numa outra visita *ad limina*, contei a João Paulo II algumas características do Rio de Janeiro, favoráveis e desfavoráveis, entre elas o conhecido «arrastão» que, de vez em quando, os garotos de rua faziam nas praias: uma multidão de garotos corria a toda velocidade, como se fosse uma rede de arrastão, assaltando todos os que encontravam pela frente. O Papa comentou:

– Isso é pavoroso.

Ao que acrescentei:

– Mas nós fazemos outro tipo de «arrastão»: os jovens também vão pela praia convidando todo mundo para o retiro do Carnaval, animando-os com muita alegria e vibração. E nas arquibancadas do Maracanãzinho faz-se outro «arrastão», incentivando os participantes a confessar. Já no Maracanã, há várias centenas de sacerdotes para atender confissões, e antes da confissão damos uma breve aula sobre este sacramento, com indicações práticas de como proceder. Graças a Deus, em cada retiro confessam vários milhares de pessoas.

O Santo Padre, sorrindo e olhando-me com intensidade, comentou:

– Gostei desse arrastão.

No fim da visita, segurou as minhas mãos e disse-me com enorme afeto:

– Cuide dos jovens, cuide dos jovens!

Também estive em Roma por ocasião da ordenação episcopal de D. Álvaro, em janeiro de 1991. Pude conversar com o Papa logo após uma breve conversa que ele teve com D. Álvaro. João Paulo II, sorrindo com muita graça, disse-me:

– Acabo de estar com o Bispo mais jovem que ordenei até agora.

Acompanhei o seu sorriso, porque sabia que D. Álvaro era, justamente, o Bispo mais idoso que tinha ordenado naquela ocasião. Mais tarde, em Villa Tevere, comentei esse episódio com um dos assistentes, que completou a informação: o Papa dissera a D. Álvaro que ele era o Bispo mais velho que tinha ordenado, e D. Álvaro respondeu:

– Santo Padre, nós não somos velhos, somos tão jovens quanto o nosso amor a Deus.

A canonização de São Josemaria

Gostaria de fazer uma referência sumária, mesmo dando um salto no tempo, a um fato importantíssimo para o Opus Dei e para mim: a canonização de São Josemaria, no dia 6 de outubro de 2002.

Seria muito longo relatar a viagem a Roma com centenas de brasileiros, o espetáculo da Praça de São Pedro lotada com mais de trezentas mil pessoas, segundo informou *L'Osservatore Romano*, o fervor e a compenetração daquela multidão, a emoção que sentimos ao desdobrar-se o enorme panô com a imagem do nosso Fundador, na fachada da Basílica, e a comoção ao ouvir pronunciar a fórmula de canonização, ecoando no centro da fé católica e no mundo inteiro através dos meios de comunicação.

Parece-me oportuno transcrever aqui o artigo que publiquei num conhecido jornal brasileiro. Tem para mim um valor significativo, porque revela os meus sentimentos precisamente na data em que se deu esse grande acontecimento. Trata de um aspecto fundamental do espírito de São Josemaria: a sua fervorosa e filial união com o Santo Padre.

Escrevo junto da Igreja Prelatícia do Opus Dei, Nossa Senhora da Paz, a poucos metros do altar onde repousa o corpo de São Josemaria. Há poucas horas, concelebrava a Santa Missa na cripta de São Pedro, no Vaticano, diante do sepulcro do apóstolo, o primeiro Papa.

Vim rezar diante dos restos mortais do Fundador do Opus Dei, porque foi ao seu lado que entendi em profundidade a união que devemos ter com o Papa, o sucessor de Pedro.

Na minha convivência frequente com Monsenhor Escrivá, aqui em Roma, lá pela década de 1950, aprendi dos seus lábios a viver uma fidelidade completa ao magistério pontifício: «Onde está Pedro, aí está Cristo», afirmava com frequência.

Lembro-me de que, em 1957, leu para nós, como se a estivesse saboreando, a mensagem que mandou gravar numa lápide afixada no terraço desta mesma sede prelatícia do Opus Dei. Do terraço, vê-se claramente a cúpula da basílica de São Pedro. O texto da lápide, redigido em latim, diz assim: «Como resplandeces, Roma! Como é grata a vista que daqui nos ofereces! Como se destacam os teus muitos antigos monumentos! Mas unicamente tu podes gloriar-te de possuir uma joia ainda mais nobre e pura: o Vigário de Cristo».

Olhando para a cúpula de São Pedro, é como se essa mensagem construísse uma ponte invisível, não apenas entre o túmulo do primeiro Papa e o túmulo do fundador do Opus Dei, mas também entre o primeiro século da Igreja e o início deste terceiro milênio. É como se estabelecesse um arco de fidelidade que une o primeiro ao último Papa. E, como mais um vínculo de unidade, aparece a incontestada lealdade do fundador do Opus Dei, que morreu oferecendo a sua vida pela Igreja e pelo Papa.

Acompanhei, ao lado de Monsenhor Escrivá, o desenrolar da eleição do Papa João XXIII. O fundador do Opus Dei pedia-nos orações pelo futuro Papa: «Seja quem for», dizia-nos, «amamo-lo já agora; seja quem for, sempre será o Vigário de Cristo». Numa daquelas tardes, logo que soube da escolha do novo Papa, ajoelhou-se no chão e rezou intensamente. A seguir, exclamou cheio de júbilo: «Já temos Papa!», e determinou que no dia seguinte se celebrasse o acontecimento como festa grande em toda a casa.

Esse foi para mim como um ato emblemático que testemunhou a sua profunda união com o Romano Pontífice, como o foi, igualmente, aquele encontro do dia 17 de maio de 1992, na Praça de São Pedro, quando trezentas mil pessoas tiveram a alegria de participar da sua beatificação; uma cerimônia de marcante simbolismo, presidida pelo Papa João Paulo II e tendo como pano de fundo a imagem de Nossa Senhora, Mãe da Igreja, que embeleza a monumental praça. Confluíram no mesmo lugar os três grandes amores de São Josemaria Escrivá: Cristo, Maria e o Papa.

Um pensamento seu parece sintetizar esse carinho que tinha pelo Santo Pontífice: «O teu maior amor; a tua maior estima, a tua mais profunda veneração, a tua obediência mais rendida, o teu maior afeto hão de ser também para o Vice-Cristo na terra, para o Papa. Nós, os católicos, temos de pensar que, depois de Deus e da nossa Mãe a Virgem, Maria Santíssima, na hierarquia do amor e da autoridade, vem o Santo Padre».

Hoje é o dia da sua canonização, na Praça de São Pedro. Podemos dizer que foi canonizado um santo que soube amar o Papa com todo o coração, ao ponto de ter vivido e consumido a vida por ele.

Desejo também transcrever as palavras pronunciadas por São João Paulo II em 7 de outubro de 2002, dia seguinte à canonização, na audiência após a primeira Missa celebrada em sua honra, na Praça de São Pedro:

São Josemaria foi escolhido pelo Senhor para anunciar o chamado universal à santidade e para indicar que as atividades comuns que compõem a vida de todos os dias são caminho de santificação. Poder-se-ia dizer que foi o *Santo do Cotidiano*. Com efeito, lutava para convencer-nos de que, para quem vive numa perspectiva de fé, tudo é ocasião de encontro com Deus, tudo é estímulo para a oração. Vista deste modo, a vida cotidiana revela uma grandeza insuspeitada. A santidade aparece verdadeiramente ao alcance de todos.

Essas palavras extremamente expressivas – parece-me – sintetizam o cerne da mensagem de São Josemaria.

Capítulo XIV

A Diocese de Nova Friburgo

Na assembleia dos Bispos realizada em Itaici, em maio de 2004, o Sr. Núncio, D. Lorenzo Baldisseri, comunicou-me que o Papa tinha me nomeado Bispo de Nova Friburgo. Quando a notícia se tornou oficial, entrei em contato com Mons. Antônio Stael, administrador apostólico e responsável pela diocese. Como Bispo Auxiliar do Rio de Janeiro, já tinha participado de alguns encontros e atividades da Diocese de Nova Friburgo, especialmente na Pastoral Familiar e na Pastoral da Juventude. Muitos fiéis também participaram dos retiros de carnaval no Maracanãzinho. Era, portanto, conhecido e havia nesse sentido uma boa expectativa.

A cerimônia da posse, no dia 20 de junho de 2004, foi muito bem preparada. Montou-se um palanque de grandes proporções em frente à Catedral de São João Batista, aberto para a Praça Dermeval Barbosa, a principal da cidade. Na homilia, após a saudação inicial aos participantes mais significativos, disse:

A Diocese de Nova Friburgo tem a sua história e o seu itinerário marcados pelo pastoreio de D. Clemente Isnard e de D. Frei Alano Pena, tão fecundos e inesquecíveis. Desejo inserir-me nessa história e nesse itinerário. Tenho consciência de que estarei colhendo frutos de uma generosa semeadura dos meus predecessores e por isso estou profundamente agradecido. Apesar das minhas limitações, procurarei seguir essa linha de atuação e corresponder à altura que a Diocese de Nova Friburgo, o seu clero e o seu povo merecem. Será uma forma a mais de gratidão em face do abnegado ministério realizado por D. Clemente e por D. Alano.

A praça estava lotada. Calculamos mais de quinze mil pessoas. Havia muitos cartazes saudando o novo Bispo, tanto de paróquias como das outras iniciativas diocesanas. Chamava à atenção a presença de milhares de jovens. Foi uma explosão de fé, de afeto ao novo pastor, de alegria. Não poderia esperar tanta gente e tanto carinho. Mons. Saraiva, o sacerdote mais antigo da diocese, fez a homilia. Mons. Stael também falou, representando o clero.

No fim, pronunciei um discurso do qual cito a seguir os trechos mais relevantes:

> No Evangelho que acaba de ser proclamado, o Senhor nos diz: *Se alguém quer me seguir, renuncie a si mesmo, tome a sua cruz e siga-me. Pois, quem quiser salvar a sua vida, vai perdê-la, e quem perder a sua vida por causa de mim, este a salvará* (Lc 9,24).
> Providencialmente, essas palavras aparecem na Santa Missa deste 12º domingo do Tempo Comum, e se harmonizam plenamente com o programa de evangelização que queremos realizar na Diocese de Nova Friburgo, e que se sintetiza no lema que escolhi para o meu brasão episcopal: *Quando eu for levantado da terra* [na cruz] *tudo atrairei a mim* – Omnia traham ad meipsum –, quero atrair a mim todas as realidades humanas. E é isto

o que precisamente desejamos promover: queremos colocar Cristo no cume de todas as atividades humanas: do mundo laboral e das universidades, das estruturas sociais e dos lares, das favelas e dos centros urbanos, das fábricas e dos polos petrolíferos, das zonas pesqueiras e dos campos de lavoura. Mas, se queremos ser corredentores com Cristo, teremos que unir-nos a Ele na cruz, deveremos saber abraçar-nos à cruz de cada dia, num trabalho evangelizador, alegre e abnegado. Só assim conseguiremos realizar a grande tarefa que o Senhor nos tem designado. E é justamente com o imenso poder que brota da Cruz que nós queremos empreender a nossa nova missão confiada pela Igreja.

Mencionei a seguir algumas prioridades no governo da diocese, como a unidade fraterna entre os sacerdotes diocesanos em plena adesão ao Magistério pontifício, a dedicação aos seminaristas e a promoção de vocações ao sacerdócio. E acrescentei:

> Sinto no meu coração um apelo que não consigo reprimir: a construção de um seminário capaz de comportar as muitas e muitas vocações que, sem dúvida, hão de surgir nesta fervorosa diocese. Para esse intento, que julgo estar de acordo com os desígnios de Deus, não duvido que contaremos com o apoio total dos presbíteros, das paróquias, das empresas, das pessoas singulares e também – por que não? – dos recursos dos governos municipais.
>
> Em decorrência desse objetivo, fica evidente que a Pastoral Presbiteral e a Pastoral Vocacional devam ocupar um lugar privilegiado, alicerçadas, é claro, numa catequese fundamental, sólida e consistente, difundida em

extensão e em profundidade, porque a catequese é a base de todas as demais iniciativas pastorais.

Referimo-nos antes a essa união fraterna de toda a família diocesana. Pois bem, diríamos agora que a unidade do presbitério será como um modelo da unidade da própria diocese. Sempre levei em consideração uma sábia lição que nos dá a Sagrada Escritura: *O irmão que ajuda ao irmão é como uma cidade amuralhada* (Sal 133, 1). Milhares de pedras desunidas nada defendem. Mas, bem travadas, constituem uma sólida proteção. O mesmo acontece no presbitério de uma diocese. Quando estamos todos unidos pela argamassa do carinho fraterno, chegamos a constituir uma muralha intransponível. Não basta uma caridade formal, protocolar; é necessário carinho fraterno: o carinho que dá um pai, que dá uma mãe, que dá um irmão. Nenhum sacerdote poderá vir a sentir a mordida da solidão, a ferida da incompreensão, a profunda mágoa que representa a falta de perdão diante das suas possíveis falhas e defeitos. Sempre procurei levar em consideração uma matemática sobrenatural que me foi ensinada: fraqueza + fraqueza + carinho fraterno = fortaleza. Também eu, na minha fraqueza, espero contar com o vosso carinho, que será para mim a mais vigorosa e suave fortaleza. Espero, meus queridos irmãos, que saibamos fazer uso dessa matemática, colocando ao lado das nossas debilidades o extraordinário cimento do amor fraterno [...].

Quando fui ordenado sacerdote, um homem de Deus, que já está na honra dos altares, São Josemaria Escrivá, disse-me: «Tu te ordenarás para servir, para ser tapete, a fim de que os outros pisem macio». Um tapete que converta a moradia comum num lar aconchegante e familiar. E esse conselho de um sacerdote santo, que poderia parecer de certa forma chocante, veio ecoar no meu coração quando pela primeira vez pisei, como Bispo, esta bela terra de Nova Friburgo [...].

Falei também sobre a família:

A família! Sim, a família há de ser para nós, neste momento, uma prioridade, básica, sentida, real e atuante, conforme o dizer da Conferência de Santo Domingo.

Se cada núcleo familiar, se cada lar, integrando as diferentes comunidades e paróquias, viesse a ser um foco difusor dos valores cristãos, a diocese inteira, convertida numa única família, viria a concretizar aquele desejo de unidade de Nosso Senhor, manifestado naquelas já citadas palavras: *Pai, que todos sejam um como tu e eu somos um* (Jo 17, 21-23). Esse propósito exige de nós um grande labor missionário que traduza em realidades efetivas o projeto evangelizador da Conferência dos Bispos do Brasil: «Queremos ver Jesus, caminho, verdade e vida». Sonhamos com a perspectiva de milhares de missionários que venham percorrer casa por casa, residência por residência, sítio por sítio, fábrica por fábrica, escola por escola, universidade por universidade [...], numa permanente e grandiosa missão popular, de tal forma que em nenhum bairro ou povoado, e até em nenhuma rua ou vila, deixe de existir um círculo bíblico, uma comunidade de base, um grupo de oração [...].

Nesse imenso esforço evangelizador, precisaremos principalmente contar com a força, a vibração e o entusiasmo dos nossos jovens: uma diocese sem a coragem, o ardor e a nobre rebeldia da juventude é uma diocese apagada, sem vida, desatualizada, caduca. Para tanto, é preciso dar o maior apoio à Pastoral da Juventude e à Pastoral Universitária. Necessitamos delas. Sem a sua presença, uma diocese careceria da vitalidade e do vigor

dos que trazem na alma uma juventude que não se desgasta com o tempo [...].
A motivação da nossa existência é a fé. Jesus Cristo vive! Não é uma figura que passou, que se perde na névoa da história. Jesus Cristo vive e está aqui! E essa fé é a que nos dá a força. Vamos fazer agora, todos juntos, em uníssono, um ato de fé que ecoe por todas estas montanhas de Nova Friburgo e em todos os recantos da diocese.

No discurso, comprometia-me a construir o seminário em menos de dois anos. A muitos pareceu uma ousadia e talvez pensassem que a promessa ficaria apenas em palavras.

No fim da celebração, a emoção tomou conta da praça. Quase não consegui chegar à catedral para tirar os paramentos. Foi muito comovente. Experimentei uma dose concentrada desse carinho que iria depois saborear todos os dias, especialmente nas visitas pastorais feitas a cada paróquia, durante os seis anos em que estive à frente da diocese.

Pouco tempo depois, tivemos o retiro do clero, no Centro de Estudos do Sumaré, no Rio de Janeiro. Era uma oportunidade ímpar para conhecer melhor cada um dos sacerdotes. Diariamente lhes dava uma palestra, e na primeira delas falei da construção do seminário. Já tínhamos o terreno: a cinco minutos do centro, de carro, mas inserido na floresta e nas montanhas, com um panorama esplêndido na sua frente. Falei do projeto: teria cinquenta quartos individuais com banheiro, uma capela grande, uma espaçosa sala de estar e um auditório, etc. Ficaram entusiasmados. Perguntei:

– Vocês querem que construamos o seminário?
– Claro! – foi a resposta unânime.

– Mas cada paróquia vai ter que ajudar com uma determinada importância...

Nesse momento, ficaram mais sérios, com ar de perplexidade. Esclareci que, com exceção de umas paróquias menores, cada paróquia deveria contribuir com trinta mil reais. Ninguém disse nada.

De repente, o Pe. Aldo, um sacerdote experiente, levantou-se e disse:

– D. Rafael, o senhor está chegando agora à nossa diocese. Não conhece a nossa realidade. Essa importância de que o senhor acaba de falar é muito alta. Eu não poderia pagá-la.

Todo mundo ficou em silêncio, e eu lhe disse:

– Pe. Aldo, o senhor é um homem de fé. A fé move montanhas. Estou certo de que o senhor vai superar essa dificuldade.

No dia seguinte, o Pe. Aldo disse-me em particular:

– Não fui delicado. Tenho que retificar.

Na última reunião do retiro, ele levantou-se e disse:

– Tenho que retificar, mas quero retificar com obras. Aqui está um cheque de trinta mil reais. Renunciei à troca do carro.

Houve uma grande salva de palmas e eu dei-lhe um abraço. As reticências caíram e a partir daquele momento as coisas começaram a correr com mais suavidade.

Visitei a maior parte dos prefeitos dos dezoito municípios da diocese. De alguns recebi ajudas importantes, como o de Casimiro de Abreu. Também conseguimos a expropriação de um terreno da Mitra que interessava à Prefeitura de Rio das Ostras, e a importância obtida foi um bom avanço. Solicitei também a ajuda de algumas entidades alemãs, como *Adveniat* e *Kirche in not / Ostpriesterhilfe*, «Ajuda à

Igreja que sofre», e do Arcebispo de Friburgo, na Alemanha. Reforcei este pedido visitando pessoalmente os seus representantes na viagem que fiz a Colônia com motivo da Jornada Mundial da Juventude. Para essas diligências, contei com a experiência e a ajuda inestimável de Hans Thomas, um dos primeiros membros da Obra na Alemanha, que, entre outros trabalhos, prestava serviços profissionais às entidades mencionadas.

Também tive encontros com algumas empresas. Pouco consegui, mas houve uma excepcional e generosa contribuição que ofereceram Francisco Faria e sua esposa Helena, donos da *Stam*, uma importante fábrica de fechaduras e cadeados. Contarei brevemente a visita que fiz.

Fui acompanhado por um amigo do dono, Heródoto, ex-prefeito duas vezes e novamente reeleito para a gestão de 2010. Francisco Faria foi um homem de extraordinário valor. Começou como operário e chegou a dirigir uma fábrica com mais de oitocentos funcionários. A conversa foi, mais ou menos, a seguinte:

– O senhor construiu esta enorme fábrica para fabricar fechaduras e cadeados. Nós precisamos de uma outra fábrica para construir sacerdotes. E estamos pedindo a sua ajuda. Acabo de ver o coração da fábrica, toda automatizada, que é o centro computadorizado que programa tudo. Nós queremos que financie o coração do seminário, que é a capela. Deus não se esquecerá dessa ajuda e a diocese a guardará permanentemente na sua memória.

O Francisco escutava atentamente. Percebi que gostara da forma como tinha apresentado o assunto. Ele perguntou, simplesmente:

– Quanto?

Aproximei-lhe o orçamento: beirava os trezentos mil reais.

– É muito dinheiro – acrescentou.

– Concordo – respondi. – Estou apelando para a sua generosidade...

E Francisco perguntou:

– Poderia colaborar parceladamente?

– Mas é claro! Passaremos para o senhor os gastos que iremos fazer cada mês na construção da capela.

E um grande abraço encerrou o nosso encontro.

Francisco, Chico, como terminei chamando-o familiarmente, cumpriu religiosamente o seu compromisso. Sofria de um câncer que entrou na fase terminal. Numa visita *ad limina*, obtive uma carta de agradecimento muito elogiosa, escrita pela Secretaria de Estado. Só pude ler a carta ao pé da cama, quando ele já estava muito mal. Após a morte do Chico, a sua esposa honrou o compromisso abonando as últimas prestações. Agradeço a ambos, de coração, tanta generosidade. Quando foi inaugurada a capela, que ficou magnífica, celebramos ali uma Missa de ação de graças para a família.

Como sempre tive gosto pela arquitetura e pela decoração, desenhei as plantas do Seminário, a disposição dos quartos, do refeitório, das salas, da capela e da área acadêmica, onde funcionaria um embrião de Instituto Filosófico e Teológico. A ideia fundamental consistia em fazer do seminário uma prolongação do lar dos alunos e um precedente do lar que cada um dos futuros sacerdotes iria instalar na sua casa paroquial: nada que parecesse um hotel, um quartel, um mosteiro... Não haveria corredores, mas módulos que reagrupassem um grupo de quartos em torno a uma pequena sala de estar. Esses módulos estariam articulados em quatro pequenas torres construídas em estilo suíço, predominante na cidade de Nova Friburgo, que fora fundada por imigrantes da Suíça. Fugiria tanto de uma tendência modernista, quadrada e fria, como de um ultrapassado estilo colonial. O arquiteto, Alexandre Quintella, com grande visão artística e prática, soube traduzir essas ideias numa realidade que vem sendo considerada já um dos cartões de visita da cidade de Nova Friburgo. As famílias dos seminaristas e os visitantes de outras dioceses gostaram muito.

A construção – imersa na floresta que a rodeia – fica aberta a uma vista esplêndida das montanhas que compõem a paisagem serrana de Nova Friburgo. Não se divisa nenhuma casa. Está, contudo, a cinco minutos do centro da cidade, de carro. Silêncio absoluto.

A inauguração do seminário, no dia 19 de agosto de 2006, representou um momento importante na vida da diocese. A Santa Missa teve a participação especial do Núncio Pontifício D. Lorenzo Baldisseri, do Arcebispo do Rio de Janeiro, D. Eusébio Scheid e de D. Alano Pena, Arcebispo de Niterói. Estiveram presentes todos os bispos do Estado do Rio de Janeiro e de algumas dioceses próximas. Foi motivo de grande alegria para mim a presença de alguns bispos amigos de longa data, como D. Washington Cruz, Arcebispo de Goiânia, D. Pedro Fedalto, Arcebispo Emérito de Curitiba, e D. Antônio Miranda, Bispo Emérito de Taubaté.

Destaco alguns dos textos da homilia que pronunciei naquela ocasião:

> É com grande júbilo que hoje, unido a vocês – com um só coração e uma só alma –, inauguramos o nosso seminário diocesano, empreendimento querido e realizado por todos nós com a ajuda de tantos benfeitores e o apoio efetivo de tantas e tantas pessoas, entidades e empresas. Muito obrigado por estarem participando de um acontecimento tão significativo e pelo afetuoso acolhi-

mento que me dedicaram ao longo destes dois anos que estou à frente da diocese.

Saúdo todos os presentes. Agradeço a D. Lorenzo, núncio apostólico, que interpretou os nossos comuns sentimentos, por suas palavras tão cheias de sabedoria.

O meu pensamento afetuoso dirige-se, depois, ao clero diocesano, aos consagrados e às consagradas, aos seminaristas, às autoridades presentes e a quantos quiseram participar neste importante e jubiloso momento de fé e de comunhão.

Depois de saudar as autoridades eclesiásticas e civis presentes, tive palavras de gratidão para com todos os benfeitores e expus algumas ideias acerca do ambiente do Seminário:

> Este novo Seminário Diocesano e a Escola Filosófica e Teológica anexa, que todos vocês ajudaram a construir com gestos concretos de generosidade, abnegação e solicitude amorosa, «constituem», como disse João Paulo II, «um providencial dom para quantos são chamados ao ministério presbiteral e para os sacerdotes [...]. De fato, o seminário é chamado a criar o ambiente no qual se possa viver uma peculiar experiência de comunhão com Cristo. Oxalá os jovens, que se empenharem aqui no estudo e na oração, façam próprias as palavras de André ao irmão Simão: *Encontramos o Messias!* (Jo 1, 41)»[1].

O seminário é a menina dos olhos do Bispo e a feliz concretização de um sonho. *Se o Senhor não edificar a sua casa, em vão trabalham os que a constroem* (Sal 126, 1). Esta foi a frase que pautou todo o nosso empreendi-

---

[1] São João Paulo II, *Discurso na inauguração do Seminário Metropolitano de Salerno*, 1999.

mento. Pusemos todos os meios, mas a intervenção do Senhor foi indispensável. Vocês sabem que não contávamos com nenhum meio econômico. Tínhamos apenas este magnífico terreno, conseguido por D. Alano, e também uma fé muito grande em Deus. E mais nada.

Na Santa Missa de posse, eu quis assumir publicamente esse compromisso para impedir que pudéssemos voltar atrás. Para alguns parecia uma loucura. Mas, como disse São Paulo na Epístola aos Romanos: *Esperando contra toda esperança Abraão teve fé... E a esperança não engana* (Rom 4, 18; 5, 5).

Recordo o primeiro retiro dos padres no Sumaré, quando expus o projeto da construção do Seminário e informamos a cota que estava destinada a cada paróquia para ajudar a erigir o prédio. Vocês não sabem o quanto agradeço a adesão e o apoio de todos os padres. Por isso, não é retórico dizer que foi a fé que construiu o seminário. Seria longo demais recordar agora e relatar cada um dos que ajudaram [...].

Vocês estão aqui nos alicerces. Parafraseando São João, *chamo a todos vocês de amigos* (Jo 15, 15), porque lhes revelei o meu sonho e vocês acreditaram, e me ajudaram a concretizá-lo. E o meu sonho tornou-se também o de vocês. E Deus o converteu em realidade.

As suas abnegadas contribuições, os gestos de confiança e de apoio não se veem, estão ocultos no aparente anonimato. Mas aparecem diante dos olhos do Senhor. São pedras vivas da Casa do Senhor. Assim como este edifício, que parece feito só de pedras e tijolos, está na verdade feito de amor e abnegação; sustentado, igualmente, pela oração e pelo sacrifício amoroso de muitas pessoas [...].

Gostaria de falar agora de modo particular a vocês, amados seminaristas, porque foi pensando em oferecer-

-lhes uma morada digna, que correspondesse à grandeza da vossa vida de futuros sacerdotes, que nos empenhamos na construção deste seminário. Sei que hoje vocês estão festejando com gratidão esta inauguração: louvado seja o Senhor! Com efeito, este seminário está destinado a vocês e a todos quantos, também no futuro, estiverem prontos para responder ao chamado de Deus e passarem aqui anos de indispensável formação [...].

Esta casa não é um convento. Muito menos um quartel, ou um hotel, mas uma extensão do seu lar. Ninguém deve surpreender-se, ou escandalizar-se, por estar ela dotada de determinadas coisas, como cortinas, tapetes, quadros, porque é isso o que vocês encontram nos seus próprios lares ou o que os seus pais gostariam que vocês encontrassem no seminário. Mais ainda, gostaríamos que este seminário fosse como uma ressonância do calor dos seus pais, dos seus irmãos e irmãs: um verdadeiro lar de Nazaré [...].

Esperamos que – em breve prazo – possam ser ocupadas as suas cinquenta vagas. Para tanto, é necessário desenvolver uma intensa Pastoral Vocacional. Precisamos de muitos e santos sacerdotes [...].

Caríssimos irmãos e irmãs, o edifício que hoje inauguramos, repito, é fruto do empenho, da generosidade sem limite de muitos de vocês e da colaboração de tantas pessoas, entidades e empresas. Gostaria de deixar registrado, mais uma vez, o meu muito obrigado a quantos empregaram neste projeto a sua energia, inteligência e competência: aos arquitetos, engenheiros, artistas plásticos, construtores, operários, a todos!

Porei o meu agradecimento todos os dias na oração, ao lado da gratidão e do louvor que devemos ao próprio Deus. Sem a sua providentíssima ajuda, com certeza, não teríamos conseguido, em tão brevíssimo tempo, construir este seminário. Os nomes dos nossos colaboradores estarão colocados no relicário do altar, para que constem entre as intenções das Missas nele diariamente celebradas.

Posso dizer que esta obra é um sinal visível do nosso amor a Cristo e à sua Igreja e uma marca indelével da nossa unidade diocesana, que juntos vamos celebrar no próximo domingo, aqui na cidade de Nova Friburgo. A partir de hoje, uma nova página começa a ser escrita nos anais da nossa querida diocese.

A Maria Santíssima, Imaculada Conceição – Padroeira da Diocese e do Seminário Diocesano –, cuja imagem foi colocada como sentinela no novo edifício, confio, como disse São João Paulo II, «os que viverem, estudarem e trabalharem nesta pequenina cidade de fé e de cultura. Ela vigie com amor sobre as fadigas de todos e os ampare no seu caminho, para que possam responder generosamente à palavra do seu Filho e servir os irmãos com a mesma fidelidade»[2].

---

2 *Ibidem*.

CAPÍTULO XV

O RELACIONAMENTO COM O POVO CRISTÃO E OUTRAS RESPONSABILIDADES COMO BISPO

As visitas pastorais, a Missão Popular e os congressos

Gostaria de reafirmar que os contatos contínuos com os fiéis impregnaram sempre o meu trabalho episcopal e ocuparam o espaço de maior importância.

No Rio de Janeiro, realizei, aproximadamente, cento e vinte visitas pastorais, e mais de cinquenta na Diocese de Nova Friburgo.

A Diocese de Nova Friburgo tem três Vicariatos Episcopais, com um Vigário Episcopal em cada um deles representando a autoridade do Bispo. O Vicariato Sede está encravado na zona serrana, onde se encontra a cidade de Nova Friburgo; o Vicariato Norte tem uma feição preponderantemente rural; e o Vicariato do Litoral se caracteriza pelas suas praias e pelos importantes polos petrolíferos de Macaé, Rio das Ostras, Quissamã e outros. O conjunto da diocese tem dezenove municípios, alguns com cerca de duzentos mil habitantes, como Macaé. As distâncias são grandes. Por exemplo, entre Itaocara e Quissamã há mais de 300 km. Portanto, as viagens e visitas representavam um desgaste considerável.

Nessas visitas, eu passava o fim de semana na paróquia. Chegava na sexta-feira de tarde, para celebrar a Santa Missa de abertura, e deixava a paróquia no domingo à noite, depois da Missa de encerramento. O tempo estava completamente cheio, dedicado a reuniões com as diferentes pastorais, com prioridade para a Catequese, para a Pastoral Familiar e para as Pastorais da Juventude e Universitária. Em todas elas, a dimensão apostólica e missionária estava sempre presente. Desde o ano de 2005, essa dimensão foi ganhando espaço com as Missões Populares que culminaram na V Conferência Geral do Episcopado Latino-americano e do Caribe, realizada em Aparecida, que contou com 266 participantes, sendo 162 bispos membros. O chamado Documento de Aparecida teve uma importância fundamental, pois deu origem ao que se veio a denominar a Missão Continental.

Há paróquias muito extensas e numerosas que chegam a superar dezenas de comunidades e a quantidade de cinquenta mil fiéis. Não faltavam nessas visitas o atendimento aos doentes e os horários destinados ao atendimento pessoal e às confissões.

Esse trabalho esgotante estava, contudo, animado e incentivado pelo desejo de levar a palavra de Deus e o consolo para as preocupações e aflições de todas e de cada uma das pessoas.

Terminava cada visita pastoral exausto e, ao mesmo tempo, contentíssimo. Sinto dificuldade em encontrar as palavras adequadas para expressar o carinho que me dispensava aquele povo tão querido. Na saída das Missas, costumava ficar na porta da Igreja para cumprimentar e abençoar a cada participante: falavam rapidamente das suas necessidades – as doenças, os problemas familiares e econômicos, etc. – e desejavam um contato pessoal, físico, como tocar na batina ou receber o sinal da cruz na testa.

Fala-se muito da perda do sentido sobrenatural e da falta de fé na nossa realidade contemporânea. E é verdade. Mas não se põe em relevo, tanto quanto mereceria, a fé – simples e profunda, ainda que talvez pouco ilustrada – do nosso povo brasileiro. É algo comovente. Eu a experimentei. Eu a senti no meu corpo e na minha alma de forma muito profunda.

Uma das lições mais marcantes daqueles inesquecíveis contatos pessoais foi a necessidade que as pessoas têm de compreensão e de carinho. Os problemas que afloram à superfície têm raízes profundas. A vida pastoral me ensinou que alguns defeitos ou vícios clamorosos como o alcoolismo, a depressão, a dependência de drogas ou a paixão absorvente pelo sexo, têm, com frequência, uma forte conexão com fatores da vida pregressa: uma educação desviada, repressiva ou amoral, um complexo – de inferioridade, de raça, de limitações físicas e de tantos outros –, uma marcante frustração ou trauma... Representam como que bombas escondidas nos porões da alma. Esta parece, às vezes, como um campo pacífico, mas coberto de espoletas camufladas. Inesperadamente, uma alusão a determinado fato vem a ser como um golpe que pressiona uma das espoletas: faz com que a pessoa exploda, se irrite violentamente ou entre num processo de depressão.

Para compreender uma pessoa, é preciso detectar as minas, conhecer as raízes, perfurar as camadas do passado e descobrir as jazidas de bondade que todo ser humano tem como filho de Deus, no fundo da sua alma. Quantas vezes ouvi uma mulher falar do marido: «Ele é um bêbado!»; ou o marido, da mulher: «Ela é insuportável, perfeccionista, mandona»; ou o pai referindo-se ao filho ou à filha: «Não presta, vive atrás das drogas, só pensa em sexo...». Mas deveríamos ponderar: por que uma pessoa procura o álcool ou a cocaína? Por que fica obcecada pelo sexo? Por acaso ela é má? Geralmente, não. A verdade é que ela procura essas coisas porque tem sérias carências. Procura a felicidade e o amor, mas galopa em sentido contrário a eles. Busca a felicidade de um amor profundo e se vê rodeado de egoísmo, frieza, superficialidade, conflitos... Não será que às vezes nós somos, talvez, uma parcela da causa que provoca esses estados animicamente patológicos?

Muitas vezes, a graça de Deus ajudou-me a tirar do fundo do poço um rapaz ou uma moça falando-lhe com carinho paterno, abrindo-lhe os horizontes maravilhosos do amor a Cristo e a seus irmãos os homens. E, outras vezes, consegui reconciliar marido e mulher.

Compreendo que é difícil fazer entender a profundidade e a riqueza afetiva que tem essa paternidade espiritual, mas é uma realidade clara, tangível, jubilosa.

Em certa ocasião, num auditório cheio de casais onde eu falava do valor da família, alguém me perguntou por que não ia visitar a minha família com mais frequência – de fato, às vezes se passavam mais de seis ou sete anos sem fazê-lo – e respondi, como se fosse a coisa mais natural do mundo:

– Porque vocês são a minha família.

Surpreendi-me de repente ao ouvir uma salva de aplausos. Através dessa ostensiva manifestação, agradeciam o carinho que, de fato, sentia por eles. Esse acontecimento repetiu-se depois com bastante frequência.

No Opus Dei aprendi, sendo muito jovem, que o país aonde a Providência nos envia é a nossa pátria. Por isso, quando, ao ouvir o meu sotaque, perguntavam-me se era mexicano ou espanhol, respondia:

– Eu sou brasileiro, nascido no norte do Brasil – e aqui fazia uma pausa de suspense –, no México; o meu pai nasceu na Espanha e a minha mãe em Cuba...

Essa mistura latino-americana alargou o meu coração, a condição de filho de Deus me tornou cidadão do mundo e a minha qualidade de sacerdote levou-me a amar o Brasil como a minha pátria: aqui sempre me senti em casa.

A paternidade espiritual é sentida de um modo mais profundo a respeito das pessoas que orientamos espiritualmente de forma pessoal. E esse amor humano e espiritual não permite viver com mentalidade de solteirões.

As visitas pastorais tinham, às vezes, um caráter mais amplo, especialmente quando se davam durante congressos regionais ou nacionais. Como coordenador nacional da Pastoral Familiar, participei de muitos congressos em diferentes cidades brasileiras. Poderia lembrar-me, entre outras, de Rio de Janeiro, Curitiba, Porto Alegre, São Paulo, Belo Horizonte, Vitória, Belém, Salvador, Fortaleza, Montes Claros. Também estive em congressos regionais em não poucas cidades do Estado do Rio de Janeiro, quando era responsável pela Pastoral Familiar: Volta Redonda, Petrópolis, Niterói, Macaé, Campos...

Os Encontros Mundiais da Família com o Papa tinham dimensão universal. Tive a oportunidade de participar do primeiro, do segundo, do terceiro e do quarto, em Roma, no Rio de Janeiro, em Valência e no México, respectivamente. A estes posso acrescentar as Jornadas Mundiais da Juventude em Toronto e Colônia, ministrando catequeses aos jovens de língua portuguesa provenientes de Portugal, Angola, Moçambique e Brasil. Em todos esses eventos, sente-se vivamente a universalidade da Igreja e a unidade de corações em torno da figura do Santo Padre.

A Missão Popular

A Missão Continental mencionada anteriormente traduziu-se, na nossa diocese, na Missão Popular.

Há uma consciência generalizada de que a Igreja, em alguns ambientes, está perdendo terreno, sofrendo uma sangria provocada pela propaganda, às vezes desleal, de certas seitas que pouco têm de evangélicas, e secundada pela atitude um tanto acomodada de alguns fiéis e pastores.

Diante dessa situação, a CNBB lançou o Projeto Nacional de Evangelização «Queremos ver Jesus – Caminho, Verdade e Vida», que tem uma grande riqueza de aspectos.

Dentre eles, têm uma importância fundamental as chamadas Missões Populares. Na atual conjuntura, essas missões estão revestidas de um caráter peculiar. Não consistem em grandes concentrações, eventos ou sermões, mas num contato pessoal feito por um grande número de leigos e concretizadas em visitas domiciliares.

Para um empreendimento de tais dimensões, era necessário preparar um grande número de missionários que tivessem a suficiente formação para realizar uma ação rápida e eficaz. A formação dos missionários pode ter vários estágios, cada vez mais aprofundados, mas é preciso começar com uma formação elementar e rápida: uma espécie de «cursinho» de um ou dois dias. O «cursinho» torna os missionários mais aptos a fazerem as visitas domiciliares de modo adequado, que é o objetivo imediato e mais significativo do projeto missionário.

Pareceu-me conveniente expor esses detalhes, porque a atividade da Missão Popular ocupou um lugar importante no desenvolvimento do trabalho pastoral da diocese.

A Academia Friburguense de Letras

Recebi com grande surpresa a nomeação como membro efetivo da Academia Friburguense de Letras. A 20 de agosto de 2009, dia da posse na sede da Academia, o auditório estava cheio de padres e amigos. No discurso que me correspondia fazer, procurei sublinhar que literatura e fé não são duas dimensões opostas, mas complementares. A arte e a literatura devem representar uma expressão elevada da dimensão religiosa, porque – como diz o lema da Academia Friburguense – «Cultuar a arte é sublimar o espírito».

Fé e literatura devem estar sempre caminhando juntas. A Igreja não é alheia, nem pode sê-lo, às diversas manifestações literárias. A alma do homem revela-se através das janelas abertas pela visão literária.

A literatura genuína ajuda, de fato, a deparar-nos conosco mesmos, a conduzir-nos ao centro do nosso ser e encontrar a paz e o sentido da nossa vida, isto é, a «sublimar o espírito». Se não fosse assim, seria superficial, epidérmica.

Procurei ilustrar essas considerações citando autores como José Ortega y Gasset, Gustave Thibon e Thomas Mann, e por meio do seu pensamento tentei mostrar como, através de uma literatura autêntica, revelam-se os sentimentos mais íntimos da alma e, precisamente por isso, a literatura pode tornar-se um veículo apropriado para exprimir os sentimentos religiosos.

Um bom livro suscita uma lembrança, deixa desfilar na memória, serenamente, as gratas recordações da nossa vida, acompanha-nos numa caminhada que abre para a visão de uma paisagem mais ampla. Convida também a parar, a contemplar, a fazer com que os minutos, um a um, escoem pausadamente, como os grãos pela ampulheta do tempo, sem agitação. Dessa forma vão fluindo os sentimentos do coração, que trazem as evocações do passado e os sonhos motivadores do futuro, ultrapassando o instante.

Tudo isso apodera-se de nós, impregna e dilata mansamente o nosso ser, e traz algo da infinita e inefável eternidade de Deus, da sua beleza inigualável. Quando tudo isso se plasma de forma escrita, vem a representar a mais nobre expressão artística. É esta a razão pela qual a literatura autêntica nos leva, através da reflexão, a esse íntimo contato com a medula do nosso ser. Era isso o que quis expressar naquele momento: que é precisamente aqui onde a literatura – a arte de ler e de escrever – encontra a sua mais nobre e transcendental missão. Esse deveria ser como que um selo a cunhar o labor da Academia Friburguense de Letras.

A convivência com os irmãos no episcopado

Uma das experiências mais ricas da minha vida foi a convivência com os meus irmãos no episcopado. Quando era estudante universitário e jovem advogado, o Bispo parecia-me uma personalidade um tanto distante, circundado de uma aura de respeitabilidade solene. Quando fui ordenado sacerdote, a distância diminuiu: tratava aos bispos mais de perto, fazíamos juntos os nossos retiros, participávamos das mesmas festas diocesanas, etc. Mas, ao receber o episcopado, experimentei que verdadeiramente ser Bispo é algo muito diferente: é ser irmão, um homem simples, que procura servir e ser bom pastor. Imediatamente senti-me bem entre eles.

As primeiras assembleias gerais, realizadas a cada ano, intimidavam-me um pouco, especialmente quando me sentia no dever de manifestar no plenário a minha opinião sobre algum assunto relevante, pois não é fácil falar ante um auditório composto por perto de quatrocentos bispos. Aos poucos, porém, tudo foi ganhando um ar mais familiar e descontraído. Mesmo assim, fui percebendo que a linguagem utilizada nos documentos aprovados era um tanto hermética, distante dos termos mais usuais do resto da sociedade. Acredito que, em grande parte, isso era devido às pessoas que os auxiliavam como assessores.

Tenho uma grande admiração pelo preparo e competência de muitos deles, mas constatei que outros se distanciavam do Magistério pontifício ou utilizavam uma terminologia excessivamente erudita, de cunho sociológico, político ou psicológico. Muitos de nós, bispos, pensávamos que não era conveniente utilizar essa terminologia.

Lembro-me de que, numa assembleia geral em que eu já era presidente da Comissão para a Vida e a Família, elaborávamos o texto do Diretório da Pastoral Familiar, e um dos assessores apresentou um texto com essas características. Chamei-lhe a atenção dizendo que esse texto não seria entendido pelos leigos responsáveis por essa Pastoral. Ele me respondeu:

– Eu escrevi com a linguagem de um Bispo.

– E qual é a linguagem de um Bispo? – perguntei-lhe. – Algo complicado, magistral, difícil de entender? Não. A linguagem de um Bispo tem que ser pastoral, e o pastor deve ser entendido pelas suas ovelhas: ouvindo a sua voz, elas o seguem.

O assessor agradeceu e mudamos o texto. Sorrio agora ao pensar que neste momento ele também é Bispo.

Mantive essa posição também no plenário da assembleia, pois alguns documentos, se conservassem a redação inicial, não poderiam ser entendidos pela maioria do povo. Insisti em que a nossa opinião tinha que fluir com maior simplicidade, sem perder em profundidade. Devíamos afastar a linguagem erudita de um sociólogo ou de um psicólogo; nós éramos pastores e tínhamos que saber oferecer aos fiéis um alimento assimilável, e não um concentrado ininteligível ou indigesto.

Lembro que numa das reuniões, inconformado com determinado tipo de linguagem, disse no plenário:

– Talvez eu seja pouco ilustrado ou inteligente, mas não entendi o que quer dizer este parágrafo.

E li-o devagar diante dos bispos.

– Se alguém pudesse me explicar o que significa, ficaria agradecido.

Houve um silêncio absoluto. Mas o mais chocante foi que o documento foi publicado com aquele parágrafo e outros igualmente pouco transparentes. Depois, as consequências seriam sofridas pelos coordenadores das nossas comunidades. Geralmente, essa era a razão para não poucos textos ficarem encostados: não eram assimilados, e muito menos aplicados.

Numa determinada circunstância, quando um documento importante estava prestes a ser aprovado, apesar de ser difícil de entender, apresentei uma moção que pareceu inaceitável à presidência: publicar simultaneamente com o documento oficial um texto simplificado de forma a ser entendido pelos fiéis. A presidência se recusava a fazê-lo. Então ocorreu-me dizer:

– A assembleia é soberana. Peço que essa opinião seja, agora, submetida à aprovação do plenário.

Assim foi feito e, para a minha surpresa, todos os bispos, sem faltar nenhum, levantaram a mão concordando com a proposta. Pensavam da mesma maneira, mas não se atreviam a manifestá-lo senão através dessa forma coletiva. Tive enorme satisfação de constatar que a edição simplificada do documento teve um recorde de edições e superou

Capítulo XVI
Jubileu de Ouro Sacerdotal e 80º Aniversário Natalício

No dia 19 de dezembro de 2009, a diocese quis celebrar, de modo solene, o meu Jubileu de Ouro Sacerdotal. De uma forma discreta e sem o meu conhecimento, como que para fazer-me uma surpresa, prepararam uma cerimônia de dimensões que superavam as mais otimistas expectativas. Foi celebrada na quadra esportiva do Colégio Anchieta, primorosamente decorada pelos Arautos do Evangelho, aos quais agradeço de coração.

O retábulo era um grande painel de aproximadamente sete metros de altura, com o brasão do meu episcopado: a Cruz no cume de uma montanha, o manto da Virgem de Guadalupe como fundo, e o lema: *Omnia traham ad meipsum*. Completava o conjunto um quadro de Nossa Senhora de Guadalupe de tamanho natural, com uma rica e larga moldura dourada, facilitada pelo professor Madeira, trazida por ele do México por ocasião da Jornada Mundial das Famílias.

Estavam presentes todos os sacerdotes e diáconos da diocese e muitos da Arquidiocese do Rio de Janeiro, de Niterói, Petrópolis e um grande número de religiosas. Calculo que umas cinco mil pessoas lotavam o local. Extremamente relevante foi a participação dos bispos: todos os bispos do Regional Leste 1, do Estado do Rio de Janeiro –

mais de uma dúzia – e alguns que vieram de longe, como D. Pedro Fedalto, D. Washington Cruz, D. Tarcísio Nascente, Bispo de Divinópolis, e outros.

Uma alegria especial representou a presença do Mons. Vicente Ancona, que veio de São Paulo, do Mons. Pedro Barreto, então Vigário da Delegação do Opus Dei no Rio de Janeiro e Minas Gerais, e de Alfredo Canteli, entre outros membros da Obra.

Compareceram à Missa o prefeito Dr. Heródoto Bento de Mello com a sua esposa Beth, representantes da Câmara de Vereadores, autoridades civis e militares e outras personalidades significativas, como o Deputado Federal Marcelo Itagiba e o Diretor do Jornal do Brasil, Pedro Grossi, com a sua esposa, Lúcia.

A homilia foi proferida por D. Roberto Paz, Bispo Auxiliar de Niterói, representando D. Alano Pena, o Arcebispo, que esteve ausente porque acabava de falecer o seu irmão. Na homilia, D. Roberto fez referência aos trabalhos que realizei como sacerdote e Bispo, entre eles o de professor de Direito Matrimonial no Instituto Superior de Direito Canônico. Mencionou o fato de ter sido meu aluno. Agradeço a D. Roberto uma homilia tão significativa para mim.

No final da Santa Missa, estava previsto que eu dissesse umas palavras. Apesar de eu ter feito um discurso bastante longo, penso que devo transcrever aqui uma parte substancial dele, porque é na verdade como uma síntese destas minhas memórias:

O principal sentimento que me domina neste Jubileu de Ouro Sacerdotal é de um profundo agradecimento a Deus.

A vocação com que o Senhor me beneficiou ultrapassa em muito os meus desejos e as minhas possibilidades.

Na minha juventude, eu não tencionava ser sacerdote; sentia que Deus queria algo de mim, algo grande, profundo, mas não sabia o que era. A entrega total me assustava. Queria ser um profissional competente, casar e ter família, mas o Senhor tinha outros desígnios mais elevados.

Contudo, a partir do momento em que, entre prantos – tanto me custava esse compromisso –, decidi-me a segui-lO por completo, vieram uma luz e uma força tão grandes e profundas que compreendi que não eram minhas. Tenho que agradecer ao Senhor, com toda a minha alma, nunca ter tido qualquer sombra de dúvida a respeito da minha vocação. *Gratias tibi, Deus, gratias tibi!* Muito obrigado, Senhor!

Este agradecimento envolve muitos outros, a começar pelos meus pais, Antonio e Estela. Eles souberam dar-me uma educação cristã forte e profunda. Considero a minha mãe uma mulher santa. Com coragem cristã, firmeza e espírito de sacrifício, gerou e educou nove filhos.

Meus irmãos, na sua maioria, seguiram a mesma vocação para o Opus Dei, como membros leigos. Neles, encontrei um exemplo contínuo de virtudes humanas e cristãs. Para eles também se dirige a minha gratidão.

A minha vivência ao lado de São Josemaria Escrivá representou, contudo, o fator preponderante da minha vocação. Os três anos que trabalhei estreitamente ao seu lado pautaram o ritmo dos meus passos ao lado do Senhor. Dele recebi o convite para o sacerdócio e nele encontrei o modelo para o meu comportamento.

Muitos irmãos no episcopado já me alertaram sobre a responsabilidade que tenho por ter convivido tão perto de um santo canonizado, que é agora exemplo para milhares de sacerdotes dos cinco continentes. Esta responsabilidade representa para mim um estímulo para não esmorecer na minha luta pela santidade.

Espero que, ao lado da Trindade do Céu e da Trindade da terra, que tanto amava, São Josemaria acolha benignamente este agradecimento que faço agora, por tantos benefícios recebidos através dele e que não tenho como retribuir à altura.

Ao lado destes agradecimentos, teria que acrescentar muitos outros: o carinho fraterno de tantos e tantos membros da Prelazia do Opus Dei, com quem convivi, e que encontram no Bispo e Prelado do Opus Dei, D. Javier Echevarría – de quem acabo de receber uma longa e afetuosa carta de congratulações –, a sua mais alta significação, e os outros meus irmãos que vi crescer ao meu lado neste querido Brasil, que se tornou a minha pátria, representados agora nas pessoas de Mons. Vicente Ancona e de Mons. Pedro Barreto.

Não podia faltar o agradecimento ao Cardeal D. Eugênio de Araújo Sales, que me indicou para o episcopado e conseguiu me convencer de que deveria aceitar essa responsabilidade que, num primeiro momento, eu não estava muito disposto a assumir.

Além de todos os meus irmãos no episcopado – especialmente os bispos auxiliares – que estão aqui presentes, e os sacerdotes, com os quais trabalhei durante catorze anos como Bispo Auxiliar da Arquidiocese do Rio de Janeiro, agradeço também aos queridos padres da Diocese de Nova Friburgo, que tanto me ajudaram nestes últimos cinco anos, sem os quais teria sido impossível realizar tudo o que aqui foi feito. Obrigado pela vossa amizade e o vosso carinho [...].

Sinto a necessidade de acrescentar que a vocação de entrega a Deus – que, na minha mocidade, parecia-me um grande sacrifício – foi a chave mestra da minha vida, e o que deu o mais alto significado à minha existência.

Posso dizer com toda a convicção que, depois de 48 anos na Terra de Santa Cruz, Deus me concedeu muito mais do que entreguei: o cem por um em amores, sentimentos e afeições; em família, irmãos e irmãs; em alegrias pastorais, em frutos apostólicos e, de modo especial, num grande carinho por este abençoado país. Deus trocou a minha nacionalidade não apenas no papel do passaporte, mas também, e, principalmente, nas fibras do meu coração: terminei amando o Brasil mais do que o país que me viu nascer. E não só por isso, mas por muito mais, sinto que nunca me parecerá suficiente repetir centenas de vezes: *Vale a pena, sim, vale mil vezes a pena!*

A fidelidade, que para alguns pode ser como uma carga pesada, é, na realidade, o segredo da nossa felicidade. Lembrava-o São João Paulo II no seu memorável e irrepetível Encontro com as Famílias no Rio de Janeiro, em outubro de 1997, no Aterro do Flamengo, quando nos dizia: «Deus vos chama à *santidade!* Ele mesmo escolheu-nos por Jesus Cristo *antes da criação do mundo* – nos diz São Paulo – *para que sejamos santos na sua presença* (Ef. 1, 4). Ele vos ama loucamente, Ele deseja a vossa *felicidade,* mas quer que saibais *conjugar sempre* a *fidelidade com a felicidade, pois não pode haver uma sem a outra».* Fidelidade e felicidade, são duas palavras muito parecidas, que se confundem tanto na maneira de serem vocalizadas como na realidade da vida.

E este binômio inseparável – tenho que reconhecê-lo com imenso agradecimento a Deus – é o que formou a trama da minha vida [...].

A vocação sacerdotal edifica-se sobre os diferentes estratos das dificuldades superadas, das decepções naturais da vida, das quedas, dos começos, dos recomeços... Deste modo se constrói – dia a dia, tijolo a tijolo, com um sacrifício unido a outro, com uma renúncia vivida ao lado de outra – uma *fidelidade* que não é carga, mas caminho seguro para a verdadeira *felicidade* [...].

Digo-o não como algo de que me glorie, mas como algo que me leva a repetir incansavelmente: obrigado, Senhor, muito obrigado! Não sabia que me darias tanto, quando tão pouco te entreguei [...]. Proclamo-o também para que os queridos seminaristas e padres que estão começando a sua caminhada compreendam que vale a pena, que nada mais no mundo vale tanto a pena quanto esta entrega que nos deverá tornar *alter Christus*, outros Cristos.

Queridos irmãos e irmãs, é por isso que posso repetir incansavelmente: vale a pena, vale a pena! Obrigado, Senhor, muito obrigado! E é também por essa razão que posso clamar em altos brados: Nossa Senhora de Guadalupe, minha Mãe, muito obrigado, muito obrigado por tudo!

Logo após a Santa Missa houve uma homenagem realmente emocionante. Jovens desfilaram com fotografias que diziam respeito à minha vida. As mais tocantes foram duas: uma em que aparecia ao lado de São Josemaria, tirada em São Paulo, em 1974, e outra ao lado dos meus pais, no jardim da casa de Astúrias.

Todos ficamos comovidos pela dança realizada por um grupo de moças vestidas com uma capa que levavam recolhida, parecida ao poncho que utilizava o índio Juan Diego. Depois de evoluções rítmicas muito bem executadas, desenrolaram as capas e, num movimento rápido e surpreendente, mostraram cada uma delas a imagem de Nossa Senhora de Guadalupe.

Aquela cerimônia inesquecível tem um nexo de união

com a celebração do meu 80º aniversário natalício, no dia 18 de fevereiro de 2013.

A comemoração dos meus 80 anos foi feita de uma maneira discreta, preparada principalmente pelas pessoas que trabalham no meu gabinete. Como havia muitos fiéis, amigos e conhecidos, tanto na Diocese de Nova Friburgo como na Arquidiocese do Rio de Janeiro, organizaram-se duas Missas solenes, no dia 16 em Nova Friburgo, e no dia 24 no Rio de Janeiro. Em ambas as comemorações participaram muitos amigos e conhecidos. Tanta gente e tanto carinho demonstraram, realmente, que Deus não se deixa vencer em generosidade e dá sempre o cem por um.

Na pequena estampa de lembrança foram impressas, ao lado da imagem de Nossa Senhora de Guadalupe, as palavras dirigidas por Ela a Juan Diego:

Escuta, meu filho, o que te assusta e te aflige é nada.
Não se perturbe o teu rosto nem o teu coração, não temas...
Não estou eu aqui, eu que sou tua Mãe?
Não estás sobre a minha sombra e resguardo?
Não sou eu a fonte de tua alegria?
Não estás debaixo do meu manto e em meus braços?
Por acaso tens necessidade de alguma outra coisa?
Nada te aflija ou te perturbe...

Nessa perspectiva, cheia de gratidão, parece-me necessário narrar algumas recordações da passagem da graça de Deus pela minha família.

Capítulo XVII
A minha família

Por ocasião do Encontro Mundial das Famílias de 2009, já mencionado, tive a imensa alegria de conviver com o meu irmão Carlos e com membros das famílias Llano e Cifuentes residentes no México. Como são muitas pessoas, organizamos dois almoços separados na sede do IPADE: um com a família Llano e outro com a família Cifuentes. Os dois almoços foram muito familiares e afetuosos. Ali verifiquei, agradecido a Deus, o admirável trabalho realizado por Carlos para unir a família no México e para aproximar os seus membros de uma vida mais cristã. O meu primo Manuel Antonio Llano foi um dos primeiros supernumerários no México e faleceu santamente há pouco tempo, com quase 90 anos de idade. Vários dos seus filhos, filhas e netos pertencem à Obra ou frequentam as atividades de formação. Na família Cifuentes, também há vários membros da Obra.

É muito difícil expressar aqui a alegria que produz constatar o benefício imenso que o espírito e a formação fornecida pela Obra fez a tantas pessoas da nossa família no México. Só é comparável com o que fez com a família na Espanha. E a partir da família espalharam os seus frutos entre centenas de pessoas. Tudo isto se une a tantos e tantos outros motivos, que me fazem repetir: *Gratias tibi, Deus, gratias tibi*! Muito obrigado, Senhor, por tudo; muito obrigado pela minha vocação, pela vocação da minha mãe e pelas dos meus irmãos e irmãs, primos e primas!

Além de despertar a gratidão ao Senhor, estas recordações são agora particularmente dolorosas para mim, porque escrevo após receber a inesperada e penosa notícia do falecimento de Carlos em Miami, a 5 de maio de 2010, onde participava de umas reuniões de trabalho. Sob essa forte impressão, vejo que fica mais claro ainda o nexo maravilhoso entre a liberdade humana e a ação de Deus ao longo dos anos.

O meu pai, Antonio

Antonio Llano foi, acima de tudo, um pai de família prestimoso e um homem de negócios. Nascido no município de Ribadesella, em Astúrias, foi muito jovem para o México sob o patrocínio do Tio Miguel. Como eu já disse, estudou num centro docente inglês de excelente nível, o Colégio Williams, situado na colônia Mixcoac, na Cidade do México. Logo progrediu nos negócios: promoveu *La Suiza*, uma empresa de chocolates e doces conhecida em toda a República; *Industrias Selectas*, uma produtora de conservas; a fábrica de perfumes *Myrurgia* de México; uma produtora de filmes; uma frota pesqueira com sede no Cabo de San Lucas, no estado de Baja California; duas grandes fazendas: *Bamoa* e *El Porvenir*; as adegas do vinho *Santo Tomás*, etc., e acabou sendo uma personalidade destacada nos ambientes empresariais da Cidade do México.

Ele, porém, nunca falava desses empreendimentos, e nós, seus filhos, não tínhamos consciência do patrimônio do meu pai. Educou-nos num regime de extrema sobriedade: gastar pouco, cuidar das coisas materiais, não nos queixarmos quando nos faltava alguma coisa, etc. No ambiente familiar, não havia luxo e existia até certa aversão por tudo o que representasse ostentação. Não admitia qualquer assomo de insinceridade e tinha alergia ante qualquer manifestação de desonestidade ou corrupção. Detestava o comodismo e o desleixo; por exemplo, não permitia que uma empregada fizesse o que nós poderíamos fazer. Todas estas atitudes foram pautando a nossa educação.

Nunca se esqueceu da sua origem humilde. Em Astúrias, tinha relacionamento com as pessoas mais simples, dialogava com todos e a todos ajudava. Era muito querido. A sua formação religiosa era elementar, mas nunca faltava à Missa dominical. Sempre participava da novena que se fazia em honra de Nossa Senhora do Carmo em El Carmen. Penso que, durante muitos anos, só comungava pela Páscoa e pelo Natal. Pouco a pouco, foi mudando. A influência da minha mãe, discreta e firme, representou muito nesse sentido. Depois, a vocação sucessiva de sete dos seus filhos significou algo inesperado e definitivo na sua vida; inicialmente, não compreendeu bem o espírito do Opus Dei, mas, sendo um homem extremamente veraz e íntegro, o comportamento da esposa e dos filhos foi se infiltrando nele como que por osmose.

Era muito discreto e não gostava que soubéssemos das suas mudanças no terreno religioso, mas eu descobri na gaveta da sua mesinha de cabeceira um exemplar do livro *Caminho*, de São Josemaria. Um dia, pedi-lhe um dinheiro e ele me disse:

– Pegue aí no bolso interno do paletó...

E quando tentei introduzir a mão no bolso esquerdo imediatamente disse-me, com energia:

– Não, nesse não, no outro...

Mas eu já tinha encontrado nele um crucifixo que, discretamente, levava sempre consigo.

Nunca se opôs ao meu desejo de estudar em Roma. Quando lhe comuniquei que iria ordenar-me sacerdote, disse-me algo que me comoveu:

– Veja, Rafa, nunca fiz menção disso, mas é bom que você saiba que nós temos muitas empresas no México e um grande patrimônio – como já comentei, nunca falava da sua fortuna –; eu gostaria que você desse continuidade aos negócios familiares.

Eu lhe respondi:

– Pai, eu sei disso e agradeço muito o esforço que fez para dotar os seus filhos de uma boa estrutura econômica, mas já estou decidido.

Então ele acrescentou, com muito carinho e compreensão:

– Se essa é a sua vocação, siga o seu caminho...

Um dia, meu pai viajou a Roma para conhecer São Josemaria, acompanhado da minha mãe. Naquela altura, o nosso Padre já era conhecido no mundo inteiro. Meu pai pensava que encontraria uma personalidade distante, formal, séria, e se deparou com a simplicidade cativante de um homem de Deus:

– Antonio, agradeço muito que tenha entregado os seus filhos à Obra... – e lhe deu um afetuoso abraço.

Ele respondeu de forma emocionada:

– Sou eu quem deve estar agradecido.

E minha mãe comentou que aquela foi a única vez que viu o meu pai lacrimejando.

Quando soube da notícia do falecimento de São Josemaria, ele, que se caracterizava pela sobriedade nas suas expressões, disse:

– Homens como ele nunca deveriam morrer...

O nosso Padre disse-me algumas vezes:

– O melhor de toda a família é o vosso pai – e acrescentava, fazendo pilhéria. – Entre outras coisas, porque tem que suportar a vós todos.

O meu pai terminou a sua vida assistindo à Missa e comungando diariamente. Faleceu no dia 12 de outubro de 1977, dia de Nossa Senhora do Pilar e de Nossa Senhora Aparecida, aos 88 anos. Foi enterrado no cemitério de El Carmen, num túmulo situado ao lado do pomar que rodeia o solar da família, acompanhado por muita gente. É um cemitério ensolarado e alegre. Um dos meus irmãos contou-me que, pouco antes de morrer, disse a José Antonio Cavaleiro, o médico que o atendia:

– José Antonio, até o céu.

Ao evocar a sua saudosa memória, também eu lhe digo agora com frequência:

– Papai, nos vemos no céu.

A minha mãe, Estela

Da minha mãe tenho uma lembrança inesquecível. Já me referi a ela em algum momento desta narrativa, mas gostaria de desenhar alguns traços da sua marcante personalidade, manifestados em alguns momentos extremamente significativos para mim.

Nasceu no dia 8 de fevereiro de 1906 e faleceu aos noventa e dois anos, no dia 8 de setembro de 1997, festa da Apresentação de Nossa Senhora e dia em que, em 1961, cheguei ao Brasil e celebrei a Santa Missa na capela de Nossa Senhora do Pilar, emoldurada na beleza barroca da Igreja de São Bento, no Rio de Janeiro.

Viveu intensamente para Deus e para a família. Tinha

um amor muito profundo pelo seu marido, quinze anos mais velho do que ela.

A dedicação que dispensava ao meu pai era abnegada, discreta e amorosa. Nunca os vi discutir. Nas crescentes limitações de saúde que o meu pai teve a partir dos oitenta anos, cuidou dele de forma inigualável.

A morte do meu pai representou um golpe muito sério na sua vida. Repetia que queria partir para estar junto com ele no céu. Numa visita que fiz à família, na década de 1980, tive uma conversa séria com ela: compreendia a dor imensa pela partida do meu pai, mas ela não podia perder a motivação de continuar vivendo, porque nós, seus filhos, tínhamos necessidade da sua presença ao nosso lado. Não disse nada, mas lembro-me do seu significativo olhar silencioso, e parece que me dizia: «Sei que tem que ser assim, mas me custa muito».

Era uma mulher de profunda vida de oração, de uma retidão moral inquebrantável. Implantou o costume de abençoar as refeições e de rezar o terço depois do jantar, com a presença indefectível do meu pai e as indisfarçáveis amostras de nossa sonolência: apesar dos nossos esforços, não conseguíamos evitar os cochilos. Quando estávamos em El Carmen, íamos fazer uma visita ao Santíssimo depois do jantar, na capela que permanecia aberta até muito tarde.

Soube acompanhar a vocação dos seus filhos com muita discrição. O meu pai, que, como já narrei, não entendia bem a nossa vocação de entrega no meio do mundo – era uma coisa insólita naquela época –, pedia à minha mãe, quando ele viajava ao México, para ocupar-se das empresas familiares, que ela estivesse muito atenta a esse assunto, que o deixava preocupado.

A primeira coisa que a minha mãe fez foi abordar o

tema com a minha irmã Maria Elena, que na altura deveria ter uns 16 ou 17 anos. Quando lhe falou desse assunto, que para o meu pai parecia um verdadeiro problema familiar, ela respondeu com toda a sensatez:

– Mãe, creio que a primeira coisa que lhe conviria fazer é conhecer o Opus Dei.

Assim foi, e minha mãe percebeu que a Obra correspondia plenamente às inquietações religiosas que sempre a acompanharam. Não demorou a pedir a admissão e tornou-se uma das primeiras supernumerárias da Obra. A partir daí, a forma de relacionar-se com o meu pai foi tão prudente que, em doses homeopáticas, ele foi aceitando a vocação dos seus sete filhos. Além do mais, as relações entre os dois nunca foram afetadas por esse motivo.

Ela e meu pai foram me visitar em Granada, onde cursei o meu primeiro ano de Direito, e acompanhei-os até Sevilha, onde o meu pai tinha negócios. Quando decidi estudar na Universidade de Chicago – fato que agradou muito ao meu pai, pensando ele que me ocuparia depois dos negócios familiares no México –, as minhas conversas com eles em Madri, enquanto preparava a viagem, se repetiram com frequência. Como narrei antes, fiquei doente, o plano de Chicago foi interrompido e tive que fazer o tratamento médico morando na casa dos meus pais.

A notícia da minha partida para Roma alegrou muito a minha mãe. São Josemaria tinha muito carinho por ela, e várias vezes, nas cartas que eu escrevia à minha mãe, acrescentou umas palavras para ela. Já relatei que o nosso Padre quis que Carlos – chegado do México durante as férias de verão – e eu fôssemos juntos visitar a família. Foram uns dias estupendos, e os meus pais ficaram felizes vendo todos os filhos reunidos ao seu lado.

Quando saí de Roma, doente, os meus pais se desdobraram. Já narrei com mais detalhe em páginas anteriores que alugaram uma casa na Serra de Guadarrama, onde fui recuperar-me sob os cuidados da Tata. Após a convalescença, defendi a tese doutoral e definiu-se a data da minha ordenação sacerdotal. A alegria da minha mãe quando lhe comuniquei a notícia foi indizível: sempre sonhara ter um filho sacerdote.

Como sacerdote, entre outros trabalhos, atendia um centro de mulheres chamado Montelar, onde estava minha irmã Cristina, que também pedira a admissão na Obra. A minha mãe acompanhava o seu labor e a incentivava. Sofreu um impacto quando lhe comuniquei que viria ao Brasil, mas o aceitou com o espírito de uma mulher santa. Compensei a separação escrevendo para ela com frequência. Só voltei à Espanha depois de oito anos de estadia no Brasil.

A notícia da minha ordenação episcopal comoveu-a profundamente. Por causa da sua saúde, não pôde viajar ao Rio, mas a família da Espanha foi representada pelos meus irmãos José Antonio, Álvaro e as suas respectivas esposas; a do México, pelo meu primo Luis Llano. Por ocasião das minhas viagens a Roma, passei pela Espanha algumas vezes. Comprovei que a saúde da minha mãe estava muito enfraquecida e que ela já não saía de casa. A minha irmã Maria Elena, que trabalhava num centro de mulheres da Obra com muitas atividades de formação, ia todos os dias jantar e dormir com ela, o que era uma dedicação adicional.

O Pe. Bernardo, um sacerdote da Obra, atendia espiritualmente a minha mãe, e visitavam-na regularmente outras pessoas da Obra. A comunhão era trazida diariamente por um frade carmelita. Numa das minhas viagens, este carmelita, que conhecia dois bispos brasileiros da sua Ordem, quis entregar-me um generoso donativo para o trabalho no Brasil. Ao dizer-lhe que melhor seria que o destinasse para a sua paróquia, ele mencionou a grande generosidade da minha mãe, que se sentia em dívida e queria retribuir dessa maneira.

Ela era, de fato, muito generosa. Além de ajudar muito o centro em Salamanca, nunca deixou de atender nenhum pedido meu quando morava no Brasil. A generosidade demonstrada quando entregou a sua mais apreciada joia para confeccionar o cálice da minha ordenação sacerdotal repetiu-se muitas vezes ao doar sacrários, ostensórios e paramentos para os diferentes centros do Brasil. E desdobrou-se quando da minha ordenação episcopal: enviou-me um jogo completo de paramentos de todas as cores litúrgicas e uma casula riquíssima com Nossa Senhora de Guadalupe e o brasão episcopal bordados primorosamente, além do báculo, que tinha dois medalhões representando Nossa Senhora de Torreciudad[1] e o Bom Pastor.

A sua vida interior era extremamente profunda. Enquanto a sua saúde o permitiu, assistia à Santa Missa e comungava todos os dias. Fazia meia hora de meditação de manhã e meia hora à tarde, e igualmente quinze minutos de leitura espiritual. Tinha lido muitos clássicos da espiritualidade cristã, mas a sua leitura preferida era a obra de Santa Teresa de Ávila. Estava familiarizada com o *Livro da Vida*, as *Fundações* e o *Caminho de perfeição*. Tinha muita devoção ao Santo Cura d'Ars e, às vezes, divertida, contava as trapalhadas provocadas nele pelo demônio. Sempre dizia que o capeta era inofensivo para os bons cristãos. Re-

---

1 Santuário mariano situado na comunidade autônoma de Aragão (Espanha), construído entre 1970 e 1975 por iniciativa de São Josemaria Escrivá, com contribuições de fiéis de muitos países, ao lado de uma ermida dedicada à Virgem Maria, datada do século XI. Quando o santo tinha apenas dois anos, seus pais o levaram a essa ermida a fim de agradecer a sua cura de uma grave doença. (N. do E.)

zava diariamente pelo menos o terço, e se podia o rosário completo. Nunca deixava de fazer o exame de consciência à noite.

Nos últimos anos de vida, passava o dia rezando o santo rosário. Assim eu a encontrava quando, eventualmente, passava por Madri e ia visitá-la: muito recolhida e com o terço na mão.

Isso não quer dizer que vivesse alheia à realidade da vida. Era uma mulher de notável determinação e inteligência, e trazia no sangue o espírito familiar das finanças e dos negócios. Quando o meu pai viajava ao México para cuidar das suas empresas, ela segurava energicamente as rédeas. Tinha habilidade para os investimentos na bolsa, captava dados de interesse na imprensa, na televisão e no seu contato com famílias de posses que moravam perto da nossa casa. As esposas de empresários e banqueiros comentavam espontaneamente as opiniões dos maridos, e ela, depois de ponderá-las, as concretizava em decisões financeiras. Quando o meu pai voltava do México, ficava estupefato com o aumento do valor das suas ações.

O Bem-aventurado Álvaro del Portillo comentou algumas vezes que ela tinha assimilado bem o espírito do Opus Dei: viver metidos em Deus e nas funções sociais e profissionais que nos competem; ser santos para santificar o mundo. Assim penso que a minha mãe acompanhava a vida concreta da família em todos os aspectos, inclusive o econômico.

Tinha moléstias na boca, e um amigo oncologista diagnosticou um câncer na língua. Sofreu duas cirurgias, e como consequência tinha dificuldades para falar e comer.

Maria Elena, que cuidava dela com extrema dedicação, forçava-a a alimentar-se e às vezes insistia com demasiada severidade. Em certa ocasião, a minha mãe lhe disse:

– Maria Elena, não se esqueça de que sou a sua mãe.

E minha irmã respondeu de supetão:

– E você não se esqueça de que sou a sua filha e tenho que cuidar de você.

Penso que as duas sorriram depois desse bate-boca. Ao saber desse episódio, D. Álvaro comentou que dessa forma familiar poderíamos também nós falar ao Senhor, nosso Pai, e Ele falar assim conosco.

A doença foi evoluindo, e sofreu muito nos dois últimos anos da sua vida. O meu irmão Alejandro, pouco inclinado a expressões sentimentais, escreveu nas suas memórias umas palavras que eu não poderia silenciar:

Tenho a firme convicção de que – sem apelar para qualquer lugar comum de tipo «carola» – a minha mãe era santa. Há um acontecimento que desejaria deixar anotado. Por ocasião da sua morte, instalou-se a capela ardente numa sala da casa. Durante aqueles dias, D. Javier Echevarría, Prelado do Opus Dei, encontrava-se ocasionalmente em Madri. Ao receber a notícia do falecimento de Estela Cifuentes, teve a amabilidade de vir ao nosso apartamento na rua Castelló para rezar diante dos seus restos mortais. Depois, voltou-se para os presentes e disse:

– Ela vale mais do que todos vós.

Ainda que não se estendesse em explicações desnecessárias, referia-se tanto à profundidade da sua vida espiritual como à sua categoria humana. Todos concordamos. Alguns meses mais tarde, fiz uma viagem a Roma para participar de uma reunião plenária da Pontifícia Academia de São Tomás de Aquino. Fui visitar o Prelado, que me recebeu, como sempre com muito carinho, e lhe agradeci que tivesse ido rezar diante dos restos da minha mãe e tivesse falado aquelas palavras tão significativas sobre ela.

– A vossa mãe – respondeu-me – foi uma mulher que, sendo muito rica, viveu com grande austeridade. Tinha o espírito de Maria Humades, aquela aristocrata que ajudou ao nosso Padre e que, tendo uma grande fortuna, vivia pobremente. Diz isto a todos, porque alguns, mal recebem o primeiro salário, pensam que são o marajá de Kapurtala.

O referido marajá, real ou mítico, punha-se como exemplo de riquezas sem conta por aqueles anos. Maria Humades é a protagonista de uma história que São Josemaria narrava: em momentos de séria penúria, foi pedir ajuda a essa distinta senhora espanhola, que se caracterizava pela sua extrema simplicidade e austeridade. Não dispunha naquele momento de dinheiro vivo, mas deu-lhe algumas das suas melhores joias, que tirou com toda a naturalidade de uma caixa de papelão colocada no alto de um armário. A comparação comoveu-me porque a minha mãe, que talvez nem sequer conhecesse a existência de Maria Humades, mantinha o seu dinheiro precisamente numa caixa de papelão que guardava detrás dos sapatos, no seu armário embutido:

– É o lugar mais seguro – dizia –, nenhum ladrão procurará dinheiro entre os sapatos.

Ela me dava mais dinheiro do que eu pedia e, diante dos meus protestos, comentava:

– Sei que você não ficará com ele, que o empregará para os trabalhos apostólicos[2]...

Assim era a minha mãe: generosa e desprendida. Faleceu serenamente durante a noite sem que a minha ir-

---

[2] Alejandro Llano, *Segunda navegación*: *Memorias,* vol. II, págs. 212-215.

mã Maria Elena reparasse, em paz, santamente, como tinha vivido.

Para concluir, gostaria apenas de acrescentar que várias pessoas do Brasil que conhecem a sua vida pedem a sua ajuda quando têm alguma necessidade, e são sempre atendidas. Conheço inclusive uma senhora que compôs uma oração e a reza, ou faz uma novena, utilizando-a. Bendita simplicidade, que me ajuda a mim também a solicitar a sua intercessão com frequência: «Mãe do céu e da terra... Ajuda-me».

Os meus irmãos

Aqui pretendo apenas tecer breves comentários sobre cada um dos meus irmãos e irmãs, com o intuito de ressaltar a ação da graça de Deus nas suas vidas. Faço duas exceções com recordações mais extensas: Carlos, pela sua personalidade marcante e pelo fato de já ter partido para a Casa do Pai, e Estela, porque, há alguns anos, escreveu um relato pormenorizado do seu percurso vocacional e eu pedi encarecidamente que o passasse para mim. Por essa razão, deixo a parte reservada aos dois para o fim do capítulo.

José Antonio

José Antonio, o mais velho dos irmãos, nasceu a 4 de dezembro de 1929, na Cidade do México, e faleceu em Madri a 7 de setembro de 2005. Foi o primeiro dos irmãos a falecer. Todos o sentimos muitíssimo. Era uma pessoa boníssima e de excelentes qualidades pessoais, que, junto com a sua esposa Carmen, tinha educado otimamente seus sete filhos.

Fez os estudos secundários – como todos os irmãos – no Colégio do Pilar em Madri e cursou *Business Administration* nos Estados Unidos. O meu pai pensou que o melhor preparo para que chegasse a substituí-lo na direção das suas empresas no México fosse uma formação nos parâmetros da economia prática e eficiente do mundo anglo-saxão. Contudo, preocupando-se com a sua formação religiosa, procurou uma universidade católica prestigiosa, dirigida por beneditinos, chamada Seton Hall, em Newark (Nova Jersey). Adquiriu ali conhecimentos técnicos de muito bom nível, a ponto de os meus irmãos e primos – dedicados também às lides empresariais – comentarem que José Antonio mantinha um nível de conhecimentos técnicos superiores ao meio em que trabalhavam.

Dedicou-se aos negócios familiares do México. Infelizmente só pôde ocupar-se deles por aproximadamente três anos, pois ficou doente. Regressou a Madri e, depois de restabelecido, trabalhou nos negócios que o meu pai tinha na Espanha.

Além de ter uma inteligência muito aguçada, José Antonio era extremamente alegre e divertido. Tinha aptidões para o esporte. Distinguiu-se na Serra de Guadarrama como bom esquiador, e dirigia com extrema habilidade carros e motocicletas.

Casou-se com uma moça de Ribadesella muito simpática, alegre e religiosa, Carmen Sánchez Álvarez-Pedrosa, e teve sete filhos, dos quais três são membros do Opus Dei.

Nos seus últimos anos, comungava diariamente. Quando passava por Madri, tinha comigo longas conversas de direção espiritual. Padeceu de várias doenças cardiovasculares, encaradas com extrema paciência. A minha mãe o considerava um homem «boníssimo». Creio que, por ser o primogênito, tinha por ele um carinho especial.

Maria Elena

As lembranças que tenho da mais velha das irmãs, Maria Elena, são sempre luminosas. Depois de eu pedir a admissão na Obra, no mês de agosto de 1949, sugeri que ela fosse convidada a conhecer as atividades promovidas pelas mulheres. Pouco tempo depois desse primeiro contato, foi a um retiro e, quando voltou para a casa, ficou à minha espera. Emocionada, disse-me que tinha pedido a admissão na Obra e, chorando, deu-me um grande abraço. A minha alegria foi indizível.

Em pouco tempo, progrediu muito. Quando tinha apenas 16 anos, teve a fortaleza de enfrentar o meu pai para dizer-lhe que estava decidida a morar num centro da Obra. Penso que foi ao centro chamado *Los Rosales*, na cidadezinha de Villaviciosa de Odón, muito perto de Madri. Mais tarde mudou-se para a administração do Colégio Gaztelueta, em Bilbao.

O meu pai, ao reparar que seus filhos iam-se incorporando sucessivamente ao Opus Dei, pediu à minha mãe que, durante suas frequentes viagens ao México, estivesse atenta, porque lhe parecia um sério problema para a família. A minha mãe, que não se intimidava por nada, abordou imediatamente a questão. Pareceu-lhe o mais lógico começar a falar com Maria Elena, de mulher para mulher. A minha irmã sempre se destacou entre nós pela sua clareza de visão e pela sua prudência. Alejandro, no já citado volume das suas memórias, comenta que com o passar do tempo a liderança de Maria Elena se confirmou no seio da família: consultavam-se a ela os problemas mais importantes a serem decididos.

Maria Elena, como Maria Cristina e a minha mãe, tem uma decidida tendência artística. Trabalhou durante anos nos *Talleres de Arte Granda*, empresa especializada em arte sacra. Ajudou-me muito nesse sentido, pois todos os objetos de que precisávamos para os centros do Brasil, como sacrários, cálices, castiçais, etc., pedíamos a Maria Elena, e a minha mãe custeava.

Foi igualmente diretora de um centro situado em Aravaca, um bom bairro de Madri. O seu estilo e a sua amabilidade no trato tornaram-na conhecida em amplos setores da sociedade madrilenha. E, apesar de Alejandro ser bem conhecido como reitor da Universidade de Navarra, ele mesmo conta, divertido, que, quando, em alguma reunião ou evento social, alguém reparava no seu sobrenome, perguntava: «Você é irmão da Maria Elena?».

Tem uma indiscutida liderança entre os irmãos, um ascendente que se foi tornando patente com toda a naturalidade. Morando em Madri, consegue relacionar todos os da família dispersa pela geografia da Espanha, do México e do Brasil. Foi, até pouco tempo atrás, a organizadora das grandes reuniões familiares, inclusive as que têm um conteúdo econômico, onde todos os irmãos participam, menos o Bispo do Brasil, por motivos óbvios.

Ignácio

Ignácio é o sexto dos nove irmãos. Sempre foi uma pessoa empreendedora e esportista. Com um grande coração, conquista facilmente a simpatia de todos.

Nacho, como familiarmente o chamamos, foi campeão de lançamento de peso e de disco no Colégio El Pilar e representante dele, durante vários anos, nos campeonatos escolares. Introduziu na família a prática do remo na especialidade do caiaque, participou brilhantemente na descida do rio Sella e foi o precedente do caçula da família, Álvaro, que anos mais tarde se tornaria campeão nacional.

É graduado em Economia e trabalhou, em Madri, como

diretor de uma fábrica de envasamentos metálicos, IMED-SA, propriedade do meu pai.

Tinha inquietações políticas e desempenhou um papel importante no partido Unión del Centro Democrático (UCD), que ganhou as primeiras eleições democráticas no fim do período franquista. Em julho de 1977, foi nomeado Governador Civil de Navarra, em momentos particularmente difíceis no País Basco.

Os gravíssimos incidentes daqueles anos, e especialmente a atuação terrorista do ETA, provocaram uma ameaça de morte contra Ignácio. Uma insubordinação da Guarda Civil foi o estopim que exigiu de Nacho a iniciativa de renunciar ao governo de Navarra. Os meus irmãos comunicaram-me a notícia, aliviados, dizendo-me: «Mais vale um irmão vivo do que um governador morto». Depois de deixar o seu cargo político, trabalhou em operações financeiras em grandes bancos.

Casado com uma asturiana, também da família Llano, é supernumerário da Obra e soube educar admiravelmente os seus filhos. Alguns deles são igualmente da Obra.

Cristina

Maria Cristina pediu a admissão na Obra quando era ainda muito jovem: teria uns 16 anos. O meu pai decidiu que só poderia morar num centro da Obra quando completasse a idade de 21 anos. Morou até essa idade com os meus pais e frequentava o Centro Montelar. Saiu da casa da família com a boa disposição do meu pai, que já naquela altura compreendia melhor a Obra, especialmente ao ver a alegria com que os seus filhos viviam a sua vocação. Cristina era uma moça vistosa. Chamava a atenção especialmente na praia de Ribadesella, onde tinha bastantes admiradores. Ela, com o seu jeito divertido e alegre, usando roupas discretas mas modernas e atrativas, contornava os pretensos cortejadores sem perder o grande número de amigas e amigos que possuía.

Estudou arquitetura de interiores. De uma forma ou de outra, dedicou-se sempre a esta atividade. Tem um alto sentido estético. Nesse particular, representou para mim uma grande ajuda, facilitando-me gravuras e quadros de que necessitava, quando Bispo de Nova Friburgo, para decorar o seminário que construímos.

Faz tempo que mora em Barcelona, com um intervalo de três ou quatro anos residindo na administração do Santuário de Torreciudad, perto de Barbastro, cidade natal de São Josemaria. É sabido que São Josemaria recuperou-se de uma doença incurável quando criança, pela intercessão de Nossa Senhora de Torreciudad. Por esse motivo, entre outros, a Diocese de Barbastro decidiu entregar ao Opus Dei o atendimento desse santuário. Ali se construiu um complexo de edifícios entre os que se conta um templo – onde agora está a antiga imagem de Nossa Senhora – com um esplêndido retábulo em alabastro, feito de esculturas em tamanho natural, das diferentes cenas da vida de Maria Santíssima. O conhecido escultor catalão Joan Mainé inspirou-se no rosto de Cristina para esculpir o rosto de Nossa Senhora.

Tenho que agradecer a ela tantos e tantos favores que me presta, enviando-me tudo quanto necessito: desde cartões de Natal até objetos litúrgicos.

Alejandro

Sobre Alejandro poderia escrever longamente, recolhendo informação dos dois volumes das suas *Memórias* publicados na Espanha: *Olor a Yerba Seca* e *Segunda Navegación*. Neles, transparece uma personalidade rica em aspectos e de séria preocupação intelectual.

Estudou Filosofia e ganhou, em 1976, a Cátedra de Metafísica da Universidade Autônoma de Madri, mas renunciou a ela para vir a ser professor, e mais tarde Decano, da Faculdade de Filosofia da Universidade de Navarra. Foi nomeado reitor dessa universidade e exerceu as suas funções no período de 1991 a 1996, sendo atualmente Presidente do Instituto de Antropologia e Ética, membro da Academia Europeia de Ciências e Artes e da Pontifícia Academia de São Tomás de Aquino. Provavelmente seja um dos filósofos espanhóis mais reconhecidos, como demonstrou a difusão das suas numerosas publicações.

Álvaro

Álvaro foi um bom esportista. A sua principal especialidade foi o remo, que praticava especialmente na descida do rio Sella, a poucos quilômetros do solar familiar. Ali tinham lugar os campeonatos nacionais de caiaques, e Álvaro chegou a ser campeão juvenil da Europa nessa modalidade. Foi convidado a competir em outros países, mas os seus estudos universitários não o permitiram. Formou-se em Arquitetura.

Por ser o caçula dos irmãos, foi quem manteve um trato mais prolongado e íntimo com Azucena, a Tata. Quando ela se retirou a Lastres – cidade onde nasceu –, Álvaro visitava-a com frequência, e verificou como continuava fazendo um intenso trabalho apostólico, inclusive com o pároco. Nas suas *Memórias*, Alejandro registra que ela «é o mais claro exemplo de uma pessoa que, sem ter recebido uma educação formal, teve uma compreensão profunda das questões vitais e decisivas»[3].

Alejandro declara também a sua admiração por Álvaro, ressaltando as suas qualidades como arquiteto. Quando reitor da Universidade de Navarra, solicitou a sua opinião sobre alguns novos edifícios ali construídos, que não teriam sido realizados com a devida perfeição sem a sua acertada assessoria[4].

Carlos

É difícil resumir aqui o que o Carlos representou para mim e para a minha família. Vou esboçar apenas traços da sua personalidade.

Desde a sua primeira infância, Carlos mostrou uma grande inteligência. Isso, unido à sua constância, laboriosidade e ordem, colocou-o, já nos anos dos estudos primários e secundários, no primeiro lugar da sua classe. Recebia consecutivas menções de honra chamadas *matrículas de honor*. Era muito considerado pelos colegas. Foi designado diretor da revista escolar *Soy Pilarista*, um dos cargos de maior prestígio entre os alunos. Também foi nomeado Presidente da Congregação Mariana do Colégio, com a autoridade moral que essa nomeação trazia consigo.

No fim do secundário, conheceu o Opus Dei através de Enrique Cavanna, que foi anos mais tarde professor da Universidade de Paris, e do Pe. Jesús Urteaga, muito conhecido depois pelos seus livros e programas de televisão. Numa excursão pela Serra de Guadarrama, perto da cidade-

---

3 Alejandro Llano, *Segunda Navegación: Memorias*, vol. II, pág. 247.
4 *Ibidem*.

zinha de Los Molinos, onde ficamos durante as férias por causa da minha doença, depois de uma longa conversa com César Ortiz-Echagüe[5], decidiu pedir a admissão no Opus Dei.

Essa decisão teve consequências decisivas na minha vida e na vida de toda a família. Já contei em outro momento anterior como os amigos de Carlos do Opus Dei visitavam-no na nossa casa.

Carlos e eu conversávamos muito. Eu observava o seu grande entusiasmo pela alegria e pela coerência profundas da gente do Opus Dei, e isso, sem dúvida, representou um marco importante na descoberta da minha vocação.

Quando eu já morava em Roma, escrevia cartas ao Carlos nas quais, vez por outra, São Josemaria acrescentava umas poucas palavras. Recolho aqui uma como amostra:

> Querido Carlos: numa primeira carta do Colégio Romano, dizia-lhe que o mais significativo era viver perto do Padre. Para mim, que mal o conhecia, isto supunha muito. Parece que estou vivendo agora momentos que sempre sonhei utópicos.
>
> Anteontem, o Padre chamou-me [...]. Estive com ele por quase meia hora. Perguntou-me de você, como já tinha feito anteriormente. Disse-me que eu era como você, através de uma lente de aumento, ou – com outra comparação – que eu era como um grão-de-bico, com seu rosto, posto de molho.

---

[5] Nascido em 1927, foi um renomado arquiteto. Pediu a admissão no Opus Dei em 1945. Em 1983, foi ordenado sacerdote por São João Paulo II e em 1984 foi residir na Alemanha, onde, entre outros trabalhos sacerdotais, foi vigário regional. Desde 2015 reside em Madri.

Escrevo esta carta a você porque o Padre disse-me que queria pôr umas letras. Um abraço muito forte do Rafa.

E embaixo, umas palavras de São Josemaria:

Um abraço muito forte, bandido. Agora ainda digo alguma vez aquilo de: «Partagás, ni los ves ni los verás». E Rafa sorri, com um sorriso simpático... e amplo.
Que me sejais fiéis nesse México da minha alma.
Para ti e para todos, a bênção mais carinhosa do Padre.

As cartas, tanto as de Carlos como as minhas com as letras de São Josemaria, sucederam-se ao longo dos anos. Apresento, somente como exemplo, outra carta de Carlos quando eu já estava no Brasil, em 25 de fevereiro de 1962:

Querido Rafa: Depois de lhe escrever, quase recém-chegado a Roma, o Padre me disse que poderia escrever aos irmãos da Obra e que encabeçaria a carta com umas letras. Não quero privar você dessa ocasião, pois sei quanta alegria lhe dará. Lembro-me de que, quando você estava em Roma, fazia o mesmo. [...]
Receba um abraço muito forte do seu irmão que o ama. Carlos.

E as palavras do Padre:

Com um afetuoso abraço, lembro-me de ti, de ti e de todos esses filhos, e envio uma carinhosa bênção. O Padre.

Antes de ir a Roma, Carlos cursou o primeiro ano da Faculdade de Economia e de Filosofia ao mesmo tempo. Já em Roma, completou os estudos de Filosofia e fez o Doutorado na Pontifícia Universidade de São Tomás de Aquino. No México, fez também o Doutorado em Filosofia na Universidade Nacional Autônoma do México (UNAM).

Quando morava em Roma, coincidiram duas circunstâncias relevantes. Por um lado, o trabalho apostólico da Obra no México – onde Carlos tinha nascido e passado os seus primeiros anos – dava os passos iniciais e era necessária a colaboração de pessoas solidamente formadas. Por outro, o nosso pai precisava de ajuda nas suas empresas e negócios. Esses dois fatores foram decisivos para a ida de Carlos ao México, onde permaneceria pelo resto da vida.

Carlos aprendera o talento para dirigir uma empresa junto da exigência, do rigor, da prudência e da constância que tinha também assimilado de São Josemaria. Essa dupla influência, na gênese do seu pensamento e da sua ação, permitiram-lhe realizar empreendimentos importantes. Sem enumerá-los todos, poderia, a título de exemplo, indicar alguns: fundador, ao lado de um grupo de empresários, do *Instituto Panamericano de Alta Dirección de Empresas* (IPADE), reitor e fundador da *Universidad Panamericana*, membro da *Comisión de Derechos Humanos del Distrito Federal do México*, presidente-fundador do *Instituto de Capacitación de Mandos Intermedios* (ICAMI), membro da Academia Internacional de Direito e Economia do Brasil, presidente do *Montepío Luis Saviñón*, com 150 filiais.

O que surpreende é que todas estas atividades não lhe impediram de publicar mais de trinta livros, aos que se acrescentam outros em coautoria, e muitos artigos. Estes trabalhos poderiam ser catalogados em três grandes setores: Ação Diretiva e Empresarial, Filosofia Fundamental e Metafísica, e Antropologia. Um exemplo de cada um deles: *Dilemas Éticos de la Empresa Contemporánea*; *Viaje al Centro del Hombre*; *Nudos de humanismo en los albores del siglo XXI*; *Bases Noéticas para una Metafísica no Racionalista.*

Como conseguia encontrar tempo para esses trabalhos? Raul Espinosa Aguilera, membro de uma importante editora, lhe perguntou:

– Carlos, você publica em média um livro por ano. Como consegue fazer isso no meio de tantos outros assuntos que estão nas suas mãos?

A sua resposta desarmou-me pela sua simplicidade:

– Aos domingos, gosto muito de caminhar pelo campo e sair de excursão pela montanha. Nessas ocasiões, coloco a meta de ir pensando no conteúdo de um livro, procuro que fique gravado na minha mente como no disco rígido de um computador e, quando tenho tempo, vou redigindo-o aos poucos.

Pensei comigo: «Bem que eu gostaria de ter ao menos um pouco desse seu disco rígido!»[6].

José Luis López Aguirre, um conhecido jornalista mexicano, resumindo a forte exigência que Carlos impunha a si mesmo, citou uma frase do livro *Viaje al centro del hombre* que marcou o seu comportamento: «Vale mais propor-se a meta da excelência e não atingi-la, do que a da mediocridade e alcançá-la».

Carlos tinha duas facetas características: era enérgico e, ao mesmo tempo, extremamente compreensivo. Há vários episódios nesse sentido. Conta Carlos Rossell, professor e

---

[6] «Nuestro Carlos. Amigo, profesor, líder, consejero, filósofo». *Revista Istmo*. «*In Memoriam*»: *Carlos Llano, su legado*, novembro-dezembro, 2010, pág. 64. Disponível em: <https://istmo.mx/2010/11/26/nuestro-carlos-amigo-profesor-lider-consejero-filosofo/>.

fundador do IPADE, que, no meio de uma aula de Fator Humano para empresários, Carlos pôs o exemplo de um gerente não precisamente exemplar. Um dos participantes disse em voz alta:

– Eu mandaria esse gerente embora.

Carlos, sem se perturbar, mas com rosto sério, lhe disse:
– Saia da sala!
– Como?
– Saia imediatamente desta sala!
– Mas...
– Fora, fora daqui!

Todo o mundo na classe ficou mudo e pasmo. Quando o aluno, desconcertado, se dirigiu para a porta, Carlos mudou para uma expressão cordial e com voz amável disse:

– Volte, volte ao seu lugar: não é verdade que a gente se sente muito mal quando nos mandam embora...?

E na hora se aproximou do interessado e o cumprimentou cordialmente. Ele correspondeu com efusividade no meio de um aplauso dos seus companheiros.

Miguel Alejandro García Jaramillo, colega dele, conta que Carlos foi atropelado por um carro quando, distraído, atravessava uma rua. Ficou desacordado por alguns momentos e, ao recuperar os sentidos, a polícia lhe informou que o motorista que o atropelara estava preso. Carlos disse:

– É a mim que deveriam prender, porque quem cometeu o erro fui eu.

E, imediatamente, pediu perdão ao motorista por tê-lo feito passar por aquela situação e sofrer um susto tão grande. Dos seus pertences pessoais, tirou um cartão de visita, por sinal manchado de sangue, e escreveu: «Mariana, chocolates; Frederico, tequila almendrado», e explicou:

– Diga a Antonio [o motorista de Carlos] que compre esses presentes e leve para eles.

– Eles quem? – perguntou Miguel.

– Os socorristas que me tiraram da rua depois do acidente.

«Com duas fraturas no crânio, o rosto desfigurado, fraturas em quatro costelas e na clavícula, ainda teve a fortaleza e a caridade de perdoar quem o atropelou e presentear os enfermeiros»[7].

Josefina Agüero, que foi a sua secretária durante treze anos, conta o seguinte:

Numa ocasião, estando o Dr. Llano trabalhando com o Dr. Roberto Ibáñez, chamou-me fortemente a atenção por não ter entregado um documento importante numa reunião da Universidade Panamericana. Na semana seguinte, diante do mesmo Dr. Ibáñez, chamou-me e disse-me: «Josefina, a semana passada a corrigi diante do Dr. Ibáñez e, hoje, diante dele, peço-lhe desculpas porque não deveria tê-lo feito na frente dele»[8].

Parece-me que nesse conjunto de qualidades há um substrato difícil de definir, que Herberto Ruiz, diretor de uma editora mexicana, quis exprimir assim:

Havia algo que, como comentávamos alguns companheiros, não conseguíamos descobrir, algo muito espe-

---

7 *Idem*, pág. 59.
8 *Ibidem*.

cial. Hoje, com a distância do tempo, posso dizer categoricamente que esse algo se chama *santidade*[9].

Eu não ousaria atribuir ao Carlos esse qualificativo, mas uma grande quantidade de pessoas expressou a mesma opinião depois do seu falecimento. Não fogem desse sentimento as palavras que escreveu o meu irmão Alejandro:

> A morte do Carlos foi para mim um golpe tremendo. Era, neste mundo, a pessoa com quem me sentia mais unido, mais identificado. Coincidimos durante vários anos na nossa condição de reitores, ele na Universidade Panamericana e eu na Universidade de Navarra. Estávamos de acordo em todas as questões fundamentais. Quando me chegou a notícia do seu inesperado falecimento, tive a sensação, muito intensa e nada romântica, de que eu também morria. Sofri muito – outro tanto aconteceu com os meus irmãos – e demorei meses para incorporar vitalmente o consolo de uma convicção que tinha na minha mente desde o início: que a sua morte não tinha sido um final, mas uma culminação. Carlos foi uma pessoa de extraordinária qualidade intelectual e humana, com uma alegria contagiosa e uma generosidade surpreendente [...]. Aprofundando um pouco mais, chega-se à certeza de que guardava silenciosamente o segredo da sua eficácia e da sua fecundidade: era um homem metido em Deus[10].

Finalmente, transcrevo uma carta que o Prelado do Opus Dei, D. Javier Echevarría, enviou para toda a família:

---

9 *Ibidem*.
10 «Mi Hermano Carlos», *Istmo*, págs. 26-27.

Roma, 6 de maio de 2010

Que Jesus guarde a todas e a todos!

Ao conhecer a inesperada notícia do falecimento de Carlos (q.e.p.d.), desejo escrever-vos em seguida para que saibais com quanto carinho vos acompanho na dor, que é também muito minha, por esta separação. O Senhor quis levar para si o vosso irmão a gozar eternamente dEle, após uma vida de generosa dedicação aos demais, sempre com bom humor e otimismo exemplares. Carlos fez muito bem!

Ofereço sufrágios pelo seu eterno descanso – hoje de manhã rezei por ele na Santa Missa –, com o convencimento de que serão orações de ida e volta. Em concreto, rogo-lhe que interceda por vós e que consiga abundantes frutos em vossas tarefas apostólicas no México, no Brasil, na Espanha e no mundo inteiro.

Tive a enorme alegria de estar com Carlos em Roma faz poucas semanas: quanto ajuda a fidelidade destes filhos até o último instante e o pensamento de que agora, junto ao nosso Padre, ao queridíssimo D. Álvaro e aos vossos pais, continuará fazendo muito bem. Bom intercessor têm todos – temos! – arrumado: recomendemo--nos a ele.

Neste ano mariano de modo particular, apoio-me nas vossas súplicas à Santíssima Virgem pelas minhas intenções: a Igreja, o Papa, a Obra.

Recorda-vos e vos abençoa de todo o coração paternalmente [...].

Carlos faleceu em Miami, aonde fora para umas reuniões de trabalho. No fim de um dos dias, decidiu ir nadar na praia. Pareceu-me mentira o que contou um colega seu, o professor Álvaro Pinto, que o acompanhava. Observou que o seu corpo ia derivando para uma zona perigosa e aproximou-se dele para adverti-lo, mas quando o tocou reparou que estava já sem vida. Não observara nele qualquer movimento brusco ou sobressalto, e não havia nem uma gota de água nos seus pulmões. Faleceu serenamente, de parada cardíaca.

Estela

A minha irmã Estela enviou-me um texto manuscrito que considero de extremo valor e do qual tomo os episódios mais significativos, parafraseando as suas palavras. Nesse texto, conta a ação da graça de Deus na sua alma desde que era menina, as suas lutas interiores e a sua decisão final de entregar-se a Deus como numerária da Obra.

Com nove ou dez anos, rezando diante de uma imagem de Nossa Senhora, sentiu uma inquietação de ser santa e de entregar-se a Deus, sem entender o que isso quereria dizer exatamente. Como todos os irmãos, aprendera no ambiente familiar as práticas cristãs mais habituais, sempre frequentou os sacramentos e teve boa formação doutrinal.

Sem esquecer aquela inquietação, que guardou consigo durante anos, estudou no Colégio de La Asunción com Maria Elena, e teve a vida normal de uma garota da sua idade: amigas, colegas, breves namoros, etc. Quando tinha 12 anos, ouviu casualmente uma conversa de Carlos com a minha mãe, comunicando que tinha decidido pedir a admissão no Opus Dei. Pouco tempo depois, ficou sabendo que também Maria Elena tinha entrado para a Obra, mas ela não considerava que esse fosse o seu caminho e fugia de pensar nisso.

Um dia, eu estava estudando com ela e lhe perguntei se nunca tinha pensado na vocação. Com cara de surpresa e como que vacilando, disse-me que não, levantou-se da mesa e foi estudar em outro cômodo.

Estela não entendeu a partida da Maria Elena para morar num centro da Obra, mas, convidada por amigas, decidiu fazer um retiro em Molinoviejo. Relata que gostou, mas sem aprofundar muito, ainda que sentisse por dentro a sua antiga inquietação de entrega a Deus. Assistiu a algumas atividades de formação no centro para mulheres da rua Zurbarán, de Madri, e, entre outras iniciativas, visitava famílias carentes.

Com 16 anos, começou a sair com um rapaz chamado José, de 22 anos de idade, estudante de arquitetura, bom católico. Meus pais pensavam que Estela era jovem demais para ter um namoro sério, e pensaram que uma temporada fora da Espanha ajudaria no seu amadurecimento. Por isso, passou alguns meses estudando inglês na Inglaterra. Nesse país, continuou com a sua vida cristã e de vez em quando lia *O valor divino do humano*[11], um livro do Pe. Jesús Urteaga que a acompanhou constantemente naqueles anos. A correspondência com o namorado foi muito frequente e recíproca e, ao mesmo tempo, permanecia no fundo da sua consciência a inquietação de entrega a Deus, mas sem saber o modo concreto.

Estela regressou da Inglaterra com entusiasmo, retomou o seu relacionamento com o José e continuou os seus estudos. Escreve que, mesmo percebendo que o namoro parecia cada vez mais firme, experimentava um vazio que nada preenchia. Tinha uma vida normal, participava de festas, encontros com amigos e amigas, etc., mas sentia que nada daquilo era a vida que pretendia levar.

---

11 Jesús Urteaga, *O valor divino do humano*, 2ª ed., Quadrante, São Paulo, 2016.

Numa tarde cuja data não lembra, antes de ir para uma festa na casa de um primo, leu quase ao acaso umas páginas de *O valor divino do humano*. Relata que aqueles parágrafos, lidos outras vezes antes, pareceram-lhe absolutamente novos naquele momento. O que ela escreveu a continuação tem o valor da descoberta de uma chamada de Deus. Textualmente:

Por trás de cada frase, de cada palavra, ia descobrindo um mundo que estava dentro de mim fazia muito tempo. Não sei como, nem por quê, veio-me à cabeça, com toda a clareza, o que me tinha acontecido na Capela do Colégio [...]: «Tens que ser santa»; «Quero que sejas santa»; e tudo o que veio depois. Isso que estava acontecendo comigo era *aquilo mesmo* que sentira anos antes. Deus queria *aquilo* de mim. Compreendi-o com uma nitidez e clareza totais. Deu-me uma alegria imensa, profunda, que não podia explicar com palavras e que era ao mesmo tempo um clarão que iluminava e dava sentido a toda a minha vida. Era como se se encaixassem as peças de algo que estava solto dentro de mim. Eu não sei definir o que é a felicidade, mas *aquilo* era, porque era descobrir algo muito valioso dentro de mim e que marcava toda a minha vida. Não sei o tempo que durou *aquilo*, mas sim que eu estava absolutamente assombrada, surpresa com *aquilo* que tinha entendido de forma tão inesperada e tão clara. Sabia – estava absolutamente certa – que tudo *aquilo* era verdade e que vinha de Deus. Não tive nenhuma dúvida. Dei-me conta de que a minha vida tinha que mudar, pois teria que deixar tudo e entregar-me a Deus. Não sabia como nem de que forma, mas tinha. Notei uma alegria interior muito grande e forte, algo parecido ao anteriormente sentido, ocorrido no colégio, quando era ainda criança. Haviam passado quase dez anos desde aquela primeira chamada e, todavia, estava ali bem dentro de mim.

Recordo-me de ter me arrumado com muita paz e ido a uma festa. Ali, pensei que talvez fosse a última, mas não fiquei triste. Interiormente sabia que o que acabava de me acontecer estava ali dentro de mim, como um feliz segredo que viria a ser a chave da minha vida.

O que se seguiu depois na vida de Estela foi um processo de discernimento e de procura da chamada concreta de Deus, não isento de dificuldades e de provações interiores. Estela falou com a minha mãe sobre o seu estado de ânimo, e decidiu conversar com o diretor espiritual dela, um sacerdote da Obra que atendia as mulheres no Centro Universitário Zurbarán. O sacerdote aconselhou Estela a certificar-se de que aquela decisão não era passageira, a continuar com a sua vida normal, e sugeriu que só fizesse um retiro passados alguns meses. Estela obedeceu, mas conta que foram meses duros: gostava muito do José, mas sabia que deveria terminar o namoro com ele porque estava certa de que Deus lhe pedia uma entrega vivida em celibato.

Pouco tempo depois, conversou longamente com a Maria Elena e pediu-lhe que falasse da sua vocação. Ela explicou-lhe detalhadamente em que consistia a chamada para fazer parte do Opus Dei e, neste ponto, nada melhor do que reproduzir o texto escrito por ela:

A Obra era muito mais do que eu via por fora. Exigia uma entrega total e uma vida de oração, sacrifício e trabalho como meios para se aproximar de Deus em qualquer parte, onde quer que estivéssemos. Maria Elena não parava de falar [...]. Eu escutava e escutava, sem fazer nenhuma pergunta. Era como se tudo fosse se esclarecendo a cada palavra que me dizia, uma luz que iluminava todas as minhas dúvidas e inquietações. As peças do quebra-cabeça se encaixavam perfeitamente. Por um momento pensei: «Já não preciso que me fale: é isto que eu procurava». Mas não lhe disse nada.

Passados os meses, Estela fez um retiro que confirmou a sua decisão de entregar-se a Deus na Obra como numerária. Tinha 19 anos. O fim do namoro com José foi doloroso, mas prevaleceu a decisão de entregar-se como ela viu que o Senhor lhe pedia.

A partir da petição de admissão, a vida da Estela como membro da Obra começou. Após um período de formação e aprofundamento na casa chamada Los Rosales, trabalhou em Molinoviejo, depois foi para Roma e, a pedido de São Josemaria, foi colaborar no trabalho de apostolado na Irlanda. Problemas de saúde fizeram com que retornasse à Espanha na década de 1960. Desde então, passou a trabalhar na Universidade de Navarra.

Em 2002, por ocasião da canonização de São Josemaria em Roma, Estela anotou umas impressões pessoais, cheia de gratidão, que são a melhor forma de testemunhar a ação da graça de Deus na sua vida:

> O Senhor é o mesmo sempre, a Virgem Maria também. Lembro-me daquele dia no oratório do *Colegio de la Asunción* e das palavras que ouvi ali: «Quero que sejas santa». Isso continua. Não mudou. A Virgem Santíssima pede-me que seja santa agora, como naquele momento. O mundo gira e muda, mas isso não. Deixar-se levar pela vontade de Deus. Abandonar o meu futuro em suas mãos. Tudo será gozoso conforme Deus quiser. Sobreviverei a qualquer sofrimento. Sobreviverei. Deus fala na quietação e no silêncio. É preciso escutar o que diz e, ainda que sejamos contemplativos no meio do mundo,

é preciso escutar a Deus no silêncio interior. Deus tem coisas a nos dizer: devemos escutá-lo no silêncio e na paz interior. Deus fala-nos, às vezes, através da Virgem Maria, nossa Mãe. Escutar a sua voz. Ela tem, às vezes, ecos de eternidade, como me aconteceu com Ela, quando eu era muito menina. Hoje posso dizer aqui, que o de então é o mesmo que o de agora. Ainda que eu, com os anos, tenha mudado, Ela e Deus, não. Devo escutá-lO e responder-Lhe como no passado. Esta é a minha conversão: santidade pessoal.

Capítulo XVIII
Uma palavra final

O início da vida e os exemplos recebidos no seu decurso influem na sua última etapa, mas eu diria que a última etapa enche de sentido as anteriores.

Ao escrever um romance, pensa-se primeiro na sua conclusão, e a partir dela se entretecem os sentimentos, as ações e os comportamentos das personagens, conduzindo-as oportunamente até o seu desfecho. É o fim que condiciona o começo, e assim acontece na vida humana. A etapa final da morte de um Santo Agostinho é o que dá valor à sua conversão e às lágrimas e orações da sua mãe, Santa Mônica. O influxo do final remonta-se rio acima, até dar significado aos primeiríssimos sentimentos. Um detalhe da infância torna-se o megafone que proclama a têmpera de uma personalidade, quando interpretado através do prisma de uma sábia ancianidade ou de uma morte santa.

A vida não é uma justaposição de partes. É um todo que está presente, de alguma maneira, em cada uma dessas partes. O arco vital começa a curvar-se para abaixo, para chegar ao que denominamos a morte, mas a morte está presente já na criança sob a forma de sede de vida, do temor de perdê-la, da necessidade de uma segurança paterna e materna. Na juventude, a ansiedade perante a morte faz-se especialmente intensa, adquirindo o caráter de um dramático anseio de permanência, e, já na maturidade, o sentimento da aproximação do fim torna extremamente sensível e porosa a existência, permitindo que se filtre na sua intimidade a necessidade vital de eternidade.

A proximidade do término torna mais perceptível o passageiro da vida. Os acontecimentos parecem perder o peso e a importância. Somos menos afetados por eles e por isso tornamo-nos menos vulneráveis.

Quando a esperança cristã não anima, as capacidades decaem e a experiência do cansaço é mais patente, tem-se a impressão de que se começa a gastar o capital e a viver das reservas, e a sensação de que tudo está acabando – um dia, uma semana, uma estação, um ano – é cada vez mais intensa. Parece que a existência se encolhe e cada vez desliza mais vertiginosamente, encurtam-se os horizontes e a rotina e o *taedium vitae* – o tédio da vida – terminam dominando tudo.

Contudo, no outono da existência, quando não se abandona o centro da personalidade, vai-se fazendo cada vez mais forte a consciência do eterno, ou, para dizê-lo mais claramente, a necessidade de Deus. As coisas e os acontecimentos da vida imediata perdem o seu caráter peremptório. O que parecia ser da maior importância deixa de sê-lo e o que se considerava insignificante cobra seriedade e luminosidade. Ao mesmo tempo, altera-se a distribuição dos pesos e valores que se atribuíram aos acontecimentos[1].

Essa consciência não leva a uma visão relativista, mas

---

1 Cf. Romano Guardini, *Las etapas de la vida*, 3ª ed., Palabra, Madri, 2000, págs. 150 e segs.

facilita a convicção de que, para atingir a maturidade e superar um certo ranço de ceticismo, é preciso renovar-se. A língua portuguesa é a única que identifica a palavra *jovem* com a palavra *novo*. Os mais novos são os mais jovens. É muito expressiva essa forma linguística porque, verdadeiramente, renovar-se – reencontrar novas luzes na estrela da vocação – é rejuvenescer. E assim aparece na linguagem de São Paulo, que lança mão com frequência da expressão *nascer para uma vida nova* (cf. Rom 6, 4; 7, 6), e na de São João, que nos recorda aquele *voltar a nascer sendo velho* do diálogo de Jesus com Nicodemos (cf. Jo 3, 4).

Renovar a vida é não cair na rotina, nessa espécie de decepção decrépita de quem pensa que pouco de novo, de diferente, lhe resta por viver, que a curva do tempo vai declinando e em vez de crescer está decrescendo, sintomas estes do que veio a chamar-se *crise da meia idade*, dos 40 ou dos 50 anos. Uma crise que não deveria acontecer se realmente, em cada etapa do nosso percurso, sabemos renovar-nos. E é nesse sentido que os franceses dizem «renovar-se ou morrer».

Essas ideias ajudam a entender o significado mais profundo das diferentes épocas da vida: a juventude, a maturidade e a velhice. A velhice não é o estado das pessoas que perdem a juventude. É preciso superar o perigoso infantilismo de pensar que a época da vida que se chama juventude é a única que tem valor para o homem. Às vezes, reduzem a velhice aos seus aspectos negativos: as limitações, a perda da elasticidade e do ímpeto de certas faculdades, etc. O velho, segundo essa ótica, é um jovem diminuído.

Na realidade, o ancião tem qualidades que o jovem não possui: a paciência, a compreensão, a resistência perante as críticas, a serenidade que emana do seu interior, o sentido da dignidade que procede, não dos êxitos conseguidos, mas do seu próprio e íntimo valor; a amável e tranquila objetividade que sabe se colocar no lugar que lhe corresponde com total naturalidade, ou resolver dificuldades e conflitos com simplicidade, com uma clara compreensão de si mesmo e das pessoas que o circundam; transmitir o *bom odor de Cristo* (2 Cor 2, 15) – o perfume que emite a amabilidade de Cristo –, a visão otimista da vida que foge de qualquer queixume, sem lamentar-se dos ventos contrários, mas ajustando as velas para aproveitá-los.

Porém, percebe-se especialmente na ancianidade uma suprema qualidade que sempre se denominou *sabedoria*. A sabedoria é algo muito diferente da perspicácia, da sagacidade, da argúcia, da esperteza. Representa melhor a capacidade de distinguir o importante do banal, o genuíno do inautêntico, o transitório do eterno, a caducidade da vida e a incomensurável felicidade da posse de Deus.

Aqui reside o aspecto primordial da sabedoria: a vivência profunda de que *tudo passa* leva a satisfazer a necessidade vital do que *não passa*, do eterno.

Para mim, é melancólico o consolo de quem diz: «Continuarei vivendo nos meus filhos, nas obras realizadas, no que deixei escrito». É um sucedâneo mal fabricado desse profundo desejo de perpetuar a própria vida, e não de perpetuar-se na vida dos outros. Em cada ser humano palpita o insubstituível pensamento de Santo Agostinho: «Fizeste-nos para ti e o nosso coração está inquieto enquanto não descansar em ti»[2].

A sabedoria da ancianidade chega quando alguém assume plenamente o final e o aceita serenamente. Nessa aceitação, a pessoa adquire uma peculiar calma e altura existencial. Quando perguntaram a São Carlos Borromeu, já idoso, o que faria se soubesse que ia morrer dentro de uma

---

2 Santo Agostinho, *As Confissões*, pág. 219.

hora, respondeu: «Faria especialmente bem o mesmo que estou fazendo agora».

«Os anciãos», diz Bento XVI, «são um tesouro, sobretudo quando dão testemunho de fé perante a proximidade da morte»[3].

A sabedoria própria do homem maduro faz brotar uma forma nova e excelente de estabilidade, que inspira confiança a pessoas de todas as condições. Ao lado dele, parece que se sente o desejo de exclamar: «Que bom tê-lo conhecido, que abençoada oportunidade de poder viver ao seu lado!». Confesso que senti isso exatamente quando conversei com São João Paulo II, com o seu sucessor Bento XVI, e, em inúmeras oportunidades, com o meu querido pai espiritual, São Josemaria. Dele deixo aqui uma confidência amável e otimista, cheia dessa suave maturidade que dá a experiência da vida e um elevado amor de Deus, feita por ele no seu Jubileu de Ouro Sacerdotal:

> Passados cinquenta anos, sinto-me como uma criança que balbucia: estou começando, recomeçando, como na minha luta interior de cada jornada. E assim até o fim dos dias que me restem: sempre recomeçando. O Senhor assim o quer, para que em nenhum de nós haja motivos de soberba nem de néscia vaidade[4].

Quantas lutas, quantas tentativas frustradas, quantos renovados esforços integram a vida dos amigos de Deus! Uma das coisas que veremos no céu será precisamente que

---

[3] Bento XVI, *Discurso na Cidade das Artes e das Ciências*, Valência, 08.07.2006.
[4] Salvador Bernal, *Perfil do Fundador do Opus Dei*, Quadrante, São Paulo, 1978, pág. 416.

a vida dos santos não se poderá representar mediante uma linha reta sempre em elevação, uniformemente acelerada, mas seguindo uma curva sinuosa, ascendente e descendente, feita de urgências animosas e lentidões, subidas, descidas e recomeços vigorosos.

Em outras épocas, talvez mais sábias, falava-se de aproximar-se do fim aprendendo o que denominavam a *ars moriendi*: a arte de morrer. Começamos a morrer muito antes do momento em que porventura o médico perde as esperanças e reconhece que já não restam recursos para prolongar a vida. Começamos quando a diminuição das forças e a necessidade de solicitar ajuda tornam-se evidentes. Mas é preciso estar atentos para não perder nunca a oportunidade de ir aprendendo, desde a infância, essa extraordinária sabedoria que é a *ars moriendi*.

Conhecer a sabedoria de um ancião é uma bênção de Deus. Nele se remansa uma longa vida: amou e foi amado, sofreu, mas não perdeu a alegria de viver. E tudo isso ficou estampado no seu rosto sereno, na sua voz mansa e, talvez melhor, no seu eloquente silêncio, e mais ainda na sua vida de oração: «O núcleo da vida de um ancião não pode ser outro senão a oração»[5].

Por essa *ars moriendi*, tem-se a consciência de que o tempo está se encurtando e de que tem um duplo significado: há um *tempo que passa* e um *tempo que fica*. O *tempo que passa* é o tempo vivido para o próprio interesse, que corre pela linha horizontal do caduco, triturado pela inexorável roda da história. É o tempo que integra essas biografias humanas aparentemente brilhantes, mas gravadas com caracteres que não resistem à passagem dos anos: à medida em que são escritos, vão se apagando. E

---

5 Romano Guardini, *Las etapas de la vida*, pág. 116.

qual é o *tempo que fica?* É o tempo que gera eternidade. É o tempo de quem consegue que os instantes fugazes pertençam, pelo seu valor diante de Deus, à ordem do imutável. É o tempo de quem vive «cada instante com vibração de eternidade»[6].

Quando o curso da nossa vida segue o leito da vontade de Deus, tudo o que se vive se eterniza, embora o que se faça pareça banal: o Senhor nunca se esquecerá das renúncias que fizemos para ser fiéis à nossa vocação; nunca se esquecerá dos pequenos sacrifícios, as alegrias e trabalhos vividos pelo seu amor; jamais ficará apagada a ajuda que prestamos aos outros, ainda que tenha sido tão pequena como aquela narrada no Evangelho que se reduz a dar um copo de água por amor (cf. Mt 10, 42). São palavras, obras e gestos esculpidos no livro da vida com caracteres de ouro que não desvanecem com o tempo.

Ao meditarmos assim no sentido da nossa vida, não é difícil que passem pela mente perguntas parecidas com estas: se a vida é desse modo irreversível e única, como a aproveito? Compreendo que, se desperdiço o minuto, posso perder a hora, e, se perco a hora, posso perder o dia, o mês, a vida inteira? E matando assim o tempo, não estarei matando-me a mim mesmo? Não estarei matando a minha eternidade?

Essa *ars moriendi* faz brotar em nós o desejo de lançar-nos «à procura do tempo perdido», como queria Proust, mas por um caminho sobrenatural, de acordo com aqueles anseios de Teresa de Ávila: «Oh! Que tarde se acenderam os meus desejos e que cedo andáveis, vós, Senhor, atraindo-me e chamando-me para que me empenhasse toda! Re-

---

6 Josemaria Escrivá, *Amigos de Deus,* 3ª ed., Quadrante, São Paulo, 2014, n. 239.

cuperai, meu Deus, o tempo perdido, e dai-me para tanto a graça no presente e no porvir»[7].

É como se essas palavras fossem murmuradas com voz clara: «Você será feliz se na última hora, olhando para trás, puder dizer, como Jesus Cristo no alto da cruz: cumpri a vontade de Deus. *Tudo está consumado* (Jo 19, 30); tudo está realizado! Mas será infeliz se, naquele momento derradeiro, só puder balbuciar: "Tudo está acabado, tudo está definhado, tudo está consumido"». Embora haja apenas uma letra de diferença, há entre estas duas palavras uma distância tão substancial como a que existe entre os que vivem *para o tempo* e os que se realizam *para a eternidade*.

A *ars moriendi* não está povoada de melancólicas saudades, mas permeada da intensidade do verdadeiro atleta que se esforça mais e mais na medida em que se aproxima da meta. Edmund Hillary, no discurso que fez no parlamento britânico depois da sua primeira tentativa frustrada de alcançar o cume do Everest, olhando para a fotografia do seu cimo, lançou um desafio:

– Eu hei de vencer-te. Tu cresceste tudo o que podias crescer e eu ainda estou crescendo.

Ainda estou crescendo. A sabedoria da ancianidade não se deixa dominar pela tentação das recordações. Não murmura em lamurientos monólogos: «Lembra-te daqueles anos de outrora, daquele tempo passado que foi melhor? Que pena! Já se foram para não voltar!...».

Não! Esse homem olha para o futuro! Não permite que o dominem essas saudades, que são como essa doce e mortal sonolência que se apossa de um homem antes de morrer na neve.

---

[7] Santa Teresa de Ávila, *Exclamaciones*, 4, 1-2.

Quando sente desfilarem os anos, quando vê esbaterem-se como com esfuminho os projetos entusiasmados da mocidade, quando observa a marca do tempo no rosto dos seres queridos, quando um projeto durante tantos anos acariciado se torna impossível, quando persiste a memória do ser amado que deixou esta vida, essa pessoa sabe ouvir ao Senhor que lhe diz: *Deixa que os mortos enterrem seus mortos! Tu vem e segue-me* (Mt 8, 22). Existe *ainda* muito por fazer, *ainda* há muito por construir, por melhorar, muitas virtudes por obter, muitos empreendimentos por realizar, muitas pessoas a quem tornar felizes, existem *ainda* muitas almas por salvar... E *ainda* temos toda a eternidade de Deus, que nos espera ao lado dos seres queridos. Ponderando assim as coisas, como é possível envelhecer?

Já pensamos alguma vez na sonoridade fonética e psicológica que tem a palavra *ainda*? *Ainda* é uma das palavras mais bonitas do nosso léxico. *Ainda* é o advérbio da esperança e da juventude.

Oxalá todos pudéssemos fazer nossas, em todos os aspectos da nossa vida, as palavras do pintor Poussin: «À medida que envelheço, sinto-me cada vez mais dominado pelo desejo de exceder-me a mim mesmo e de conseguir a mais alta perfeição». É por esse desejo que se supera a dicotomia aparentemente intransponível do conhecido ditado francês: «Ah! Se a juventude *soubesse*... e a velhice *pudesse*...». Sim, quando se está com Deus, é possível unir a experiência do ancião à esperançosa vibração juvenil: uma e outra se equilibram, se corrigem e se revigoram; aprende-se a aliar o poder do jovem ao saber do velho.

Alcança-se uma verdadeira ciência da vida, para a qual sempre existe um imenso futuro pela frente, ainda que já esteja chegando a noite da morte. Porque, como disse um hino cristão: «Enquanto a noite momentaneamente cega, está para renascer o dia mais alegre da terra. Já vem o dia, o teu dia, em que tudo voltará a florescer. Alegremo-nos também nós». Essas palavras trazem-nos à memória a serena figura de um ancião, apaixonado por Deus, que morre com um sorriso nos lábios, pleno de esperança juvenil, porque a sua vida se abre, com o esplendor de um nascer do sol, para a posse da felicidade eterna.

A vida de um homem que vive nesse clima jamais para de crescer até o derradeiro instante. Cada hora, cada dia, cada ano, cada sofrimento, cada alegria têm um sentido de esperança: passam por ele não para desgastá-lo, mas para construí-lo definitivamente. A grande força do sentido da vida renovada, da esperança cristã sempre presente, da juventude perene, reside na consciência profunda e jubilosa de que a vida terrena é um prelúdio da vida eterna. Para quem se lança para a frente e corre no sentido da sua felicidade eterna, há sempre no horizonte um mais e mais. E, no fim dos seus dias terrenos, esse homem poderá dizer como o velho Simeão, ao ter por fim nos braços o Salvador por quem ansiou a vida inteira: *Agora, Senhor, já podes deixar partir em paz o teu servo* (Lc 2, 9).

Se a esperança é o módulo para medir a juventude, se ser jovem é ter muito futuro, um homem, no crepúsculo da sua vida – talvez já beirando os noventa anos –, pode sentir-se como uma criança que tem pela frente um futuro interminável, um futuro eterno. É belo que a Igreja denomine o dia da morte como o *dies natalis*, o dia do nascimento...

Não por reiterado deixa de ser oportuno recordar agora aquele episódio da vida de São Josemaria que já relatei aqui. Num encontro familiar, cantávamos uma canção italiana que estava então na moda. E quando terminamos, o Padre disse sorrindo:

– Gostaria de morrer cantando essa música.

A letra dizia:

*Aprite le finestre al nuovo sole,
è primavera, è primavera.
Lasciate entrare un poco d'aria pura,
con il profumo dei giardini e i prati in fior...*

Como é serena a morte quando consiste nesse gesto leve de abrir as janelas da alma para o novo sol de uma eterna felicidade, para a brisa e o perfume de um amor sem fim...!

Fotos

Estela Cifuentes de Llano e Antonio Llano Pando, pais do autor.

O avô do autor Ramón Cifuentes, com a farda de coronel de Voluntários, Guerra de Cuba, 1898.

Fachada da Fábrica de Tabacos Partagás, em Havana, administrada pelo avô e pelos tios do autor até a Revolução Cubana.

Foto da família no México: Dona Estela com os filhos: José Antonio, Carlos, Rafael, Estela, Ignácio, Maria Elena.

Rafael (centro) com pai e irmãos.

Na Praia de Ribadesella, Astúrias. A «Tata», Azucena, com os três irmãos mais novos do autor: Maria Cristina, Alejandro e Álvaro.

Um verão em Astúrias. Na propriedade de El Carmen, Villa Rosario. Ao fundo, os Picos de Europa.

No pátio do Colégio El Pilar (Madri). O autor aparece em primeiro plano.

Saída para uma excursão com amigos do Centro de Estudos de Granada.

«Eu tinha pendores para a pintura e havia recebido aulas particulares durante os anos do colégio. Para aproveitar aquelas férias, decidi praticar a pintura a óleo numa ermida situada num pequeno morro, no terreno da chácara El Fenoyal».

Com a família num passeio em Granada durante os anos de universidade.

A família toda em 1958. O autor é o quinto da esquerda para a direita.

Cerimônia de recebimento das ordens menores. Da esquerda para a direita: José Maria Albareda; Rafael Llano Cifuentes; Domingo Ramos Lisson; Mario Lantini.

A primeira Missa de D. Rafael. Basílica de São Miguel, Madri, 27.12.1959.

«No final da conversa, o Padre se levantou. [...] Então foi passando por detrás de nós, de uma forma muito simpática, para dizer-nos a cada um algo peculiar ou ter um gesto afetuoso».
Chácara de Molinoviejo, Segóvia (Espanha), 11.09.1960. Da esquerda para a direita: Emílio Redondo; São Josemaria Escrivá; William Stetson; o autor.

Com a sua mãe, dona Estela, em Madri, nos anos 1970.

À esquerda: com São Josemaria Escrivá e Luís Antonio no Centro de Estudos Universitários do Sumaré. São Paulo, 24.05.1974.

Abaixo: saindo de mudança para o Rio de Janeiro em 1975, para – com alguns fiéis leigos do Opus Dei – começar o trabalho estável da Obra nessa cidade.

Uma tertúlia no primeiro centro do Opus Dei no Rio de Janeiro, na rua Cesário Alvim.

Com rapazes que frequentavam as atividades de formação cristã no Rio de Janeiro, durante um passeio pela região serrana do estado.

Em 1987, em Ribadesella (Astúrias, Espanha), num encontro com os irmãos.

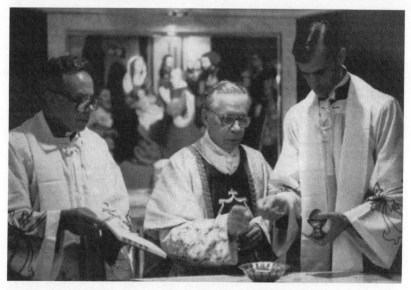
Com o Pe. Xavier de Ayala e o Pe. Antonio Augusto Dias Duarte na dedicação do altar de um centro do Opus Dei no Rio de Janeiro. Dezembro de 1987.

Durante a cerimônia de ordenação episcopal. Da esquerda para a direita: o Cardeal D. Eugênio de Araújo Sales; D. José Gonçalves da Costa, arcebispo de Niterói; e D. Rafael Llano Cifuentes. 29.06.1990.

Na canonização de São Josemaria Escrivá, Roma, 06.10.2002.

Visita ao Cardeal do Rio de Janeiro no Palácio Episcopal São Joaquim em 1996. Da esquerda para a direita: Mons. Fernando Ocáriz, D. Javier Echevarría (então Prelado do Opus Dei), Cardeal D. Eugênio de Araújo Sales, Mons. Vicente Ancona Lopez, D. Rafael Llano Cifuentes, Mons. Pedro Barreto Celestino e Mons. Joaquín Alonso.

Com São João Paulo II, durante uma visita *ad limina*.

D. Rafael Llano Cifuentes discursa em audiência com Bento XVI por ocasião da visita *ad limina* dos bispos do Conselho Regional Leste I da CNBB. Castel Gandolfo, 25.10.2010.

Seminário Diocesano da Imaculada Conceição, em Nova Friburgo. Sendo bispo dessa cidade, idealizou essa obra, e em sua realização colocou todo o seu empenho.

Durante um encontro com sacerdotes, por ocasião do CAS (Curso de Atualização Sacerdotal). São Paulo, 2011.

D. Rafael Llano Cifuentes uns momentos antes da celebração da Missa de Ação de Graças pelos seus cinquenta anos de sacerdócio.
Petrópolis, 20.12.2009.

Direção geral
Renata Ferlin Sugai

Direção editorial
Hugo Langone

Produção editorial
Juliana Amato
Gabriela Haeitmann
Ronaldo Vasconcelos
Roberto Martins

Capa
Gabriela Haeitmann

Diagramação
Sérgio Ramalho

ESTE LIVRO ACABOU DE SE IMPRIMIR
A 29 DE ABRIL DE 2024,
EM PAPEL PÓLEN NATURAL 70 g/m².